방향을 따라야 인생이 달라진다

"인생의 갈림길에서 정답을 알려주는 지도는 없다. 이 책은 행복을 포기하지 않으면서 성공을 향해 나아가도록 도와주는 나침반과 같다. 메건 헬러러는 풍부한 코칭 경험을 바탕으로 사람들의 고민을 깊이 이해하며, 탁월함, 의미, 그리고 기쁨을 추구하는 인생으로 나아가는 여정을 놀라울 만큼 현실적으로 안내한다."

— 애덤 그랜트, 《히든 포텐셜》의 저자, 뉴욕타임스 베스트셀러 1위 작가

"외적 동기는 내적 동기보다 훨씬 더 시끄럽다. 자본주의는 측정할 수 있는 것에는 값을 잘 쳐주지만, 우리가 진정으로 소중히 여기는 것에는 인색하다. 그 결과 우리는 원하지도 않는 일에 매달리곤 한다. 이 책은 당신이 그런 운명을 피하도록 도와줄 것이다."

— 킴 스콧, 《실리콘밸리의 팀장들》 저자

"이 책을 내가 열여덟 살 때 읽었더라면 얼마나 좋았을까. 번아웃 상태이거나 '이게 전부인가?'라는 질문을 품고 있다면, 이 책이 나침반 없이 길을 잃은 당신의 상태를 진단하고, 방향을 찾는 방법까지 알려줄 것이다."

— 사만다 보드먼, 코넬대학교 정신의학과 교수

"이 책은 겉보기에는 평범한 자기계발서처럼 보인다. 하지만 실제로는 급진적이고, 거의 무정부주의적이다. 명료하고, 실용적이며, 효과적이고, 아름답다. 이 책은 야망, 고통, 그리고 좋은 삶을 쌓는 방식에 대한 기존의 통념을 완전히 뒤집는다. 직접 읽어보고, 변화하라. 덧붙이자면, 나는 완전히 압도당했다."

— 버지니아 헤퍼넌, 《마법과 상실Magic and Loss》 저자

"성공 지상주의 사회를 떠받치는 여러 신화를 해체하는 책. 예컨대 '고통에는 그 자체로 도덕적 가치가 있다'는 생각이다('더 많이 고생한다고 해서 보너스가 주어지지는 않는다'). 그보다는 행복을 우선하는, 개인 중심의 긍정적인 접근법을 제시하며, 만족스러운 삶이 무엇인지에 대해 신선하고 영리하게 조명한다."

— 퍼블리셔스 위클리

"탄탄한 자기계발서 컬렉션을 갖춘 도서관이라면 반드시 소장해야 할, 생각을 자극하는 필독서."

— 라이브러리 저널

열심히 살아도 공허한 사람들에게

DIRECTIONAL LIVING

방향을 따라야
인생이 달라진다

메건 헬러러 지음 | 이현 옮김

흐름출판

스물아홉 살의 나에게

너 자신과 세상에 대해 안다고 생각한

모든 것을 버릴 만큼 절박했고

충분히 용감했다.

여기 네가 찾았지만 찾을 수 없었던 길안내가 있다.

———

어디에나 있는 모든 공허한 과잉성취자에게

당신은 혼자가 아니며 당신의 잘못이 아니고

계속 이렇게 살 필요도 없다.

다른 방법이 있으며,

그 방법은 생각보다 가까이에 있고 습득하기 쉽다.

차 례
CONTENTS

1장

공허한
과잉성취자

THE UNDERFULFILLED
OVERACHIEVER

결국 나는 공중 화장실 바닥에 누워 있었다. 구글 뉴욕 지사에서 보내는 어느 화요일, 토를 도저히 참을 수 없어 팀 회의 중간에 빠져나온 직후였다. 나는 화장실이 얼마나 더러운지 상관하지 않았다. 더 이상 그 무엇도 개의치 않았다. 온몸이 떨리고 구역질이 나서 겨우 몸을 일으켜 변기의 양옆을 꼭 붙잡았다. 숨을 세어보려 했지만 자꾸만 잊어버렸다.

'내게 무슨 일이 벌어진 거지?'

오감을 집중해서 진정하는 방법에 대해 들어본 적이 있었다. 미신 같은 헛소리로 치부했지만 막상 그 상황에 닥치자 생각이 바뀌었다. 공황발작을 일으킨 게 이번이 처음이 아니었다. 하지만 직장에서는 처음이었다. 미소를 지으며 '그럴 수 있지' 하고 넘기지 못한 것도 이번이 처음이었다.

'괜찮아, 메건. 눈에 보이는 것 다섯 개만 대보자.'

나는 내가 미신이라 생각했던 그 방법을 실천하기 위해 주위를 살폈다. 화장실의 형광등을 끄고 컴컴한 어둠 속에 누워 있었다. 문틈으로 들어오는 빛줄기로 내 노트북에 붙은 구글 로고를 알아볼 수 있었다.

'하나, 빛줄기. 아주 좋아! 둘, 구글 로고.'

세 번째는 변기였다. 네 번째는 물어뜯어 한껏 짧아진 매니큐어를 칠한 손톱이었다. 그 주의 '해피' 아워happy hour 콘서트를 홍보하는 포스터가 다섯 번째였다. 사내 친목 행사에서 또 어떻게 '애사심'을 가장하라는 거지? 맙소사, 금요일까지 어떻게 버틸 수 있을까?

"이제 더 이상은 못해."

나는 흐느끼면서 큰 소리로 말했다. 그러면서도 마음을 진정시키기 위해 오감에 집중하기를 계속 시도했다.

'정신 차려. 계속해. 만질 수 있는 것 네 가지.'

마스카라 자국이 묻은 화장실 휴지 뭉치. 타일 바닥에 고인 눈물. 구글 직원 배지. 보너스로 산 목걸이의 장식—행운의 상징이었다. 이걸 사며 난 뭐든 해볼 작정이었다. 행운이 나와 함께 하길 빌었다. 하지만 그 순간 딱히 운이 좋다고 느껴지지 않았다.

"나는 정말, 정말 노력했어. 정말 열심히 노력했다고."

나는 속삭였다가 아무도 없는 허공에 대고 다시 외쳤다.

"어쩌다 이 지경이 된 거지?"

'자, 이제 청각. 좋아. 들을 수 있는 것 세 가지.'

놀랄 정도로 빨리 뛰는 내 심장 소리가 들렸다. 내 몸에서 나온다고 믿을 수 없을 정도로 고통스러운 울음소리. 윙윙, 구글 직원들이 회사 스쿠터를 타고 화장실 문 앞 복도를 지나칠 때 나는 소리. (구글에서는 이동 시 효율을 극대화하기 위해 스쿠터를 타고 다니는 게 일반적인 관행이었다.)

"정말 미안해."

이 말이 불쑥 튀어나왔다. 누구에게 하는 말이지? 내 일? 내가 실망시켰다고 생각하는 모든 사람에게? 아니면 나 자신에게?

'이제 거의 됐다. 냄새를 맡을 수 있는 두 가지.'

토(역겹다). 화장실용 싸구려 방향제. (이런, 토보다 더 역겨운 것 같다.)

"완전히 망했어."

'맛볼 수 있는 한 가지.'

오후에 두 번째로 산 라테. 우웩. 또 토할 것 같아.

어쩌다 나는 이 지경이 되었을까?

당신도 이런 상황에 처한 적이 있을 것이다. 어쩌면 당신도 화장실 바닥 같은 곳에 누워 이 글을 읽고 있을 수도 있다. (그런데 왜 항상 화장실 바닥이란 말인가!) 아니면 바닥에 쓰러질 듯 말 듯, 하지만 절대 쓰러지지 않기 위해 애를 쓰고 있을 수 있다. 어쩌면 나처럼 당신도 도대체 무엇이 잘못된 건지 이해하지 못할 수 있다. 나는 '해야 할' 일은 다 했다. 갖춰야 할 모든 스펙을 갖추고 일도 너무너무 열심히 해서 이 자리에 올랐다. 뉴욕시에서 가장 좋은 고등학교에서 대학 과목 선이수제를 훌륭하게 마쳤고, 올 A를 받았다. 학교 대표 축구 팀과 소프트볼 팀의 주장과 교내 운동선수협회 회장을 맡았다. 학업과 운동 모두에 우수한 학생에게 주는 상도 받았다. 후배들을 위한 학생 멘토로 선발되기도 했다. 낭포성 섬유증 치료제 연구를 위한 연례 모금 행사도 조직했다. 친구들과 깊은 우정도 나누었고 심지어 착한 남자친구도 있었다.

☑ 뛰어나고 다재다능한 학생.

나는 일단 열네 개 대학교에 지원했다. (의사결정이 힘든 게 나의 핵심적인 문제였다.) 그 가운데 많은 곳에 합격했고, 결국 스탠포드를 택했다.

☑ '훌륭한' 대학교에 진학.

팰로앨토*에서 나는 마침내 조금은 편하게 지낼 수 있을 것 같았다. 여기서 '편하게 지낸다'는 말은 밤 새워서 공부하는 건 일주일

---

* 스탠포드대학 학생들의 주 생활권—편집자

에 한 번 정도만 하고, 학점은 적당히 평균 3.9점으로 졸업하는 것을 의미한다. 나는 도서관 지하실에 아예 자리를 맡아두고 '내' 자리라고 부를 정도로 매우 자주 갔다. 도서관 카페 바리스타들이 내 이름과 내가 주문하는 카페인 폭탄 커피 메뉴를 외우고 있었다. 문예창작에 큰 매력을 느껴 전공하고 싶었지만, 그게 내게 무엇을 '가져다줄지' 몰라 실용적이지 않다고 판단하고 마음에서 지웠다. 대신 국제관계의 다학제 연구를 전공으로 택했다. 여름이면 홀로 유럽을 떠돌고, NBC 나이틀리 뉴스에서 인턴으로 일하고, 그리니치 빌리지의 지역 무가지인 〈빌리지 보이스〉에서 기자로 활동했다. 한 학기 동안 해외 연수도 다녀왔다(당연히 미국 대학생들 사이에서 인기 있는 연수지인 피렌체로 갔다). 캠퍼스에서 창의적인 분위기와 자유로운 라이프스타일로 인기가 많은 기숙사인 '마법의 브로콜리 숲Enchanted Broccoli Forest'에서 살았다. 연애도 했다. 컴퓨터 공학 수업도 들었다.

- ☑ 실용적인 분야에서 학위 취득.
- ☑ 대학 생활 동안 다양한 경험 쌓기.

졸업이 다가오자 구글에 지원했고, 스물두 살에 벌 수 있으리라곤 상상하지도 못한 큰돈을 받으며 취업에 성공했다. 그전까지 IT 기술에는 눈곱만큼의 관심도 없었고 아주 기초적인 코딩만 할 줄 알았다. 하지만 뭔가 새로운 것을 배운다는 재미에 푹 빠졌다. 그래서 사실 고향인 뉴욕시에 돌아가길 간절히 바랐지만, 졸업 후 바로 캘리

포니아 마운튼 뷰에 있는 구글의 '캠퍼스'에서 새로운 삶을 시작했다. 그곳에선 모두가 이 일을 사랑하고 무척 즐기는 것처럼 보였다.

☑ 높은 연봉을 받으며 건강보험과 퇴직연금이 제공되는 잘 나가는 '좋은' 회사에 취업.

나는 귀엽고 똑똑한 스탠포드 졸업생인 회사 동료와 연인이 되었다. 그런 상대와의 연애는 편리했다. 많은 것을 동시에 할 수 있기 때문이었다. 이를테면 출퇴근 시간을 함께 알차게 보내고, 구글 카페에서 점심 데이트를 했다.

☑ 서로의 직업적, 사회적, 경제적 성취 덕분에 윈윈이 되는 대상과 연애.

곧 나는 '전략 파트너 매니저'로서 비즈니스 클래스를 타고 전국을 누볐다. 나보다 나이가 많은 임원급 고객들과 만났고, 수차례 승진했다.

☑ 눈코 뜰 새 없이 바쁘다.
☑ 중요한 일을 맡고 있다.

나는 동료들이 주는 상과 MVP 상을 받았고, 특정 프로젝트들에서 '기대 이상의 성과'를 거두며 크게 기여했다고 인정받아 보너스도 받았다.

- ☑ 유능하고 '동시에' 인기도 많은 팀원.
- ☑ 매우 우수한 직원.

뉴욕 지사가 생기자 그곳으로 옮겨 드라마 〈섹스 앤 더 시티〉에서 캐리가 살던 거리에 있는 멋진 아파트로 이사를 했다.

- ☑ 트렌디한 웨스트빌리지 아파트에 거주.
- ☑ '기업 임원'이 입을 법한 세련된 복장.
- ☑ 성차별과 여성 혐오는 이미 사라진 일인 듯 굴기.
- ☑ 잠재력을 최대한 발휘.
- ☑ 모든 게 편안하고 수월해 보이게끔 연출.

나는 '이 모든 것을 해냈다.' 이 모든 것이 내가 지금까지 그토록 열심히 살아온 이유였고, 내 삶은 성공한 삶의 대표적인 예시처럼 보였다. 누군가 나를 소개할 때 나를 보는 사람들의 눈빛이 반짝이는 것을 보면 알 수 있었다.

"이쪽은 메건이에요. 스탠포드를 졸업하고 지금은 구글에서 일해요."

이런 말만으로도 나는 그들의 존경을 받았다.

하지만 **자기 존중감**, 그런 건 없었다.

우리가 하루하루를 보내는 방식

구글 화장실에서 쓰러진 날로 돌아가 보자. 눈물이 더 이상 나오지 않을 만큼 울고 난 후 마침내 화장실 바닥을 기어 간신히 세면대 위로 몸을 일으켰다. 물로 입안을 헹구고 두 뺨에 남은 말라붙은 마스카라 자국을 열심히 문질러 지웠다. 정말 딱하게 느껴졌다.

"너 상태가 심각하다."

거울에 비친 초췌한 나에게 말했다.

"전혀 괜찮지 않아. 봐. 죽어가고 있다고."

화장실에서 나왔을 때 팀 회의는 이미 끝났고, 나는 내가 생각할 수 있는 유일한 일을 했다. 바로 아무 일도 없었다는 듯이 행동하는 거였다. 화장실에서의 일에 대해 아무에게도 말하지 않았다. 남자친구, 가장 친한 친구, 여동생, 멘토에게도. 그런 일을 겪고도 심리치료사를 찾아갈 생각도 하지 않았다. 공황 발작은 이미 여러 번 겪은 일이었다. 맨해튼의 출퇴근 시간에 15번 스트리트와 8번 애비뉴가 교차하는 모퉁이에서 쓰러진 적도 있었다. 치과에서 스케일링을 하던 중에 발작을 일으켰을 땐 난처하긴 했다. 친구의 생일 파티에서 비상계단에 숨어 토요일 밤을 보낸 적도 있고, 아침 샤워 중에 불안이 파도처럼 밀려와 쏟아지는 물줄기 아래에 뱃속 태아처럼 웅크리고 있기도 했다. 이런 일들이 일상이 되자 나는 불안이 엄습할 것을 대비해 많은 알람을 설정해두기 시작했다. 나는 이 사소한 '상황'을 비밀로 간직해야 한다는 것을 직관적으로, 그리고 아주 확실하게 알고 있었다. 내게 아주 심각하고 고칠 수 없는 문제가 있다는 것을 알았지만 나는 스스로에게 계속 말했다. '주위를 둘러봐! 너는 세상을 바꾸는 회사에서 모두가 부러워하는 일을 하고 있어. 도전한 건 이미 모두 달성했다고. 흘러넘칠 정도로 특권을 누리고 있잖아. 원하거나 필요한 건 모두 가졌다고. 이게 바로 '성공'이야! 사람들은 너를 자랑스러워해! 넌 해냈다고! 만일 이 모든 것에도 행복하지 않다면, 넌 어떤 것으로도 행복할 수 없어. 도대체 넌 왜 그렇게 불만이 많은 거니? 왜 네가 가진 모든 것에 감사할 줄 모르는데? 넌 문제가 있는 게 분명해.'

남들이 부러워할 만한 것들을 가졌으면서도 비참함을 느끼고, 충만하지 못하고, 방황하는 나 자신이 부끄러웠다. 내게 무슨 문제가 있든 그것을 참아 내거나 해결책을 찾거나 고칠 수 없는 내가 너무 싫었다. 내가 일에서 압박감을 이겨내지 못하고 있다는 것을 누구에게도 알릴 수 없었다. 그건 내가 나를 배반하는 짓이나 마찬가지였다. 나는 유능한데, 유능한 내가 내 삶의 문제가 무엇인지, 어떻게 해결해야 하는지, 내 삶에서 내가 도대체 무엇을 하려고 하는지 전혀 모른다는 게 굉장히 한심하게 느껴졌다. 반면 다른 사람들은 모두 자기 인생에 대한 답을 아는 것처럼 보였다.

화장실 바닥에 쓰러진 날 밤, 나는 침대에 웅크리고 앉아 와인의 힘을 빌려 내게 벌어진 일을 이해하려고 애썼다. 일을 그만두는 것만이 유일한 선택지 같았다. 하지만 동시에 그건 실행에 옮길 수 **없는** 선택지처럼 느껴졌다. 일을 그만둔다는 생각만으로도 이 세상에 내가 더 이상 존재하지 않는 것처럼 느껴졌다. '구글 이후의 삶'이 어떤 모습일지 가늠조차 할 수 없었다.

모순되게 들리겠지만, 나는 그전에도 그리고 그 후에도 그토록 처절하게 온몸으로 내가 죽어가고 있다고 느껴본 적이 없었다. 지금도 눈을 감으면 그 느낌을 불러올 수 있다. 마치 비행기를 타고 최악의 난기류를 겪는 것과 같았다. 머리로는 괜찮다는 것을 안다. 기장도 괜찮다고 한다. 정상이다. 있을 수 있는 일이다. 곧 지나갈 것이다. 나는 비행기 추락이 얼마나 드문 일인지 알고 있다. 하지만 내 몸은 그렇게 말하지 않는다. 곧 모든 게 끝이라는 확신이 들고 패닉 상태가 된다. 나는 구글에 남기 위해 모든 노력을 다했다. 내가 맡은 역할과 소속 팀과 근무하는 도시를 바꾸고, 안식년을 보내고, 일을 덜 하거나 더 해보기도 했다. 그런데도 나는 여전히 망할 놈의 화장실 바닥에 쓰러져 있었다.

퓰리처상을 수상한 미국 작가 애니 딜라드Annie Dillard는 이렇게 썼다.

"당연하게도 우리가 하루하루를 보내는 방식이 곧 우리가 생을 보내는 방식이다."

나는 나의 하루하루를 어떻게 **보냈던가?** 출근길엔 구역질을 하고, 사무실에선 하루 종일 멍하고, 겨우 형식적으로 대화에 참여하는 시늉만 내다가, 집으로 달려와 문을 닫자마자 쓰러졌다. 나는 이런 절망스러운 상태로 20대 대부분을 보냈다. 우울하고, 불안하고, 눈에 띄게 고립되었다. 아직 내게 남은 길고 긴 삶이 너무도 두려웠다. 나는 평생 이런 식으로 살고 싶었나? 그게 내가 만들고 있는 삶이었기 때문에 이런 생각이 나를 사로잡았다.

한순간도 내 의지로 무언가를 선택한 적이 없었다. 도저히 출근할 수 없을 지경으로 몸이 망가져야만 겨우 쉬었다. 나는 자존심이 너무 강해서 공개석상에서 쓰러질 수 없었다. 그건 너무 프로답지 못한 모습이었다. 하지만 화장실 사건 이후 나는 내가 무너지고 있다는 것을 알았다. 그 와중에도 다행인 건, 이제는 집에서 혼자 있을 때 쓰러지기 시작했다는 것이다. 결국 일을 더 이상 할 수 없겠다고 캘리포니아에 있는 인사부서 신입사원에게 얼버무리듯 말하고서 퇴사에 대한 실질적인 대화를 마무리했다. 그러고 나서 책상 정리를 하고 짐을 싸고 계정을 이전한 후, 내가 원했다고 생각한 모든 것을 뒤로한 채 걸어 나왔다. 내 삶을 어떻게 꾸려나가야 할지 계획도, 아이디어도 없이 떠났다. 다만 이대로는 안 된다는 것만 알고 있었다.

하지 않기 실험

영화에서 직장을 그만두는 장면은 종종 무언가에 맞서 자기를 깨달는 승리의 순간으로 그려진다. 퇴사를 선언하는 순간 브리짓 존스는 비아냥거리는 상사에게 차라리 사담 후세인의 엉덩이를 닦는 일을 하겠다고 말한다. 영화 〈악마는 프라다를 입는다〉의 주인공 앤디 색스는 파리의 분수대에 벨이 울리는 휴대폰을 용감하게 던져 버린다. 하지만 나는 내 삶을 아주 보기 좋게 망쳐버렸다고 느끼면서 회사를 나왔다. 영광의 화염 속에 불타오르거나 재에서 날아오르는 불사조처럼 떠난 게 아니었다. 황홀함과 희열 속에서 기쁨과 충만함을 느끼는 일은 더더욱 없었다. 나는 뉴욕의 모든 지붕에 올라가 내가 자유를 되찾은 소식을 미친 듯이 외치는 환상에 오랫동안 사로잡혀 있었다. 마음 한편에선 여전히 그렇게 하고 싶어 했다. 하지만 더 큰 목소리를 내는 일부는 **두려워했다.** 더 이상 소득도, 건강보험도, 퇴직연금도 없었다. 퇴직하자마자 상사에게 이메일을 보내어 퇴사는 실수였다고 고백하는 상상을 하기 시작했다. 심지어 실제로 그런 내용의 메일을 몇 차례 작성하다 말았다. **모두 농담이었어요! 제게 다시 일을 주세요!**

문제의 핵심은 퇴사 후에도 내 삶이 전혀 나아지지 않았다는 데 있었다. 새로운 방식으로 삶이 망가지고 있었다. 직장을 내 삶에서 제외했지만 존재론적 두려움이 남아 있었다. 나는 점점 고립되고, 무감각해지고, 사람이 많은 곳에서 심한 불안을 느꼈다. 집을 나설 때마다 모두가 내게 손가락질을 하는 것 같았기 때문이다. '저기 그 여자다, 모든 잠재력을 날려버린 여자야' 혹은 '저기 보렴, 저 여자는 모든 것을 가졌는데도 성공하지 못한 사람이야. 직업도 없는 무책임한 패배자를 조심해!' 이런 말들을 하는 것 같았다. 중요해 보이는 직책과 자랑스러운 구글 로고가 찍힌 명함이 없다는 것은 마치 나를 보호해 줄 갑옷이 없는 것이나 마찬가지로 느껴졌다. 신중하게 작성한 5개년 계획이 없는 나는 무엇이란 말인가? 나는 "그럼 이제 뭐 할 건데?"라는 질문을 너무도 두려워해서 그런 대답을 해야 할 가능성이 아주 조금이라도 있는 자리는 아예 피했다. "나는 그 일을 해낼 수 없었어"라는 말이 갖는 의미가 두려웠다. 만일 아무도 나를 다시 고용하지 않으면 어쩌지? 지난 8년에 대해 무엇을 보여줘야 할까? 내게 무슨 기술이 있기나 한가? 마음이 가는 무언가를 찾는 일은 물론이고 내가 허송세월을 보낸 것처럼 보일까 봐, 그리고 다시는 아무것도 달성하지 못할까 봐 몹시 두려웠다.

게다가 상실감도 아주 컸다. 나를 그토록 불행하게 만든 일을 어떻게 그리워할 수 있는지 이해할 수 없었다. 당시 나는 내가 애도하는 대상이 일 자체가 아님을 알지 못했다. 사실 나는 정체성의 상실, 즉 내가 가졌던 구글 자아가 사망한 것에 대해 애도하고 있었다. 앞으로 나아가기 위해 나와 세상에 대해 내가 안다고 생각한 모든 것에 대해 작별을 고해야 했다. 사실 이 '실패'에는 희미하지만 자유도 있었다. 그러나 그건 내가 가장 두려워하는 일이기도 했다. 당시의 내 기준에 따르면 나는 완벽하고 결점 없는 삶을 사는 데 실패했다. 그렇기 때문에 이제는 가식적인 모습을 버려야 했다. 더 이상 아무도 속일 수 없었다. 내가 완벽할 수 없다면, 그저 나 자신이 되어야 할지 모른다고 생각했다. 그렇다면 나는 도대체 누구인가? 나는 나라는 인물에 대해 다시 정의하고, 이 전환에 관한 체계(나는 체계를 아주 좋아한다!)를 세우기 위해 뭔가 급진적인 조치를 취해야 한다는 것을 알았다. 압도되고 불안에 찌들고 통제를 좋아하고 완벽주의를 지향하는 나의 뇌가 오직 두려움을 달래기 위해 구글만큼 크고 잘나가는 스타트업을 다시 찾아가 구글에서와 같은 일을 반복하는 것을 막기 위해 그래야만 했다.

물론 정답은 또 다른 커리어가 아니었다. 대신 나는 **반反** 커리어 계획을 세웠다. 6개월간의 실험이었다. 만일 계획이 모두 실패한다 해도 괜찮을 기간이라고 스스로를 안심시켰다. 목표는 '정답'을 찾는 게 아니라 이 계획을 시험하고 배우는 것이었고, 실험은 뭔가 새로운 시도를 할 때 위험부담이 적은 방법이니 아주 훌륭한 형식이었다. 나는 내가 무엇을 하려는지 알 수 없었다. 하지만 무엇을 하지 않으려는지는 알았다. 이 실험의 미션은 단지 **하던 대로 하지 않으려는 것**이었기 때문에, 나는 이 실험을 '**하지 않기 실험**'이라고 부르기로 했다.

규칙은 간단했다. 나는 이력서 업데이트를 하지 않기로 했다. 입사 지원도 하지 않기로 했다. 면접을 보거나 미팅도 하지 않기로 했다. 생활비를 충당하기 위해 구글 주식을 팔았다. 굉장히 무책임하게 느껴졌지만 실험이 끝나고 나면 재정 상태를 재평가하기로 다짐했다. 그렇다면 앞으로 6개월 동안 나는 무엇을 **할 것인가?** 내가 좋아하는 일과 내가 누구인지 떠올리는 일만 하기로 했다.

이 계획은 예상보다 어려웠다.

실험 초기 어느 날, 나는 편의점에서 휴지를 고르다가 난감한 순간을 맞이했다. 평생 동안 나는 내가 어떤 각티슈 디자인을 좋아하는지 알지 못했다. 나는 내가 무엇을 좋아하는지부터 알아야 했다. (그렇다. 정말 이런 일이 발생했다.) 나는 내가 좋아한다고 '추정되는' 것만 알았다. 인테리어 디자이너인 친구가 골라준 것과 또 다른 친구가 좋아하는 세련된 단색 스타일이 좋은 것 같았다. 하지만 둘 중 내가 진정으로 좋아하는 것이 무엇인지는 알지 못했다. 어떤 것이 **내** 마음을 울리는지 판단할 때 내가 참조하는 모든 기준이 항상 외부에 있다는 사실에 놀랐다. 그건 굉장히 한심한 짓이었다. 나는 편의점 통로 중앙에 주저앉아 (나는 또다시 공공장소의 바닥에 있었다.) 눈을 감고, 내 내면을 들여다보며 머릿속에 떠오르는 모든 외부 의견을 미친 듯이 지워나갔다. 이렇게 하면 결국 내가 정말 좋아하는 것에 도달하지 않겠어? 그렇겠지? 하지만 내 감각은 이미 마비된 상태였다. 각티슈조차 고를 수 없다면 내가 사랑하는 커리어와 배우자와 인생은 어떻게 고를 수 있단 말인가? 마치 내 인생에서 나를 지운 것처럼 느껴졌다. 나는 티슈를 사지 않고 자리를 떴다. 그냥 화장실용 휴지를 쓰기로 했다. 더 이상 **내 것**처럼 느껴지지 않는 것들로 인생을 채우지 않기로 했다.

이것이 바로 수많은 진부한 조언들이 호응을 얻지 못하는 이유다. **마음을 따르세요. 당신이 사랑하는 일을 하세요.** 그게 무엇인지 알았다면 나는 기꺼이 그렇게 했을 것이다.

이 실험을 계속하는 건 어려운 일이었다. 하지만 이것은 나의 완벽주의가 나를 구한 지점이기도 했다. 나는 (다시) 실패하길 원치 않기 때문에 실험을 계속했다. 당시에 그렇게 부르지는 않았지만, 내가 하는 일은 일종의 '조사'였다. 내가 인생을 보다 의미 있게 꾸려나가는 방법이라는 거대한 미스터리를 해결하는 데 도움이 될 단서를 무수하고 다양한 관점과 장소에서 찾고 있었다.

그래서 미술관과 콘서트를 가고, 문화예술교육센터에서 강연을 듣고, 쿠킹 클래스와 사진 워크숍에 참여했다. 명상 수련회와 회복 모임에도 참석했다. 아울러 아유르베다 도샤*에 대해 배우고, 자연요법의사와 함께 나의 아드레날린과 세로토닌을 관리했다. 술도 끊었다. 심리학자와 사회학자, 종교지도자와 학자와 연구자, 코치, 영감을 주는 강연자, 자서전 작가, 시인, 예술가, 사업가, 설립자들이 쓴 책을 읽고 그들의 영상을 보고 연구를 하며 내가 어쩌다 길을 잃었는지, 어떻게 하면 나를 되찾을 수 있는지 이해하기 위해 노력했다. 누군가 어디선가 인생을 '올바르게' 사는 법에 대한 매뉴얼을 갖고 있을 게 분명했다. 찾아본 거의 모든 책과 인터뷰에서 유용한 조언을 발견할 때마다 메모했다. 줄리아 캐머런이 《아티스트 웨이》에서 제시한 아침 페이지를 작성했다. 심리치료도 받았다. 매일 명상을 했다. 그런데도 여전히 며칠에 한 번씩 침대 밖으로 나올 수 없었다. 옷장도 대대적으로 정리했다. 그리고 글을 많이 썼다. 매일 썼

---

* Ayurvedic dosha, 인도 전통 의학체계인 아유르베다에서 사람의 인체와 정신에 대해 설명하는 기본 에너지 유형 —옮긴이

다. 내가 배운 모든 것을 노트에 써 내려갔다. 어쩌면 '효과가 있을 것'과 그렇지 않은 것을 구분해서 적었다.

이 모든 것이 어떤 식으로든 도움이 되기는 했지만, 어느 것도 완전한 매뉴얼 같지는 않았다. 실험을 시작한 지 3개월째에 들어설 무렵, 나는 여전히 진전이 없고 혼란스럽고 공황 발작도 겪고 있으며, 아파서 하루 종일 침대에 있는 날도 있었다. 돌아가기에는 아주 멀리 와버렸다. 하지만 여전히 나아갈 길을 찾지 못했다. 세상에 존재하는 자료와 방법들 가운데 어떤 것도 도움이 되는 것 같지 않았다. 심리치료, 심리 강좌, 불교, 기 치료, 침술, 요가, 수면, 운동, 명상, 약물치료 모두 소용없었다. 나를 새로운 커리어로 이끌, 실천 가능한 계획과 체크리스트가 있는 단계별 안내서는 도대체 어디에 있단 말인가? **무엇을 해야 하는지 말하란 말이야. 내가 할 테니!**

그러던 어느 날 밤 나는 친구가 다니는 비영리조직을 위한 기금 마련 칵테일파티에 참석했다. 무슨 일이 벌어질지 알고 있었고 역시 예상대로 흘러갔다. 파티장에 도착한 지 정확히 3분 만에 누군가 내게 무슨 일을 하는지 물었다. 나는 늘 그렇듯 모호하게 대답을 하다가 갑자기 멈췄다. 너무 피곤했다. 괜찮은 척하는 연극을 제대로 해낼 기력이 없었다. 그래서 대신 아주 파격적인 행동을 했다. 바로, 진실을 말했다.

초면인 여성들 가운데 서서 그들에게 '대단한' 직장에서 얼마나 비참했는지 말했다. 8년간 '성공하려고' 너무도 열심히 일했지만 번아웃을 겪고 우울하고 불안해져서 결국 관뒀다고 말했다. 그리고 현재 아무런 계획도 없다고 했다.

이제 쏟아질 비판을 받아들일 마음의 준비가 되어 있었다. 그런데 그들은 비판을 하는 대신 모두 고개를 끄덕이며 각자 자기 이야기를 공유하기 시작했다.

"저도 똑같이 느끼고 있어요. 이런 경험에 대해 다른 사람이 설명하는 걸 전에는 들어본 적이 없어요."

"그게 정상이지 않나요? 모두가 그렇게 느낄걸요?"

"다음에 승진하면 드디어 성공했다고 느낄 거라 늘 생각하지만, 그런 일은 일어나지 않더라고요."

"저는 도대체 어떻게 여기까지 왔는지 신기할 따름이에요. 진짜 열심히 일했고 해야 한다고 생각되는 건 전부 했어요."

"저는 일을 그만둘 거예요. 하지만 그것 말고 달리 무엇을 해야 할지 모르겠어요."

"좇을 열정이 있으면 좋겠는데, 없어요. 완전히 새로 시작하기에 너무 늦은 건 아니겠죠?"

"매일 아침 두려움에 차서 일어나요. 휴가만 기다리며 살고 있어요."

"그쪽이 깨달은 방법을 알려주세요. 저는 퇴사하는 법을 3년째 궁리 중이거든요."

'진실이 너를 자유롭게 하리라(The truth will set you free)'라는 말이 무슨 뜻인지 그때 비로소 이해했다. 이런 흔한 격언이 옳다고 증명될 때 무척 짜증나긴 하지만, 그 후로 내 이야기를 친구들, 전

직장의 동료들과 내가 만난 누구에게든 좀 더 솔직하게 공유하기 시작했다. 아울러 사람들에게 그들의 일에 대해 어떻게 느끼는지 묻기 시작했다. 그리고 똑똑하고 성공한 많은 사람이 모두 그들의 일에서 남몰래 비참함을 느끼며 동기도 영감도 없이 하루하루를 버티느라 애를 쓰고 있다는 것을 깨달았다.

이런 상태를 묘사하는 용어를 찾았지만 적절한 단어가 없어서 내가 만들었다. 바로 공허한 과잉성취자Underfulfilled Overachiever다.

공허한 과잉성취자(UFOA) [ʌndə(r)fʊlˈfɪl əʊv(ə)rəˈtʃiːvə]

1. 끊임없이 열심히 노력하며 화려한 이력을 가졌다. 갖춰야 할 모든 능력을 갖췄고 '해야 할' 모든 일을 했다. 많은 성취를 거뒀고, 누가 봐도 성공한 사람 그 자체로 보인다. 하지만 여전히 남몰래 불만족스럽고, 충만하지 못하며, 일, 삶, 자신으로부터 점점 단절되고 있다. '이게 전부란 말인가? 나는 누구의 삶을 살고 있는가?' 같은 의문을 품고 산다.

2. 성취가 지속적인 충만함에 이르는 길이라는 근본적인 신념 체계로 인해 고통받는 사람.

친구의 친구가 부업으로 '코칭'이라는 것을 시작했다는 소식을 들었다. 공인된 코칭 수련 프로그램을 통해 자격을 획득한 것 같았다. 이 말을 듣자 딱히 이유를 설명할 수는 없지만 관심이 생겼다. '코칭'은 내게 모호한 진로처럼 보였다. 그런데도 나는 '코칭의 기

초'라는 강좌에 등록했다. 다시 회사로 돌아가 팀을 관리할 때 써먹을 수 있는 새로운 기술을 배우는 데 투자하는 거라고 여겼다. 왜냐하면 회사로 돌아가는 것이 '올바른' 일이고 결국 내가 가야 할 길로 증명될 거라 확신하며 많은 날을 보냈기 때문이다.

그러나 무척 놀랍게도 그곳에서, 바로 맨해튼 미드타운에 있는 침침한 대회의실에서 내가 누구인지 일깨워주는 것을, 적어도 그런 **한** 가지를 발견했다. 사용되는 언어, 철학, 훈련, 전략 등 모든 것이 직관적으로 와닿았다. 내 삶을 어떻게 살 것인지 깨닫는 데 도움이 되는 방법이 있을 것 같았다.

코칭 수련에서 영감을 얻은 나는 내가 줄곧 찾았지만 찾을 수 없었던 새로운 인생 지침서를 작성했다. 원래 그 책은 나를 위한 것이었다. **다시는** 이런 상황에 처하지 **않기** 위해 내가 발견한 도구, 전략, 기법, 단계별 과정들을 정리해 놓은 책이었다. 하지만 나는 몇몇 친구들에게 나의 공허한 과잉성취자 사연을 공유하는 이메일을 보내며 공감하는 사람이 있다면 '커피 한 잔' 값으로 '연습' 코칭 세션에 참가할 것을 제안했다. 마음이 푸근한 친구 한두 명이 나의 기분을 맞춰 주리라 기대했다. 하지만 예상과 달리 예약 요청이 쇄도하는 것을 보고 굉장히 놀랐다. 첫 세션이 곧 두 번째, 세 번째 세션으로 이어졌다. 내게 꾸준히 찾아오는 내담자들이 생겼다. 완벽한 노력형으로 살았으며 모든 능력을 갖추고 모든 '해야 할' 일을 했고 원하는 건 무엇이든 대체로 성취했지만, 여전히 깊은 불만족을 느끼고 자포자기할 정도로 충만함을 못 느끼고 자기 자신과 점점 단절되며 '이게 전부란 말인가?' 하고 회의를 품고 사는 다른 공허한 과잉성취자들을 만났다.

내담자들이 가장 공감한 부분은 내가 코칭 수련에서 배운 것이 아니라 내가 작성하기 시작한 인생 지침서에서 제시한 방법이었다. 그리고 그것은 실제로 효과가 있는 것처럼 보였다. 세션이 거듭될수록 공허한 과잉성취자들은 공허한 과잉성취 상태에서 회복될 뿐만 아니라 그들이 살고 싶어 하는 삶을 구축하게 되었다. 나 역시 마찬가지였다.

공허한 과잉성취자의 문제

공허한 과잉성취자의 문제는 언뜻 개인의 문제처럼 보인다. 하지만 코칭을 할수록 이 문제가 실제로 우리 문화에 얼마나 광범위하고 공고하게 뿌리를 내리고 있는지 더 확실해졌다. 어쩌다 이토록 많은 사람이 겉만 화려하고 내면은 전혀 그렇지 못한 삶을 살고 있는 것일까? 우리는 사회가 가르쳐 준 대로 하고 살았지만 우리에게 약속되었던 결과는 아무것도 얻지 못했다. 왜 아무도 이에 대해 말하지 않는 걸까? (당시는 2014년이었고, 이 문제에 대해 말하는 사람이 거의 없었다. 감사하게도 그 후로 상황이 바뀌었다.) 분명 이것은 단순히 '나'(또는 다른 누군가)의 문제가 아니었다. 시스템의 문제이며 게다가 굉장히 중대한 문제였다. 우리의 건강, 경제, 문화를 위해, 그리고 개인적으로나 집단으로서나 삶다운 삶을 살기 위해서 꼭 짚고 넘어가야 하는 문제였다.

"나는 어떻게 살고 있는가?"라는 나의 질문은 "**우리**는 어떻게 살고 있는가?"로 바뀌었고, 결국 "그들은 우리에게 어떻게 살라고 말하는가?"로 바뀌었다. 아울러 "도대체 우리는 어떻게 하면 이 질주를 멈출 수 있는가?" 그리고 "대신 무엇을 해야 하는가?"라는 중요한 질문들이 더해졌다.

6개월간의 하지 않기 실험이 끝났을 때, 나는 여전히 직업도, 눈곱만큼의 소득도 없고 겨우 모호한 계획만 있는 상태였다. 그렇지만 희한하게도, 아직 최종 목적지가 불분명한데도 내 삶이 앞으로 어느 방향으로 가야 하는지가 보다 명확하게 느껴졌다. 이런 변화는 처음에는 아주 미묘해서 처음에는 알아차리지 못했다. 나는 계획에 대해 신경 쓰지 않았고, 5년은 물론이고 12개월 후에 내가 어디에 있을지조차 알지 못했지만 마음 쓰지 않게 되었다. 그저 현재 내가 하는 일에 대해 내가 어떻게 느끼는지에만 마음을 썼다.

나는 몹시 화가 났다. 우리는 이제껏 존재하지 않고 어쩌면 전혀 존재한 적도 없는 게임의 규칙에 따라 경기를 하라고 배웠다. 우리는 열심히 하기만 하면 성공하고 행복하고 충만한 삶을 살 거라는 이야기를 믿고 살았다. 하지만 그 모든 성공에도 충만함을 전혀 느끼지 못한다니, 어찌 된 것인가?

그 후로 10년 동안 나는 수천 명의 공허한 과잉성취자들로부터 비슷비슷한 이야기를 들었다.

"해야 한다고 여겨지는 모든 것을 했어요. 열심히 일했고, 더 열심히 일해서 내가 이루려던 모든 것을 이뤘어요. 온갖 칭찬과 찬사를 받았고 이 모든 걸 해냈으니 이제 '성공'하고 행복할 일만 남았다고 믿었어요. 하지만 전혀 그렇지 않았어요."

누군가에게 성공은 알파벳 개수만큼 학위를 따고, 회사에서 승진하고, 상과 보너스를 많이 받는 모습일 수 있다. 그런가 하면 스물다섯 안에 결혼을 하고, 서른다섯 안에 여러 자녀를 두고, 건축 잡지에 나올 법한 집에서 사는 것을 성공이라고 여기는 사람들도 있다. 또 '완벽한' 딸과 손녀가 되어 부모님과 조부모님을 정성껏 보살피는 모습일 수도 있다. 아니면 자본주의와 제도권 교육을 거부하고 주류에서 벗어난 삶을 사는 것일 수도 있다. '되어야 한다'고 여겨진 것이 무엇이든 상관없었다. 그들이 추구한 것은 늘 같았다.

나는 공기업 임원, 성공한 스타트업 설립자, 교수, 로펌 파트너, 베스트셀러 작가, 잡지사 편집장, 수석 졸업생, 수의사, 식당 주인, 수석 셰프, 투자가, 시각예술가, 심장외과 전문의, 명상 강사, 엔지니어, 교육자, 대학 신입생, 박사 과정 학생, 정치인, 음악가, 비영리조직의 활동가, 공중보건 종사자, 대학을 갓 나온 졸업생, 서너 번째 직장에서 일하는 사람들의 이야기를 들었다. 모두들 나이를 불문하고 같은 이야기를 했다. 열여섯부터 74세까지, 집안 대대로 아이비리그 출신인 졸업생들, 대학 근처에도 못 가본 사람들까지 모두 한결같았다. 세계 전역, 도시든 교외든 지방이든, 해안가든 중서부든 남부든, 미국, 캐나다, 오스트레일리아, 독일, 남아프리아, 이탈리아, 프랑스, 노르웨이, 영국, 네덜란드에서 사는 사람들도 같은 이야기를 했다.

이것은 특정 집단이나 상황에만 국한된 문제가 아니다. 공허한 과잉성취자는 어디에나 있다. 심지어 그 수는 점점 늘어나고 있다.

이것은 당신이 혼자가 아니며 이 싸움을 혼자 할 필요가 없다는 뜻이다. 삶에 대한 깊은 불만족과 내 삶이 내 것이 아닌 것 같은 고통스러운 경험은 당신이 얼마나 많이 성취하고 축적하든 계속된다. 그런 고통은 보상받을 수 없다. 그런 존재론적 갈등과 의미와 목적을 좇는다고 충만함이 채워질까? 그런 것들은 그저 당신도 공허한 과잉성취자라는 전형적인 신호일 따름이다.

또한 그건 당신의 탓이 아니다. 당신에게는 아무런 잘못이 없다. 당신은 아무것도 망치지 않았다. 침체 상태이고 길을 잃고 혼란스럽다는 사실은 개인적인 실패를 나타내지 않는다. 당신은 태어날 때부터 성취를 통해 충만함에 이르러야 한다고 믿은 게 아니다. 그렇게 생각하도록 프로그래밍되었을 뿐이다. 성공한다면 행복할 거라고 배웠을 따름이다. '요구되는' 성취를 충분히 이루면 세상에 당신의 가치를 증명하게 되므로 보호받고 인생에서 모든 성공을 누릴 준비가 될 거라는 말을 들었을 뿐이다.

거짓을 배웠을 뿐이다.

2장

목적지향적인
세상에서
살아가기

LIVING IN A
DESTINATIONAL WORLD

당신만 그런 게 아니라고, 혹은 당신의 탓이 아니라는 말을 듣고 위안을 얻었길 바란다. 하지만 근본적인 문제가 남아 있다. 당신은 공허하다. 공허한 과잉성취자로서, 일반적으로 우리는 성공을 우리 삶의 기본 원칙으로 생각한다. 우리는 성공에 대해 신중하지 못하다. 심지어 '허슬 컬처'*라는 귀에 쏙 박히는 이름까지 붙여 주었다. 이를테면 우리는 빽빽한 스케줄과 '부지런히 열심히' 일하는 태도를 자랑스럽게 여긴다. '부업'은 명예 훈장이다. 일에서 '기대 이상을 달성하는 것'이 루틴이다. 당연히 주된 목적은 성취다. 이것이 바로 공허한 과잉성취자의 핵심적인 문제다. 우리가 찾고 있는 충만함이

---

*   hustle culture, 개인 생활보다 일을 중시하고 열정적으로 일하는 것을 중시하는 문화—옮긴이

근본적으로 성취와 성공과 연결되어 있다고 믿는다.

공허한 과잉성취자 대부분은 인생 초반부터 성취에 관한 가정과 기대를 중심으로 키워졌다. 아이들에게 자주 하는 전형적인 질문을 살펴보자. "커서 뭐가 되고 싶니?"라는 질문을 받으면 아이들은 당연히 의사, 변호사, 공학자와 같은 직업들을 선호하고 저소득으로 여겨지는 버스 기사, 소방관, 예술가는 덜 선호하는 대답을 한다. 왜 그럴까? 실제로는 "무엇을 성취하고 싶니?"라고 물은 것이나 다름없기 때문이다. 즉 아이가 어렸을 때부터 성공과 성취로 인생을 판단하도록 만든 것이다.

우리는 아이들이 '훌륭한 학생'이 되면 칭찬한다. 여기서 말하는 '훌륭한 학생'이란 호기심이 많고 적극적으로 참여한다는 뜻이 아니다. 그보다 결과, 높은 성적, 수상을 말한다. 성실한 학생은 실제로 배우고 기억하는 것보다 등급과 시험 점수에 더 신경 쓰도록 배운다. 우리의 교육시스템 전체가 이 원칙을 토대로 구축되었다.

이것은 다른 그 무엇보다 성취의 상호의존적 파트너인 생산성을 최우선에 둔다는 뜻이다. 우리는 "어떻게 해야 오늘을 가장 생산적으로 보낼 수 있을까?"를 물으며 하루를 시작한다. 달리 말하자면 어떻게 해야 가장 많이 성취할 수 있을까를 고민한다. 어떻게 해야 내 생산성을 최적화하는 방식으로 먹고, 자고, 움직일 수 있을까? 출퇴근 시간을 가장 생산적으로 보낼 수 있는 방법은 무엇일까? (구글 통근 버스에서는 와이파이를 사용할 수 있다!) 내 내담자들은 **심리치료, 명상, 자기관리를 하는 이유에 대해 그런 활동이 생산적이라고 생**

각되기 때문이라고 답했다.

성취가 의미 있는 삶에 도달하는 경로라는 믿음은 사회 제도에 의해 한층 더 강화된다. 예컨대 나는 건강보험과 퇴직연금처럼 우리가 고용되면 받는 '혜택'이라고 부르는 것들을 '필수 요소'라고 불러야 한다고 생각한다. 이러한 '혜택'을 고용에 연결시킴으로써 우리는 우리의 생존을 성취에 덜컥 묶어버리는 것이다. 그 결과 성취를 많이 할수록 건강보험, 의료혜택 및 회사에서 내주는 퇴직연금 기여금과 옵션이 더 좋아진다. 적어도 미국에서 더 큰 성공은 그야말로 더 많은 보장을 의미한다.

하지만 이 모든 게 진정으로 우리를 위한 것이라면, 우리의 안정과 행복을 보장하기 위한 것이라면, 왜 밀레니엄 세대*의 약 40퍼센트가 우울증 또는 불안장애 증상을 보고하고, 80퍼센트가 번아웃을 보고할까? 그리고 이러한 수치들은 왜 코로나 팬데믹 이후에도 계속 증가하는 것일까? 이러한 통계치는 누구의 기준으로 봐도 성공적이라 할 수 없다. 충만함으로 가득한 세대라면 나올 수 없는 통계다. 분명 우리의 시스템에는 뭔가 심각한 문제가 있으며, 그냥 사라지지 않을 것이다.

물론 성취 자체가 문제는 아니다. 문제는 성취를 이루면 충만함이 따를 거라는 기대다. 이런 기대는 우리가 삶의 모든 면을 성취라는 결과를 향해 맞추고 있다는 뜻이다. 아이가 성장해서 무엇이

---

* 1980년대 초부터 2000년대 초까지 출생한 신세대—옮긴이

왜 어떻게 될지는 생각하지 않는다. 오로지 최종 결과만을 생각한다. 학습이나 능력이 아니라 평균 학점과, 학위가 가져다줄 거라 기대되는 특권만을 생각한다. 일하러 가는 가장 즐거운 방법이나 하루를 기분 좋게 잘 보내는 것은 생각하지 않는다. 매 선택이 어떤 결과를 가져다줄 것인가만 생각한다. 이러한 생각의 공통점은 모두 **최종 목적**만 생각한다는 것이다. 공허한 과잉성취자들이 이렇게 성취를 좇는 건 그것이 인간의 본성이거나 즐거움을 가져다주기 때문이 아니다. 목적지향적인 삶을 살도록 훈련되었기 때문이다.

우리는 목적지향적인 삶을 살고 있다

간략히 말해 우리가 지금까지 배운, 삶을 '사는' 방식은 모두 잘못되었다.

목적지향적인 삶은 공허한 과잉성취자가 삶을 대하는 방식이다. 이 방식을 따르면 구체적이고 남들이 알아주는 성취를 얻을 수 있고, 그 성취들이 삶의 안정과 행복을 보장해줄 거라는 거짓을 믿고 그런 결과를 추구한다. 보이는 결과에만 집중하고 그것에 도달하는 과정에서 벌어지는 일은 전부 무시한다. 이는 '목적이 수단을 정당화하는' 삶의 철학이다. 사다리를 오르거나 일방적인, 사전에 정해진 커리어 경로를 따르는 일이다. 커리어와 삶에 발을 내디뎌 보기도 전에 어디로 가고 있는지, 어떻게 그곳에 도달해야 하는지

부터 알아야 한다고 여기는 것이다. 목적지향적인 삶은 이렇게 말한다.

"당신이 원하는 삶의 모습을 정하고, 그것을 위한 10년 계획을 세우고, 가장 유리한 출발 지점을 정하기 위해 역방향으로 작업하라."

지금까지 우리가 아는 바로는 이것은 꽤 좋은 아이디어이고, 우리가 몹시 추구하는 방식이다. 이런 방식이 사회 전반에 지배적인 이유가 있다. 우리의 미래를 예측할 수 있고, 사전에 모든 계획을 세워놓을 수 있다고 믿으면 마음이 굉장히 편하기 때문이다. 어떤 일이 벌어지든 간에 마음만 먹으면 된다고 생각하면 큰 위안이 된다. 세상을 완벽하게 통제할 수 있다니 얼마나 매력적인가! 물론 정말로 그렇게 할 수 있을 때만 그렇다. 현실은, 우리는 삶을 역설계할 수 없으며, 적어도 진정성과 충만함의 척도로 볼 때 그렇게 하는 건 불가능하다.

한때 새로운 일을 수락할지 말지 결정하는 데 어려움을 겪는 공허한 과잉성취자를 코칭한 적이 있었다. 그녀는 내게 현재의 일에 전반적으로 만족한다고 말했다. 그래서 나는 새로운 일의 어떤 면이 매력적인지 물었다. 그녀는 새로 맡게 될 일이 나중에 다른 곳에서 활용되기 더 쉽기 때문에 받아들여야 한다고 생각했다. 새로운 직책이 그녀를 더 눈에 띄게 해줄 거라고 믿었다. 10년 안에 최고 마케팅 책임자가 되려는 목표가 있는데, 새 직책을 맡는 게 그 목표를 달성하는 데 도움이 된다고 했다.

이 모든 말이 꽤 그럴듯하게 들린다. 그렇지 않은가? 나는 그녀에게 그걸 알면서 왜 그 제안을 받아들이지 **않느냐**고 물었다. 그녀는 무엇 때문에 주저하는 것일까?

그녀는 이렇게 대답했다.

"솔직히 말해 좀 지루해 보여요. 제가 좋아하는 일도, 가장 잘할 수 있는 일도 아니에요. 하지만 그렇다고 어떻게 거절하겠어요? 객관적으로 볼 때 정말 좋은 기회인데."

목적지향적인 삶의 정석 같은 대답이다. 최고 마케팅 책임자라는 최종 목적지와 그것에 최대한 빨리 도달하는 게 최우선이다. 그 목적에 도달하기까지 걸리는 시간 동안 해야 하는 일과 그 일이 주는 즐거움, 심지어 그 일의 여파도 핵심적인 고려 사항이 아니다. 최종 목적지까지의 여정이 끔찍하다한들 무슨 상관인가? 일단 그곳에 '도달'하기만 하면 되는 게 아닌가?

아니다.

목적지향적인 삶을 살면 무엇을 하고 있는지 제대로 인식하지 못한 채 성취에서 성취로, 해냄에서 해냄으로 이어지는 삶을 살게 된다. 목적지향적인 삶이 인생을 사는 최고의 방법이라는 사회적 합의가 은연중에 퍼져 있다. 이 합의가 사회 전반의 분위기를 지배하고 있기 때문에 우리는 그것이 삶을 사는 **유일한** 방법이 아님을 잊는다. 마치 크리넥스가 미용 티슈의 유일한 브랜드이고, 구글이 유일한 검색 엔진이라고 여기는 것과 같다.

목적지향적인 삶이란 의사결정을 아웃소싱한다는 뜻이다. 즉 삶의 중요한 가치가 개인이 아니라 타인에게 중요한 것, 그리고 다수가 '가치 있다'라고 여기는 삶의 방식과 조건들에 의해 정의된다. 무엇이 중요한지, 언제까지 어떤 순서로 무엇을 해야 할지 알려주는 길잡이를 나라는 개인의 내면이 아니라 외부의 시선에서 찾도록 한다. 삶의 요소에서 당신다움은 모두 제거해야 한다. 개인으로서 우리는 고려 대상이 아니다.

당위를 나타내는 '해야 한다should'라는 말은 지금의 삶이 목적지향적이며 아웃소싱이 진행 중임을 드러내는 명백한 신호다. 나는 문예창작이 아닌 경제학을 전공**해야 한다**. 파스타가 아닌 샐러드를 주문**해야 한다**. 집을 소유하고, 대학원에 진학하고, 커리어를 더 쌓고, 결혼을 하고, 자녀를 갖고, 만 명의 팔로워를 **가져야 한다**. 아마 당신에게도 당장 마음에 떠오르는 무수한 '해야 한다'가 있을 것이다. 그에 대해 나는 당신이 스스로에게 이렇게 물어보기를 권한다. "그렇게 말하는 게 누구인가?"

사실상 우리는 '삶을 표절'하고 있지만 그렇다는 걸 인식조차 하지 못한다. 그야말로 다른 누군가가 이미 그린 삶의 궤적을 한두 단어 정도만 바꾼 채 모방하고 있다. "그 사람은 그런 성공을 거두기 위해 무엇을 했을까?" 하고 묻고는 바로 "오케이, 알겠어. 복사, 붙여넣기. 나도 그녀가 하는 대로 해야지" 하고 말하는 것과 같다. 목적지향적인 삶은 성공이 임의적이거나 일반적이지 않고 지극히 개인적이라는 사실을 간과한다. 성공에 이르는 한 가지 정답은 없다. 당신이 동경하는 사람들의 삶은 당신의 이야기를 만들어 나갈 때 참고하는 주석이 되어야지, 전부가 되어선 안 된다.

한두 해 전, 고등학생들을 대상으로 강연을 하면서 이런 현실을 증명하고자 '커서' 뭐가 되고 싶은지 물었다. '건축가', '컴퓨터 과학자', '소아과 의사', '최고경영자' 등의 답이 교실 여기저기서 나왔다. 그 가운데 한 학생이 내가 그때까지 들어본 가운데 가장 솔직한 대답을 내놓았다.

"무엇을 하든 상관없어요. 그저 성공하고 싶어요."

학생들의 대답 모두가 목적지향적인 삶을 보여주는 예시였지만, 이 대답이야말로 모든 꾸밈을 제거한 가장 순수한 형태의 목적지향적인 삶을 보여주는 예였다.

그렇다면 우리가 '성공'을 말할 때 그것은 실제로 무엇을 뜻하는 것일까? 왜 그 학생은 성공하고 싶어 했을까? 왜 누구나 그러길 바랄까?

우리가 성공하길 원한다고 말할 때 사실 그 속뜻은 성공한 것처럼 **느끼고** 싶다는 뜻이다. 그리고 우리가 찾는 성공의 느낌이 바로 충만함이다. 목적지향적인 삶은 성공과 충만함이 같은 뜻이라고 우리에게 거짓을 말한다. 공허한 과잉성취자들은 대부분 **성공적이거나 그렇게 보이는 것**(건축가, 컴퓨터 과학자, 최고경영자, 부모, 아내 혹은 주택소유주라는 타이틀을 얻는 것)이 성공적이라는 **느낌**, 즉 충만하다는 느낌과 상당히 다른 경험임을 결국 시행착오를 거쳐 아주 어렵게 깨닫는다.

충만함은 꽉 채워지거나 온전하다는 느낌으로, 삶이 당신만의 고유한 가치로, 당신의 가장 진정한 자아로 꽉 채워졌다는 뜻이다. 어렵거나 멋지게 느껴지지 않더라도 당신이 있어야 할 바로 그 자리에 있다는 느낌이다. 내 삶이 온전히 내 것이라는, 삶에 대한 깊은 소속감이다. 당신에게만 아주 잘 맞는, 독창적으로 당신만의 것인 삶을 설계할 때, 순수하게 진정성을 보이며 살게 된다. 그러면 당신은 당신의 것처럼 느껴지는 삶의 주인이 된다.

　일상적인 표현으로 말하자면, '최고의 삶'이 바로 이것이다. 책이나 소셜 미디어에서 가장 멋있어 보이는 삶이 아니라 실제로 최고라는 느낌을 주는 삶이다. 당연히 이런 종류의 충만함은 일반적으로 우리가 익히 알고 있는 표면적인 성공을 이룰 때 동시에 발생하지 않는다.

　우리에게 임종이 닥쳐 인생에서 중요했던 것을 되돌아본다고 상상하면, 초점은 충만함이 된다. **나는 지금까지 하려고 한 일을 했는가? 나는 최선을 다해 가장 진실되고 진정한 나를 보여줬던가?**

　이러한 질문이 가진 문제는 우리가 일상생활을 하는 데에 딱히 유용한 질문이 아니라는 점이다. 이런 질문들은 오히려 생각하면 생각할수록 우리를 일상생활과 멀어지게 한다. 그러나 나는 우리가 이러한 존재론적이고 철학적인 거대한 질문들에 대해 생각하는 법과 더불어 더 중요하게는 그런 질문들을 **실천하며 살며** 진정으로, 구체적으로 삶에 적용하는 법을 알아야 한다고 생각한다. 이것은 충만하다는 느낌이 개개인에게 고유하다는 핵심적인 사실로부터 시작한다. 당신의 충만함은 당신에게만 속한다. 누군가 대신해줄 수 없다.

우리가 해야 할 일은 목적지향적인 삶에서, 구시대적 발상이거나 애초에 효과가 없는 규범과 규칙들에서 벗어나는 것이다. 목적지향적인 삶의 영향이 개인적으로나 집단적으로 이제야 비로소 널리 인식되기 시작했기 때문에 아직 쉽지는 않다. 하지만 다행히도, 성취와 생산성에 집착하는 시스템의 문제를 둘러싼 합의가 점차 커지고 있다. 만일 오늘날 '허슬 컬처'를 검색하면, 그것의 장점보다 유해성을 보여주는 콘텐츠를 더 많이 보게 될 것이다. 또한 번아웃을 비롯하여 노동의 미래와 삶과 문화에서 일이 차지하는 역할을 다루는 훌륭한 논문과 새로운 책들도 많다.

이런 인식이 커져가는 데에는 기술이 한몫했다. 애초에 '언제어디서나 온라인'인 문화가 가능하게 된 것은 모바일 기기를 사용해서 어디서든 일할 수 있기 때문이었다. 이제 우리는 불가피한 반발에 맞닥뜨렸다. 모두 '오프라인으로의 전환'을 간절히 원한다. 직장 문화를 둘러싼 논의가 코로나 팬데믹 동안 한층 더 촉진됐다. 일상과 사회적 규범에서 벗어나자 사람들은 그들이 얼마나 진정으로 충만하지 못한지 알게 되었고, 더 중요하게는 그들이 소중히 여기는 성취가 충만함은 물론이고 얼마나 적은 안전과 안정을 가져다주었는지 보게 되었다. 삶을 바꾸는 사건이 벌어지자 무엇이, 왜 우리에게 진정으로 중요한지 묻게 되었다. 그런 일을 겪고 나서야 비로소 우리는 모두 함께 그 질문을 던졌다. 그래서 팬데믹 직후 많은 직장인이 자발적으로 퇴사한 추세를 일컫는 '대퇴직Great

Resignation'에 대한 온갖 의견이 있었다. 나는 이 현상이 실제 발생한 집단 퇴직 현상보다 우리 삶에 대해 다시 돌아보려는 움직임을 더 잘 보여준다고 생각한다.

동시에 팬데믹은 목적지향적인 삶이 가진 근본적인 전제—확실성에 대한 잘못된 믿음—의 해체를 앞당기기도 했다. 목적지향적인 삶은 미래를 알 수 있으며 정할 수 있고, 혹은 적어도 합리적으로 예측할 수 있다고 주장한다. 하지만 갑자기, 성공에 이르는 확실한 경로로 여겨진 길이 알고 보니 전혀 그렇지 못한 것으로 드러났고, 우리 모두가 향하던 목적지가 마치 전혀 존재한 적이 없던 듯 갑자기 더 이상 존재하지 않게 되었다. 가령 상업용 부동산은 항상 고수익이라고 여겨졌다. 하지만 그건 우리가 재택근무를 하며 사무실로 돌아가지 않기 전의 이야기다. 전통적인 언론사 일자리는 항상 철밥통으로 여겨졌다. 하지만 인터넷이 널리 확산되자 상황은 달라졌다. 컴퓨터 전공 학위는 항상 돈이 되고 수요가 끊임없다고 여겨졌다. 하지만 인공지능의 도래로 그것도 옛말이 되었다. 이런 변화는 끝이 없다. 잘 알려진 격언처럼 변하지 않는 것은 없다.

목적지향적인 삶은 예측 가능성과 확실성에 의존할 수밖에 없다. 하지만 지난 20년 동안 확실성은 사라졌다. 비교적 안정적이었던 1980년대와 90년대에 쉽게 믿었던 것들이 포스트 9·11 시대에 성년이 되어 2008년 금융위기의 잔해 속에서 노동시장에 진입하고, 팬데믹 때문에 직업적, 개인적 삶의 시간이 사실상 멈춰버린 밀레니엄 세대에게는 더 이상 믿기 어려운 것이 되어 버렸다.

달리 말해 목적지향적인 삶을 살려면 우리는 반드시 미래를 예측하는 우리의 능력을 믿어야만 한다. 하지만 당연히 그런 능력은 기껏해야 어설픈 수준이고 최악의 경우 심각한 자만일 뿐이다. 받아들이기 어렵겠지만 우리는 미래를 통제할 수 있다는 확신을 얻기 위해 우리가 진정으로 원하는 것들을 외면했다. 나는 브레네 브라운 교수가 저서 《불완전함의 선물》에서 이 점을 가장 잘 표현했다고 생각한다. 그녀는 이렇게 경고한다.

"주의: 만일 안전을 얻고자 진실성을 버린다면, 불안, 우울, 섭식장애, 중독, 분노, 비난, 분개심과 설명할 수 없는 슬픔을 경험할 수 있다."

☑ 불안과 우울, 그리고 정신 건강의 약화

이게 다가 아니다. 목적지향적인 삶이 유발하는 세 가지 다른 증상을 살펴보라. 바로 강박적 성취, 생산성에 대한 집착, 완벽주의에 의한 마비다.

강박적 성취: "더 많이, 더 빠르게"

내가 저스틴을 처음 만났을 때, 그녀는 이미 10년 차의 성공한 변호사였고, 다니던 로펌에서 최근에 파트너 변호사로 승진까지 한 상태였다. 파트너 변호사가 되자 잠깐의 휴식이 제공되었지만, 이러한 성취로 기대했던 자부심이나 만족감을 느끼지 못했다. 실패하지 않았다고 안도할 뿐이었다. 그러고 나서 머지않아 덜컥 겁이 났다.

"저는 경쟁을 하며 올라가는 데 너무 익숙해져서 이제 어디로 가야 할지, 어디로 올라가야 할지 알 수가 없었어요. 완전히 갇혀 버린 기분이었어요."

그녀는 어떤 해법을 찾았을까? 당연히 성취해야 할 것을 더 많이 찾았다. 그녀는 비영리조직의 이사회와 또 다른 위원회에 참여했다. 코딩을 독학해서 '부업'으로 웹사이트를 구축하는 일을 시작했다. 경영대학원에 지원해서 저녁과 주말에 경영인을 위한 MBA 학위를 취득하기 위해 공부하기 시작했다. 또, 사업을 시작할 아이디어가 떠오르자 투자금으로 벤처자본금을 모으는 일을 계획했다. 잠을 거의 자지 못했고 진정한 관계를 맺을 시간이 없었다. 현재는 로펌을 떠날 생각이지만 그녀는 자신이 하는 모든 일이 불행을 이겨내려는 노력에 불과하다는 생각이 조금씩 들기 시작했다. 그래서 나를 찾아왔다.

이런 행동은 단지 직업적 삶에만 국한되지 않았다. 저스틴의 생활 면면이 달성해야 할 목표와 도달해야 할 목적지를 중심으로 구성되었다. 가령 새로운 도시로 여행을 가면 25개 명소를 최대한 많이 방문하는 것을 목표로 삼고 최대한 효율적으로 전략을 짰다. '진척도'를 추적하기 위해 세계의 모든 국가와 가장 유명한 도시들과 지역들이 적힌 여행 스프레드시트를 계속 업데이트했다. 아무리 좋아하는 곳이라도 같은 곳을 두 번 방문하지 않았다. '낭비'이기 때문이다.

매달 디너 파티를 열었는데, '복잡하고' 새로운 레시피를 몇 주 전부터 미리 연습했다. 음식이 완벽하다고 느낄 때까지 반복해서 요리했다. 파티가 끝나면 그 음식을 다시는 만들지 않았다. 심지어 소믈리에 자격증도 땄다. 마라톤에 참가한 적도 있으며, 나를 만나러 왔을 당시에는 철인 3종 경기를 위해 훈련 중이었다.

그녀는 이 모든 것을 숨 한 번 쉬지 않은 채 한 문장으로 읊었다. 나는 그녀에게 물었다.

"지금 말한 모든 활동 가운데 어떤 것을 할 때 진심으로 즐겁나요?"

그녀는 말문이 막힌 듯 보였다. 잠시 침묵이 흘렀다. 그녀는 이렇게 대답했다.

"아무도 그런 질문을 한 적이 없어요. 글쎄요… 선택지 D? 즐거운 게 없을 수도 있어요."

나는 바로 그녀에게 그렇다면 왜 그런 활동들을 하는지 물었다. 다시 침묵이 흘렀다. 마침내 그녀는 이렇게 대답했다.

"당연히 해야 하니까 하지 않을까요? 그것 말고는 선택지가 없는 것처럼 느껴져요. 말이 안 되는 건 저도 알지만, 그냥 그렇게 느껴져요."

이것이 우리가 흔히 '과잉성취'라고 부르는 것이다. 하지만 나는 이 용어가 진실을 흐리고 있다는 것을 발견했다. 과잉성취라고 하면 포부가 굉장히 큰 것처럼 들린다! 특히 과잉성취자로 살고 있는 사람들에게 그렇게 들린다. 과잉성취자가 되길 원치 않는 사람이 있을까? '과잉'이란 과도하다는 뜻이지만 '기대 이상의 노력'을 미화하는 세상에서 과잉성취자로 불린다면 칭찬처럼 들릴 수 있다. 하지만 나는 이 말이 칭찬이 아님을 확실히 알리고자 한다. 그 이유는 이렇다.

우리가 목적지향적으로 살 때 발생하는 과잉성취는 **강박적** 성취와 더 유사하다. 저스틴은 이 모든 일을 성취하길 **원한 게** 아니었다. 어떤 일도 그녀에게 의미가 있거나 그녀의 삶에 보탬이 되지 않았다. 그저 체크 표시를 해야 할 박스에 불과했다. 그녀는 불안에 쫓겨 성취하고 있었지, **진정한 자아에 맞게 조화롭게** 성취한 게 아니었다. 당연히 충만함을 느끼지 못했다. 오히려 그녀를 비참하게, 심지어는 아프게 만들기 시작했다. 월경이 중단되었고, 태어나서 처음으로 습진이 생겼고, 마지막으로 언제 숙면했는지 기억조차 나지 않으며, 소화 기능도 엉망이었다. 하지만 이런 증상은 살다 보면 더러 발생하는 게 아닌가? 우연의 일치일 뿐이다. 그럴 것이다.

저스틴은 자학 증세가 있지도, '미치지'도 않았다. 그녀를 내모는 것은 목표 자체를 성취하려는 게 아니라 그 이상의 무언가를 달성하려는 욕망이었다. 바로 그녀가 충분한 목적지들에 도달하면 기다리고 있다고 배운 안전과 안정과 충만함이었다. 저스틴은 로펌에서 파트너가 된 것을 묘사할 때 '갇혀 있다'는 표현을 사용했다. 그녀가 그토록 열심히 노력해서 얻어낸 타이틀은 변호사로서 커리어의 정점에 도달했다는 뜻이었다. 하지만 크게 기뻐하기는커녕 불안

나는 과잉 성취자인가?

현재 달성하려고 노력하고 있는 큰 목표를 생각하라. 이 훈련을 위해서는 직업적 혹은 교육적인 목표가 가장 좋을 수 있다. 하지만 무엇이든 괜찮다(원한다면 과거의 성취도 좋다). 그리고 나서 내가 저스틴에게 물었듯이 스스로에게 묻는다.

- 이 목표를 설정한 나의 '이유'는 무엇인가?
- 이 일을 하는 것이 내게 왜 중요한가?
- 일단 성취하고 나면 무엇을 얻게 되리라 생각하는가?
- 나는 이 일을 진정으로 즐기는가?
- 나는 이 일을 위해 노력하길 실제로 원하는가?

했다. 이제 축적해야 할 더 많은 성취를 어디서 찾아야 할까? 더 많은 금메달이 필요했다. 그녀는 사다리에서 다음에 디딜 발판을 찾을 수 없어서 불안하고 자신이 취약하다고 느꼈다. 그래서 성취해야 할 새로운 일과 목표로 삼을 새로운 목적지를 찾고 그것들에 도달하는 데 성공했다. 하지만 어떤 것을 달성해도 기분이 나아지지 않았다.

보다시피 안전과 행복을 얻기 위해 더 많이 성취하려고 애쓸수록 더 많은 불안과 불행을 겪게 된다. 불안과 불행을 더 많이 느낄수록 더 많이 성취하려고 애쓰게 된다. 비유하자면 씻고 헹구고를 계속 반복하는 것이다. 여기서 아이러니는 과잉성취가 불만족을 계속 키운다는 사실이다. 성취할수록 더 나아지는 게 아니라 더 나빠진다. 달리 말해 공허한 과잉성취자들이 치료약으로 여기는 것이 실제로는 독이다.

목적지향적인 삶을 사는 한 성취는 방어기제이며, 불안정에 대한 기본 반응이다. 이런 반응은 자연스러운 욕망이 아닌 두려움에서 기인한다. 확장적이거나 창의적 혹은 영감에 의한 것이 아닌 방어적인 것이다. 나의 친애하는 공허한 과잉성취자들에게 받아들이기 힘든 소식을 전한다. 성취는 당신을 안전하게 지켜주지 않으며, 행복한 삶을 보장하지도 않는다.

생산성에 대한 집착: "끊임없이 쌓아올려라"

대부분의 공허한 과잉성취자들은 언론인 앤 헬렌 페터슨이 말한 '생산성에 집착하는 망가진 뇌'를 가지고 있다. 생산성에 대한 집착이란 늘 어떻게 해서든 생산적이어야 한다고 집착하는 것을 말하며, 목적지향적인 삶의 또 다른 공통적인 증상이다. 이것은 보통 강박적 성취와 손을 잡고 함께 질주하는 모습을 띤다. 생산성에 대한 집착은 때로 유독한 생산성 혹은 '과대 기능overfunctioning'이라고 불리며 강박적 성취와 유사한 심리적 논리를 따르지만, 목표의 완수보다 과업의 완수에 초점을 맞춘다. 이는 10년에 걸친 커리어 혹은 인생이라는 큰 경로에서 나타나기보다 매일 일상에서 나타나는, 강박적 성취의 미니 버전이다. 가령 생산성에 대한 집착이 매일의 할 일을 적어놓은 목록이라면 강박적 성취는 5개년 계획을 세우는 것과 같다. 달리 말해 생산성에 대한 집착은 과잉성취를 점진적으로 쌓아가는 것이다. '끊임없이 무언가를 하라'가 그들의 슬로건이다.

팬데믹 초기에 유행한 바나나 빵과 사워도우 스타터*, 새로운 언어를 배우라는 권유를 기억하는가? 그게 바로 생산성에 대한 집착이다. 불확실성이 극에 달하고 목숨이 위태로운 시기에 무력함에

---

* 팬데믹 시기에 한국에서 '달고나 커피'가 유행한 것처럼, 외출이 어려워지자 집에서 빵을 굽는 유행이 일었음.—편집자

맞닥뜨리자 우리는 통제감과 자율성을 얻고자 생산성에 집착했다. 그렇게 해야 불안한 자신을 달랠 수 있었다. '좀 더 생산적이 될수록 더 안전하고 더 충만해질 거야!' 그러고 나서 이렇게 생각했다. '어떻게 하면 생산적이 될 수 있는지 정확히 알 수 없으니 생산성을 높일 방법을 스스로 만들어 내야지!'

성취와 마찬가지로 여기서 핵심은 생산성 자체가 '나쁘다'는 게 아니며, 모든 생산성이 생산성에 대한 집착인 것도 아니다. 이것은 **프로그래밍**된 생산성이냐 **순수한** 생산성이냐의 문제다. 전자는 더 많이 생산할수록 가치와 안전을 더 많이 얻게 된다는 목적지향적인 믿음에서 기인한다. 후자는 진정한 자아와 조화를 이루는 진정한 욕구에서 온 것으로, 이 개념은 나중에 살펴볼 것이다.

초기 세션에서 한 번은 저스틴이 4분 늦은 것에 대해 온갖 사과를 하며 정신없이 도착했다. 그녀가 등록한 경영인을 위한 MBA 프로그램에서 내준, 추가 점수를 받을 수 있는 과제를 하느라 늦었다고 했다. 그러면서 시간 낭비인 쓸데없는 과제라고 했다. 그런데도 과제를 하는 이유를 물으니 하지 말아야겠다는 생각이 든 적이 없어서라고 했다. 대부분의 공허한 과잉성취자들과 마찬가지로, 의식적인 선택이 아니라 기본값으로 설정된 행동이었다.

"추가 점수를 주는 과제는 항상 **해야** 하니까요. 당연히 해야죠. 교수님에게 성실하지 않다는 인상을 주고 싶지 않잖아요! A+를 받아야죠."

저스틴과 나의 코칭 상담에서 이것은 무슨 일이 벌어지고 있는지 설명해줄 완벽한 '가르침의 순간'이었다. 목적지향적인 삶은 미래가 두렵고 불확실하다고 (항상) 느끼는 공허한 과잉성취자에게 이렇게 말한다.

"좋아! 이건 내가 생산적이 되어 내 가치를 증명하고 더 큰 안전을 확보할 수 있는 또 다른 기회야. 분명 이 일이 나를 미래의 고통에서 보호해줄 거야."

공허한 과잉성취자는 그 과제를 해내기 위해 무슨 일이든 한다. 그 일이 어떤 일이든, 그 일을 할 능력이 되든 말든, 얼마나 관심이 가는지는 상관없다. 설령 이미 그 수업에서 A+를 받고 있다고 해도 상관없다.

나는 저스틴에게 그 과제를 반드시 무조건 해야 할 필요가 없다고 했다. 그녀는 추가 학점 과제를 하기로 결정할 수도 있지만, 하지 않기로 결정할 수도 있었다. 만약 과제를 했을 때 얻을 이익이나 과제를 하면 피할 수 있는 불이익이 아니라, 과제 자체와 그것이 개인적으로 의미가 있고 건설적인 학습이라는 기준으로 과제를 할지 말지 결정을 내렸다면 어땠을까? 공허한 과잉성취자들에게 생산성은 무조건 다 '좋은' 생산성이다. 하지만 나는 그게 진실이 아님을 강조하고 싶다. 생산성은 순수한 생산성일 때, 즉 **당신**의 진정한 자아와 조화를 이룰 때만 이롭다.

솔직하게 말하자면 나 역시 아직도 생산성에 대한 집착을 다 버리지 못했다. 내가 생산성을 좇는 일을 멈추고 난 뒤 또는 적어도 그것이 유용한 도구라는 생각을 멈춘 뒤 수년이 지난 뒤에도 어느 날 밤 그날 내가 한 '생산적인' 일을 하나씩 꼽아보고 있는 나를 발견했다.

"제인의 이메일에 답장하기, 내담자 세 명과 상담하기, 병원비 송금하기, 건강에 좋고 맛있는 저녁 식사 만들기, 어머니에게 전화하기, 꽃 사기, 읽던 소설 다 읽기, 아비가일과 산책하기, 새로운 행정 직원 인터뷰하기…"

전에는 내가 그러고 있다는 걸 알아차리지 못했다. 그러나 이제는 안다. 도대체 이게 무슨 짓이란 말인가?

나는 아주 어릴 적부터 잠자리에 누워 항상 하루를 어떻게 생산적으로 보냈는지 꼽아보면서 불안한 마음을 가라앉히고 잠에 들었다. 아무도 내게 그러라고 시킨 적이 없었다. 내가 무슨 짓을 하고 있는지 그게 왜 진정 효과가 있는지 이해하지 못했다. 어느 순간 나는 불안에 대한 나만의 해독제를 발견했고, 그건 바로 생산성을 확인하는 말이었다. 침대 밑 괴물이 무서운가? 그러면 수학 문제를 몇 개나 풀었는지, 몇 권의 책을 읽었는지, 몇 골이나 넣었는지, 몇 바퀴를 뛰었는지 세어보았다. 외로운가? 그러면 수업 중 몇 번이나 발표를 했는지, 친구를 몇 번이나 도왔는지, 여동생과 거실에서 몇 번이나 춤을 추었는지 세어보았다. 편찮으신 할머니가 걱정되는가? 그러면 몇 개의 퍼즐을 맞췄는지, 몇 개의 새로운 단어를 외웠는지, 저녁에 몇 조각의 브로콜리를 먹었는지 세어보았다.

내 기억 속의 나는 언제나 나의 안전과 가치를 확인하기 위해 내 생산성을 확인하고 있었다. 이보다 더 공허한 과잉성취자(혹은 후

나는 생산성에 집착하는가?

- 현재 갖고 있는 할 일 목록을 살펴본다.

  - 이 과제들을 볼 때 어떤 느낌이 드는가? 기분이 좋아지고 기운이 샘솟는가(순수한 생산성) 아니면 재미없고 두려운가(프로그래밍된 생산성)?

  - 이 목록에서 프로그래밍된 생산성(당위)과 순수한 생산성(바람)의 비율은 어떠한가?

- 다음에 불안을 느낄 때, 당신이 그 느낌을 '없애기' 위해 무엇을 하는 경향이 있는지 알아차린다. 뭔가 '생산적'인 일을 하지 않는가?

- 당신은 '생산성'을 명예 훈장으로 여기는가?

- '생산적'인 것을 좋은 것으로, '비생산적'인 것을 나쁜 것이나 죄책감을 느껴야 할 것으로 여기는가?

기 자본주의가 낳은 자식)가 어디 있단 말인가!

완벽주의에 의한 마비: "옳은 선택만 하라"

구글에서 일한 8년 동안 나는 두 번이나 아주 확실한 계획을 갖고 퇴사하려고 했다. 첫 번째 시도에서는 비행기까지 타고 출판 스타트업에 인터뷰를 보러 갔다. 그곳에서 와인과 저녁을 먹고 대단히 매력적인 제안도 받았다. 심지어 나는 구두로 그 일을 **수락**했으며, 계약서도 받았다. 서명을 해서 보내기만 하면 끝이었다. 하지만 바로 그때 겁을 먹었다. 이게 '옳은' 선택인가? 만약 '잘못된' 선택이면 어떡하지? 내가 아는 사람들을 총동원하여 설문 조사를 실시했지만 의견이 분분했다. '전략적인' 행보이며 내 커리어를 위해 아주 좋다고 말하는 사람이 있는가 하면 내 스스로 커리어를 깎아먹는 짓이라는 의견도 있었다. 누군가는 그 스타트업이 '유니콘 기업'*이라고 하고 누군가는 별 볼일 없는 곳이라고 했다. 무엇이 옳고, 완벽하고, 비판의 여지가 없는 선택인지 말해줄 사람이 필요했다. 장단점을 나열한다고 답이 나오지는 않겠지만, 어쨌든 장단점을 열 개씩 적고 나면 새로운 생각이 떠올라 결론을 내릴 수 있길 바랐다. 잠을 거의 자지 못했다. 병가를 냈다. 괴로웠다. 그 스타트업에 답을

---

*   기업 가치가 10억 달러(한화 1조 원) 이상인 비상장 기업─옮긴이

빨리 주지 못하는 것에 대해 변명을 해댔다. 시간을 더 달라고 했다. 크리스마스를 지나 12월 말까지 결정을 질질 끌었고, 내 주변 모두의 연말 분위기를 망쳤다. 며칠간의 휴일 내내 비몽사몽하며 그 문제에서 마음을 완전히 비우다가 갑자기 울음을 터트리는 짓을 반복했다. 그러고 나서 결국… 계약서에 서명하지 않았다.

두 번째로 구글을 떠날 뻔했던 때, 나는 해외의 여성 전용 마이크로파이낸스 단체**에서 일하기 위해 안식년을 신청하기로 결심했다. 나는 마이크로파이낸싱이라는 주제와 그 단체에 매료되어 수개월간 신이 나서 밤늦게까지 조사했다. 평소 내 일상을 채우던 리얼리티쇼 〈베벌리힐스의 진짜 주부들〉, 드라마 〈그레이 아나토미〉, 배달 서비스 앱 심리스Seamless는 완전히 뒷전으로 밀렸다. 나는 결과를 생각하지 않았다. 잠시나마 목적지향적인 생각을 멈추고 의사결정을 아웃소싱하지 않았다. 그 일은 '해야 한다'가 아닌 '바람'이었다. 마침내 충분한 용기가 생겨 팀장에게 내 결심에 대해 말하고 휴가를 요청했으나 그는 단 5분 만에 내가 포기하도록 설득하는 데 성공했다. 팀장에게 그 계획을 들고 갔을 당시 나는 내 결정에 아주 강력한 확신을 품고 있었지만, 면담이 끝났을 땐 마치 계획이 애초에 존재한 적도 없는 듯 물러났다. 팀장이 반대 의견을 피력하며 회의와 두려움의 씨앗을 조금 뿌리자 나는 안식년에 대한 생각을 완

** 은행 등에서 대출받기 힘든 저소득층이나 소상공인에게 소액의 대출, 보험 등 금융 서비스를 제공하는 기관 — 옮긴이

전히 접었다.

팀장 댄과의 면담은 영상으로 진행되었다. 댄은 뉴욕에 있는 사무실에, 나는 샌프란시스코 지사에 있는 프레지디오 하이츠 Presidio Heights라고 불리는 회의실에 있었다(구글은 모든 회의실에 주변 동네 이름을 붙인다). 이사회실 스타일의 회의실이었는데, 유일하게 남은 공간이라 선택했을 뿐이지만 본의 아니게 이 결정의 중차대함과 묘하게 맞아떨어지는 중압감을 풍기는 장소였다. 댄이 바닥부터 천장까지 닿은 거대한 화면에 모습을 드러냈다. 그는 사방이 유리로 된 그의 사무실에 앉아 있었다. 그가 말할 때 서라운드 스피커가 울렸고, 거대한 얼굴이 화면을 가득 채웠다. 마치 전지전능한 최고 권위자가 나를 지배하는 듯한 느낌이다.

그는 웃으며 이런 말로 면담을 시작했다.

"듣자하니 정말 멍청한 결정을 하려 한다면서요?"

그는 농담으로 넘기려 했지만 사실 농담이 아닌 게 분명했다. 이 전술―나는 네가 휴가를 요청할 수 없게 만들려고 이걸 농담인 척 할 거야. 하지만 우리 둘 다 네가 실제로 꽤 진지하다는 걸 알고 있어―은 흔한 것이었다(그리고 대개 나는 이런 전술에 화가 났다).

댄은 내게 세계 최고의 회사를 떠나는 일은 절대 안 된다고 말했다. 그는 내게 **논리적**이고 **전략적**으로 생각하라고, 이 결정이 내 커리어를 어떻게 망칠지 생각해 보라고 했다. 그는 우리 팀이 나 없이도 잘 굴러갈 것이며 내가 안식년을 끝내고 돌아오면 맡을 일이 없을 거라고 했다. 또 내가 괴짜에, 일에 집중하지 못하는 사람처럼 보일 거라고 했다. 미래의 상사가 우리 팀에 대한 나의 충성심과 헌신에 대해 문제를 제기할 것이며, 동료들은 나에 대한 신뢰를 잃을 거라고 했다. 댄은 내게 믿기 힘들 정도로 강력한 이 네트워크를 잃고 싶냐며 경고했다. 그러면서 커리어를 가지고 장난치지 말라고 했고, 그런 선택이 어떻게 내 직업적 전망에 기여하거나 도움이 될지 물었다. 내가 해보려는 새로운 분야가 내가 여생 동안 몸담길 진심으로 원하는 곳이라는 확신이 없는 한, 시간 낭비를 해선 안 된다고 했다.

댄은 설교를 거창하게 마무리하면서, 이 결정이 현명한 행보가 아니며 그런 짓을 저지르기에 내가 너무 똑똑하다고 했다. 아울러 듣기 좋으라고 내가 얼마나 똑똑하고 재능이 있는지, 내가 팀에 있길 그가 얼마나 원하는지, 나와 나의 미래에 그가 얼마나 투자하려고 하는지 덧붙였다. 그의 마지막 말은 "어리석은 짓 하지 말아요"였고, 그 후 **수년간** 내가 변화를 고려할 때마다 이 말이 마음속에서 메아리쳤다.

이런 말이 직원이 떠나는 걸 막기 위한 협박 전술이 아니라 좋은 충고인 상황들도 분명 있을 것이다. 때로는 내가 보지 못한 부분을 지적해줄 좋은 친구가 필요하다. 하지만 댄은 내 친구가 아니었고, 나는 조언을 구하지 않았다. 그리고 그것을 조언이라고 부를 수 있을지 모르겠지만, 어쨌든 그 조언은 내가 아닌 그를 위한 것이었다.

오랫동안 나는 퇴사할 뻔했던 이 두 상황을 떠올리면 혼란스럽고 부끄러웠다. 어떻게 그토록 쉽게 설득당해 그토록 확신했던 일을 쉽게 포기할 수 있단 말인가! 정말 당혹스러웠다. 이런 경험은 나에 대해 무엇을 알려주는가? 어떻게 이런 일이 벌어질 수 있단 말인가? 성실성과 일관성에 대해 자부심을 느끼는 사람으로서 내가 일을 수락한 뒤 취소할 만큼 프로답지 못했다는 사실에 지금도 무척 창피하다. 내 혼란과 과잉성취병은 그 정도로 심각했다(그리고 궁금한 사람들을 위해 말하자면, 나는 이 창피한 이야기를 이 책에 포함시키지 말까 전략적으로 진지하게 고민하기도 했다).

목적지향적인 삶은 우리가 더 많이, 더 빠르게 성취하게끔(강박적 성취) 만들고, 그 결과로 항상 무언가를 하고 있게 한다(생산성에 대한 집착). 하지만 세상 사람들이 이를 '옳은' 성취라고 인정해 줄 때에만 이 모든 것이 의미가 있다. 의식하든 못하든 우리는 이 세상에 단 하나의 객관적으로 옳은 선택이 있다고 생각한다. 그렇기 때문에 모든 결정이 시험처럼 느껴지는 것이다.

나는 '옳은' 결정에 지나치게 집착하다가 결국 어떠한 결정도 내릴 수 없었다. 하나의 '옳지 않은' 결정, 즉 내가 마주친 모든 사람이 만장일치로 지지하지 않는 결정을 내려 성공의 섬에서 쫓겨날까 봐, 내가 얻기 위해 그토록 오랫동안 노력한 약속된 안정과 행복을 모두 잃게 될까 봐 몹시 두려웠기 때문에 생각이 완전히 마비되었다.

성공을 달성하는 것뿐만 아니라 **올바르고** 적절하게, 즉 완벽하게 달성하는 것에 대한 이 집착은 일종의 완벽주의다. 일을 할 때 객관적으로 옳은 방식이 **있다는** 믿음이 바로 완벽주의다. 세상에는 완벽주의를 장려하는 훌륭한 말들이 많다. 완벽주의는 종종 탁월함을 추구하는 것과 혼동된다. 하지만 완벽주의는 일을 잘해내는 것과 무관하다. 완벽에 대한 집착은 실제 수행보다 순응과 소속감과 훨씬 더 관련이 있다. 공허한 과잉성취자의 완벽주의에 대해 나는 '흠잡을 데가 없어서' 비판할 수 없는 상태라고 정의하기를 좋아한다. 공허한 과잉성취자의 완벽주의는 완벽해지는 것이라기보다 완벽하게 **보이는** 것을 추구한다.

스타트업의 일자리 제안을 수락할지 말지, 안식년을 신청해서 해외에서 일을 할지 말지 결정할 때, 나는 완전한 100퍼센트의 합의가 있어야 한다고 생각했다. 내 결정이 다른 사람들도 만장일치로 찬성할 일인지 확신할 수 없었기 때문에 고통스러웠다. 누군가의 눈에 '불완전'하게 보일까 봐 두려웠다. 그러한 위험은 나의 목적지향적 감수성으론 도저히 견딜 수 없는 것이어서 나는 그냥 있던 곳에 머물기로 했다. 완벽에 대한 집착으로 꼼짝달싹 못하는 것이다. 보통 공허한 과잉성취자의 완벽주의는 이런 결정 마비로 이어진다.

완벽주의는 '옳은' 성공, 즉 가장 큰 충만함을 가져다줄 가장 최고의 성취를 약속한다. 개나 소나 말하는 그 완벽한 삶 말이다. 멋지지 않은가? 문제는 실제로 완벽주의를 추구하면 앞으로 나아갈 수 없으며, 오직 마비만 겪는다는 것이다. 공허한 과잉성취자들은 스스로의 안전을 지키고 '흠잡을 데 없도록' 애쓰지만 결국 꼼짝 못하게 될 뿐이다. 완벽주의는 기분이 좋지 않다. 멋진 것도 미덕도 없다.

그게 바로 완벽주의다. 완벽주의는 우리가 피하려고 애쓴 상황만 자꾸 초래한다. 다른 사람의 눈에 좋아 보이는 결과를 얻는 데 집중하면 대개 자신에게는 옳지 않은 결과를 얻거나 아예 결과를 얻지 못하게 된다. 달리 말해 완벽주의는 멋들어지고 사회적으로 용인되는 방식으로 자기 발목을 잡는 것에 불과하다. 탁월함을 추구하는 태도로 가장한 자기 파괴다. 우리가 믿도록 강요당한 것처럼 좋은 결과를 낳지 못한다. 오직 **같은** 결과만을 낳는다. 탁월함을 낳지 못하고, 순응만 초래한다.

댄이 "어리석은 짓 하지 말아요" 하고 말했을 때, 그가 진짜 하고 싶은 말은 바로 이것이었다. **성공이, 즉 인정받는 성취를 축적하는 것이 당신의 주된 목적임을 잊지 마세요. 당신의 성공과 완벽한('완벽하게 보이는'이라고 읽어야 한다) 삶을 만드는 데에 위협이 되는 건 무엇이든 절대 하지 마십시오.**

그가 말한 '어리석은'이라는 단어는 일반적으로 인정받지 못하는 목적지를 선택해서 비판과 반대에 나를 노출시킨다는 뜻이었다. 댄은 성공하지 못하고 그래서 불완전해지는 것에 대한 나의 두려움을 건드려서 내가 목적지향적인 삶이라는 과거의 기본값으로 돌아가게 만들었다. 심지어 나는 면담을 끝내며 그의 지지와 격려에 고마움을 표현하기까지 했다. 불완전으로 파괴되기 일보 직전이었던 나를 그가 '구했다'며 고마워했다.

이 이야기에서 댄은 악당이 아니다(물론 약간 나쁜 놈이긴 했다).

나는 완벽주의에 의한 마비를 겪고 있는가?

● 삶이나 커리어에서 당신을 마비시키거나 당신이 몹시 고민한 결정에 대해 생각해 보라.

- '옳은' 또는 '완벽한' 결정을 내리지 못할까 봐 걱정했는가?

- 만일 그랬다면, 누구의 기준에서 '옳은' 결정이었는가? 그 '옳은' 결정을 당신이 가장 많이 원하는 것과 '흠잡을 데 없는' 결정 중 무엇이라고 정의할 수 있는가?

그 역시 당신과 내가 당한 것과 같은 프로그래밍의 희생자일 뿐이다. 그는 자신이 내게 이롭고 건전한 조언을 주고 있다고 믿고 있었을 것이다. 어쩌다 보니 그에게도 이로운 조언이었다. 그는 직원 수가 줄어드는 상황을 원치 않았기 때문이다. 그것이 그가 했을 조언이었고, 실제로 바로 그가 선택한 것이었다.

면담 이후에 내가 그 '어리석은' 짓을 다시 감행하기까지 수년이 걸렸다.

충만통

"선생님이 말한 모든 게 타당한데 도대체 **왜** 이토록 고통스러운 걸까요?"

한번은 한 내담자가 이렇게 토로했다.

바로 충만통Fulfillment Ache이다. 대부분의 사람은 충분히 고통받기 전까지 변하지 않는다. 당신이 나를 찾아오거나 이 책을 골랐다면, 아마도 어느 정도 고통을 느끼고 있기 때문일 수 있다. 갑작스럽든 조금씩 인지하는 단계든 당신은 뭔가 잘못되었음을, 그리고 기분이 좋지 않음을 알고 있다. 행복'해야 한다'는 걸 알지만 행복하지 않다. 해야 할 모든 일을 마쳤고 모든 목표를 달성했는데도 왜 그런지 알 수 없고 혼란스럽고 수치스럽다. 이제 당신은 어쩌다 이렇게 잘못된 건지 궁금하다. 겉보기에 화려한 삶 한복판에 서서 자신은 물론이고 일과 관계에서 단절된 채로, 누구의 삶을 살고 있는 건지 궁금하다가 이것이 어른이 되었다는 뜻이라고 스스로를 설득하기를 반복하고 있다.

충만통은 진정으로 원하는 것과 실제로 살고 있는 삶 사이의 괴리감이 너무 오래 지속될 때 발생한 부조화가 유발한 존재론적 갈등이다. 이때 느끼는 강렬한 통증이 보통 우리가 알아차리는 첫 번째 증상이다. 동시에 강박적 성취와, 생산성에 대한 집착과, 완벽주의에 의한 마비를 겪고 나서 한참 후에 나타나는 목적지향적인 삶의 후유증 가운데 하나이기도 하다. 충만통은 공허한 과잉성취자의 전형적인 행동들이 장시간에 걸쳐 삶의 조화를 흩트려 놓은 결과다. 즉 진정한 자아와 조화를 이루는 성취를 하는 대신 맹목적인 성취를 좇고, 순수한 생산성 대신 프로그래밍된 생산성을 따르고, 방향을 따라 전진하는 대신 완벽주의에 의해 마비될 때 겪는다. 모든 성취와 프로그래밍된 생산성에서 비롯한 체크리스트에서 지워나간 모든 항목, 불완전함을 피한 모든 순간은 부조화의 간극을 더 벌리고 충만통을 강화시킬 뿐이다.

나는 구글의 기술 임원이 되어 개방형 사무 공간에 앉아 매출과 거래와 최신 모바일 컨슈머 기술에 대해 생각하길 원한 적이 없었다. 왜냐하면 지금 하고 있는 글쓰기와 코칭, 인생 설계와 의미 있는 삶을 사는 법을 가르치고 궁리하는 일이 내게 맞기 때문이다. 이 거대한 부조화에서 나의 충만통이 발생했다. 전자의 삶은 '나쁘고' 후자의 삶은 '좋은' 것이 아니다. 그보다 대본을 받아서 쇼가 계속될 수 있을 만큼 충분히 내 역할을 최선을 다해 수행하는 것에 비유할 수 있다. 나는 내 대본을 만들길 바라면서도 다른 누군가의 역할을 수행하며 내 것인 척하고 있었다.

사실 그것이 바로 내가 충만통을 F-ache[페이크]라고 부르는 이유다. 이는 영단어 fake[페이크]와 발음이 같고, 공허한 과잉성취자들이 하는 짓이 바로 모방fake이기 때문이다. 모방하고, 행복을 달성하기 위해 성취하려고 애쓰고, 성공을 흉내내며, 우리에게 속하지 않은 삶이자 애초에 우리가 원하지도 않은 삶을 산다. 그런 삶이 형편없다는 게 아니다. 애초에 우리의 것이 아니기 때문에 모방이라 부르는 것이다.

2016년 나는 시인 데이비드 화이트David Whyte가 크리스타 티펫Krista Tippett의 팟캐스트 〈존재에 관하여On Being〉에서 실시한 인터뷰에서 충만통을 멋지게 묘사하는 것을 들었다.

인간이라는 존재가 가진 흥미로운 속성 가운데 하나는 (…) 자신이 되길 실제로 거부할 수 있다는 것입니다 (…) 우리는 우리의 존재 방식을 두려워하여 일시적으로 가면을 쓰고 다른 사람이나 다른 무언가인 척할 수 있습니다. 흥미로운 것은 그러고 나서 교묘하게 한 발 더 나아가 우리가 다른 사람인 척하고 있다는 걸 잊고 애초에 우리가 흉내낸 바로 그 사람이 되어버리는 것입니다.

간단히 말해 이것이 바로 공허한 과잉성취자가 겪는 충만통이다. 물론 아프다. 연극을 수행하는 건 내가 가진 모든 것을 동원해야 하는 지치는 일이다. 가면은 무겁다. 진실한 본모습을 감추고 숨어 버리는 건 고통스럽다.

충만통은 '모방'과 가면 쓰기의 결과이자 목적지향적인 삶을 살 때 나타나는 증상 가운데 하나다. 그 자체로는 문제가 아니며, 쓸모가 있다. 때로는 참기 힘들 정도로 고통스럽지만 바로 그렇기 때문에 당신은 고통의 원인, 즉 모방이라는 행위, 당신 자신과 자신의 삶이 이루는 부조화 상태를 깨닫고 더는 무시하지 않을 수 있다. 왜냐하면 모방통은 저절로 사라지지 않기 때문이다.

가면 증후군

이 맥락에서 널리 알려진 현상인 가면 증후군impostor syndrome을 언급하지 않을 수 없다. 내 내담자의 90퍼센트 이상이 가면 증후군을 겪는다고 말하고, 그것을 코칭을 찾게 된 주된 이유 가운데 하나로 꼽기 때문이다. 단, 가면 증후군은 당신이 생각하는 것과 다르다.

전통적인 정의에 따르면 가면 증후군이라는 용어는 명백한 성공에도 불구하고 계속되는 부족하다는 느낌과, 그 결과 진짜 실력이 들통날 것에 대해 두려움을 갖게 되는 현상을 일컫는다. 기본적으로 자신이 가짜이고 사기꾼이라고 느끼며, 그것이 들통날까 봐 두려워한다. 일반적으로 이 증후군은 자신에 대한 부정확한 믿음에서 비롯되었기 때문에, '마음가짐 작업'을 실시하고 '스스로를 한정 짓는 믿음'을 바꾸면 해결될 수 있다고 설명된다.

자기 자신이 사기꾼이라는 느낌은 공허한 과잉성취자들이 실제로 무척 많이 느끼는 것이지만, 내 경험에 따르면 이런 느낌은 자신과 자신의 능력에 대한 잘못된 인식에서 비롯된 게 아니다. 우리는 개인의 능력이 부족하기 때문이 아니라 개인보다 더 큰 시스템 때문에 자신을 사기꾼이라고 확신하게 된다. 루치카 툴샨Ruchika Tulshyan과 조디-앤 뷰리Jodi-Ann Burey가 이 점을 처음 강조했는데, 그들은 직장 문화와 직업 환경이 애초에 여성, 특히 유색 인종 여성을 위해 설계된 게 아니라 그들을 배제하도록 설계되었다고 주장했다. 그러니 특히 여성들은 자신의 삶을 **당연히** 가짜처럼 느낄 수밖에 없는 것이다. 문에 '출입 금지'라고 크게 적혀 있는 것과 같다. 들어올 수 있는 건 당신이 아니라 그들 혹은 '시스템'이다.

이것은 분명 가면 증후군의 큰 원인이다. 하지만 또 다른 시스템적 요소가 있다. 바로 고질적인 직장 문화이자 우리 공허한 과잉성취자들이 추구하는 목적지향주의다. 우리는 우리의 삶에서 사기꾼처럼 행동하고 있기 때문에 자기 자신을 사기꾼이라고 느낀다. 모방**하고 있기** 때문에 사기를 치고 있다고 느끼는 게 너무도 당연하다. 무언가를 하는 척할 때 그런 느낌을 받는 건 당연하다. 나는 구글에 재직하는 동안 정말 내가 사기꾼처럼 느껴졌다. 일을 잘 못해서 혹은 할 능력이 없어서가 아니라 그곳에 있길 원하는 사람인 척하고 그 일을 하며 내내 '이 공간'에 대해 열정을 갖고 내 역할과 회사에서 '성장'하기 위해 헌신하는 사람처럼 굴었기 때문이다. 나는 단지 다른 사람들이 내가 진짜 그런 사람인 것처럼 믿도록 하려고만 한 게 아니다. 엄청난 에너지와 자원을 써가며 나 자신까지 믿도록 만들었다. 이런 식으로 가면 증후군은 충만통의 또 다른 표현이며, 목적지향적인 삶을 사는 공허한 과잉성취자의 또 다른 증상이다. 가면 증후군이 존재하는 데는 이유가 있다. 화이트가 말한 대로 **'애초에 우리가 흉내낸 바로 그 사람'**이 영원히 되어 버리지 말도록 경고하기 위해서다.

목적보다 방향이 중요한 이유

그렇다면 공허한 과잉성취자는 무엇을 해야 할까?

많은 공허한 과잉성취자가 처음에는 일에 '덜 신경' 쓰고 일은 단지 일임을 깨달으면 된다고 생각하며 그들의 문제를 지나친 노동 강도, 비합리적인 보상 혹은 워커홀릭 때문이라고 오진한다. 2022년, 요구되는 최소한의 일만 하고 그 이상은 하지 않는 '조용한 퇴직quiet quitting'이 뉴스 헤드라인을 장식했고, 일에 대한 사람들의 인식이 이전과는 확연히 달라지고 있다는 것을 확인할 수 있었다. 나는 노동 착취 반대에는 동의하지만, 일과 삶을 멀리 떨어뜨리는 식의 삶의 전략에는 동의하지 않는다. 내가 마주친 공허한 과잉성취자들은 대부분 이 방식을 택했다. 하지만 나는 이것이 충만함을 가져다줄 방법이 아니라고 확신한다.

한편 시스템을 거부하고 성공과 성취를 부인하며 아예 발을 빼려는 사람들도 있다. 가령 중국 청년들 사이에는 '누워있다'라는 뜻의 '탕핑tanping' 운동이 유행하는데, 결혼을 하지 않고, 자녀를 갖지 않고, 집이나 차도 사지 않고, 추가 근무를 거부하거나 아예 직업을 갖지 않는 삶의 방식을 말한다. 나는 대안적인 전략을 찾는 사람이라면 누구에게든 박수를 보낸다. 물론 눕는 게 효과적인 사람도 있을 것이다. 하지만 우리 공허한 과잉성취자들에게 야심은 정체성의 진정한 일부다. 게다가 야심을 없애는 건 충만함에 이르는 길도 아니다. 문화 시스템에 반하는 삶을 사는 것은 무언가에 반대함으로써 삶을 정의하는 방법이다. 무언가를 **위해** 사는 게 아니라 무언가에 **반대하며** 방어적으로 사는 것이다.

이 책의 메시지는 더 **적극적으로 뛰어들**라는 것도, **모든 것을 내려놓고 아무것도 하지 말라**는 것도 아니다. "진정으로 충만한 삶이란 어떤 모습이며 어떻게 그것을 찾을 수 있을까?" 하고 질문을 던지는 (그리고 답하는) 충만함에 대한 완전히 새로운 패러다임이다. 우리 모두 "인생은 목적지가 아니라 여정이다"라는 구태의연한 조언을 진로상담사 사무실의 동기부여 포스터나 문구점에서 파는 축하 카드에서 본 적이 있다. 그 말에 지혜가 있을 거라 느낄 수도 있다. 하지만 '그 여행을 어떻게 하는지' 실제로 아는 사람이 있을까? 만일 인생을 여정으로 살아야 한다면, 정확히 무엇이 그에 수반되는가? 목적지보다 여정이 더 나은 이유는 무엇인가? 정말 그런가? 어떤 방향으로 여행을 해야 하는지 어떻게 알 수 있는가? 그리고 가장 중요한 질문, 그것이 왜 중요한가? 이 책에서는 함께 이러한 질문들에 대한 답을 찾아갈 것이다.

우리는 방금 우리가 살아온 목적지향적인 삶이 우리를 심각하게 망치고 있다는 사실을 확인했다. 꼭 그렇게 살 필요는 없다. 또 다른 길이 있다. 충만함을 주는 성공을 찾는 새로운 모델이 있다. 바로 **방향을 따르는 삶**이다.

방향을 따르는 삶은 어디서 출발하든 상관없이 일상에 적용할 수 있는 삶의 철학이자 틀이다. 이것은 모호한 개념과 영감을 주는 인용문들을 모아 놓은 것도, 자기계발을 위한 할 일 목록에 추가할 '삶의 지혜'와 각종 과제들을 모아놓은 것도 아니다. 방향을 따르는 삶은 인생을 '잘 사는' 방법에 대해 당신이 배워온 모든 것에 근본적으로 문제를 제기하며 심오한 변화를 가져다줄 급진적인 접근법이다. 물론 삶을 설계하는 단 하나의 올바른 방법은 없다. 하지만 이 책에서 내가 공허한 과잉성취자인 나와 내담자들을 위해 발견한, 가장 일관되게 효과적이라고 검증된 방법을 소개할 것이다. 이 방법은 과학, 심리학, 철학 및 다양한 지혜의 전통과 영적 수행 등 다양한 분야 그리고 내가 10년간 직접 실시한 조사와 관찰에서 얻은 통찰을 바탕으로 만들어졌다. 나도 처음에는 이런 이야기들에 회의적이었지만 실제로 충만함에 이르는 보편적인 길이 있음을 발견하고 무척 기뻐했다. 개개인에게 고유한, 무수히 다양한 궤적과 결과를 안겨주는 방법이다. 방향을 따르는 삶이라는 충만함에 이르는 이 길이 바로 이 책에서 다룰 핵심이다.

공허한 과잉성취자여, 명심하라. 나는 당신의 충만함을 찾아줄 수 없다. 그건 아무도 대신 해줄 수 없다. 좋은 소식은 당신만이 그 일을 할 수 있다는 것이다. 당신보다 더 많거나 좋은 답을 가진 사람은 이 세상에 없다. 할렐루야! 나쁜 소식은, 마찬가지로 당신만이 그 일을 할 수 있다는 것이다. 누군가 행복해지는 방법에 대해 알려주길 원한다 해도 당신의 삶을 대신 책임져 줄 수 있는 사람은 이 세상에 없다. 그렇다고 도움이 되는 도구가 전혀 없다는 뜻은 아니다. 나는 당신에게 안내서와 작업 매뉴얼을 줄 것이다. 공허한 과잉성취자가 충만함에 이르는 길은 다섯 단계로 구성된다. 문제 인식하기, 조화로운 선택지 찾기, 문제 놓아버리기, 방향 설정하기, 점진적으로 개선하기. 이것들이 바로 이 책의 핵심 내용이다. 이 단계들을 통해 나는 인생을 목적지향적인 삶에서 방향을 따르는 삶으로 전환하는 방법을 확실히 보여줄 것이다.

그렇지만 이 책을 읽거나 듣는 것 못지않게 실천하는 것이 중요하다. 이 책의 내용을 실천하기로 결심했다면, 시작할 때와 다른 수준의 충만함, 명료함, 수월함을 반드시 느끼게 될 것이다. 쉬운 과정은 아니며 때로(항상?) 개선되기 전에 상태가 악화되는 것 같은 경험을 할 수 있다. 하지만 충만하지 못하고 어렵사리 살아가며 고통받는 것보다 분명 더 쉬울 것이다. 이 책을 따라 실천하면 다시는 성취나 '성공'에 대해 예전과 같은 방식으로 생각하지 않으리라 장담할 수 있다.

이 책 자체가 목적지가 아니라 방향이다. 대충 훑어보고 두 번 다시 보지 않는 책이 되지 않길 바란다. '한 번 따라 수정한 뒤 잊는 책'이 아니라 당신과 함께 성장하는 길잡이다. 필요하다고 느낄 때마다 쉽게 꺼내볼 수 있게 가까운 책장에 간직하길 바란다. 방향을 따르는 삶은 대체로 커리어와 일에 즉시 적용할 수 있는 것처럼 느껴진다. 하지만 연인이나 부부 관계와 교우 관계, 양육과 가족 관계, 재정 관리와 집안 꾸미기, 영감과 창의성, 심지어 저녁 메뉴에도 똑같이 적용할 수 있다.

여기서 소개하는 통찰들 중에는 수 세기 동안 이어져 온 것도 있다. 최대한 출처를 밝히려고 노력했지만, 정확한 출처가 없는 개념들이 많다. 어디선가 본 듯한 생각이라고 느낀다면, 아마 그럴 것이다. 나는 나보다 훨씬 먼저 알아챈 사람들이 정리한 개념들을 종합하고 해석했고, 현재 이 시점에서 공허한 과잉성취자들에게 고유한 새로운 언어로 통합해 제시하려고 한다.

나의 개인적인 인생 모토에 가장 가까운 것은 칼 융의 말로 알려진 인용문이지만, 사실 그는 그런 말을 한 적이 없다고 밝혀졌다. 그렇지만 아주 강력한 말이니 인용해 보겠다.

"인생의 특권은 진정한 자기 자신이 되는 것이다."

공허한 과잉성취자에게 말한다. 나는 당신이 이 특권을 온전히 누리며 살게 되길 간절히 바란다. 아울러 이 책이 그렇게 사는 방법을 당신에게 보여주는 길잡이가 되길 간절히 바란다.

3장

방향을 따르는
삶

DIRECTIONAL LIVING
: A NEW WAY FORWARD

2016년 9월, **바로 그**[*] 미 대선 직전에 공허한 과잉성취자를 위한 첫 번째 그룹 코칭 워크숍을 실시했다. 제목은 '도대체 나는 어떻게 살고 있는가?: 침체된 커리어를 극복하는 법'이었다.

　그 무렵 클레어 와서먼Claire Wasserman을 만났다. 그녀는 '여성에게 정당한 보수를Ladies Get Paid'이라는 여성 커리어 증진을 위한 새로운 네트워크를 이제 막 출범한 상태였다. 여러 공개 토론회와 콘퍼런스를 준비하고 있던 차에 내게 첫 번째 세미나 가운데 하나를 맡아달라고 부탁했다. 나는 이런 내용으로 워크숍을 진행해본 적이 없어서 망설였지만 클레어는 완강하게 청했다.

　"선생님은 워크숍 진행만 맡으시면 돼요. 사람들을 모으고 세

---

[*]　도널드 트럼프 대통령이 당선되던 해—편집자

부적으로 준비하는 일과 나머지 모든 건 제가 맡을 게요."

꽤 매력적인 제안이었다. 나는 그 행사가 어떤 결과를 낳을지 알지 못했다. 하지만 결과를 굳이 알 필요가 없었다. 그 행사에 대한 생각을 멈출 수 없다는 게 중요했다. 그래서 하기로 했다.

워크숍 당일, 총 열네 명이 아주 크고 긴 탁자에 둘러앉았다. 나는 한쪽 끝에 앉았고 클레어가 맞은편에 앉았다. 방 안은 희망과 회의가 혼재된 분위기였다.

'만약 이 워크숍이 정말 효과가 있다면 괴로움을 멈출 수 있지 않을까?'

'이 낯선 여자가 나를 깊고 어두운 수렁에서 빠져나오게 해줄 리가 없지. 이미 온갖 방법을 다 해봤지만 효과가 없었잖아.'

이런 생각들이 교차하는 듯했다. 나는 둘 다 환영했다.

공허한 과잉성취자로서 나의 사연을 공유하면서 워크숍을 시작했다. 겉으로는 화려해 보이지만 내면은 전혀 그렇지 못한 삶이었다. 둘러앉은 참가자들이 고개를 끄덕였다. 나는 방 안에 있는 한 명 한 명과 눈을 맞췄다. 그들은 열심히 듣고 있었다. 내 이야기가 나에게만 벌어진 특이한 사연이어서가 아니기 때문이었다.

이제 그들이 사연을 공유할 차례였다. 프리랜서 프로듀서, 크리에이티브 디렉터, 광고업계 임원, 브랜드 마케터, 비영리조직의 대표도 있었다. 누군가 재치 있게 중독 모임에서 회복을 위해 실시하는 12단계 프로그램 참가자처럼 자기소개를 했다. "안녕하세요, 저는 사야예요. 공허한 과잉성취자예요." 모두가 웃었지만 맞는 말이었다. 우리는 일종의 회복 과정을 함께 시작하고 있었다.

한 명씩 돌아가며 필요한 모든 능력을 갖추고 해야 할 모든 일도 했지만 결국 불행하고 의문만 남은 삶에 대해 이야기했다. 조금씩 달랐지만 결국 모두 같은 이야기였다. **이게 정말 전부란 말인가?** 참가자 모두 목적과 의미와 충만함을 찾고 있었지만 동시에 **내가 더 큰 것을 원하고, 일을 통해 충만하길 바라고, 인생에서 살아 있음을 느끼길 원할 자격이 있나** 묻고 있었다.

이 여성들은 모두 침체된 삶에서 빠져나오는 비결을 알고자 워크숍에 참석했다. 뭔가 더 큰 것을 찾고자 모였다. 그리고 현재 무슨 일을 하든, 하고 있는 일이 얼마나 근사해 보이든 그 일이 그들이 찾는 게 아님을 알고 있었다. 그날 서로 사연을 공유하고 경청하면서 그들은 인상적이고, 지적이며, 열정적이고, 창의적이며, 의욕이 넘치는 다른 여성들이 자신과 소름 끼칠 정도로 유사한 경험을 하고 있다는 사실을 깨달았다. 그들이 느끼는 혼란이나 환멸은 사실 그들이 무능하다는 뜻이 아닐 수 있었다. 알고 보면 그들의 탓이 아닐 수 있었다. 어떤 문제를 겪고 있든 혼자만의 힘으로 해결할 수 있는 문제가 아닐 수 있었다. 어쩌면 그들은 혼자가 아닐 수 있었다.

나는 그들에게 지속적인 충만함과 더 큰 무언가를 찾는 방법은 목적지향적인 삶을 멈추는 것이라고 말했다. 성취가 충만함에 이르는 길이라는 믿음, 신성한 10개년 계획 끝에 '최고의 삶'이 당신을 기다리고 있을 거라는 믿음에서 벗어나 **방향을 따르는 삶을** 살기 시작하라고 제안했다. 정확한 **목적지**를 알 필요 없이 자기만의 올바른 **방향**을 따라 나아가며 점진적으로 개선해가는 데 초점을 맞추는 삶 말이다. "나의 최종 목적지는 무엇이 되어야 하나?"라는 질문을 "바로 다음 단계가 방향에 비추어 옳은가?"라는 훨씬 더 단순한 질문으로 바꿈으로써 침체의 늪에서 벗어날 수 있다.

방향을 따르는 삶은 헌법 강좌가 흥미롭게 느껴져(방향) 수강하기로 결심하는 것처럼 단순한 모습이다. 반면 **목적지향적인** 삶의 모습은 로스쿨에 입학하고 '성공'하려면 언젠가 대법관에 임명되어야 한다고 바로 정하고는 이후 모든 결정을 그 유일한 목표(목적지)에 맞춰 내리는 모습이다. 방향을 따라 산다는 건 대학을 나와 노력해서 특정 회사에 들어간 뒤 그곳에서 내내 경력을 쌓고 65세에 퇴직(목적지)하는 대신, 지금 경험하고 싶은 다음 직무(방향)를 택하는 것이다. 데이트 상대자가 운명의 상대(목적지)인지 판단하려고 애쓰는 대신, 그와 두 번째 데이트를 하고 싶은지(방향) 판단하는 것이다. 사실 **무엇이든**, 가령 집, 커리어, 연애 상대, 사업, 가장 친한 친구가 '정답'인지 판단하려는 습관을 버려야 한다. 대신 바로 다음 단계 하나만 결정하면 된다.

방향을 따르는 삶은 IT 기술 업계 전반에서 사용되는 '출시-개선' 접근법과 매우 흡사하다. 신제품을 출시할 때 최종 버전이라 여기며 '출시했으니 끝이라고 방치'하지 않는다. 최소 기능 제품, 즉 현재 아는 지식으로 만들 수 있는 최선의 제품을 출시한 뒤, 판매하며 계속 피드백을 받아 반영하는 과정을 통해 개선한다. 이것이 바로 스마트폰과 전자기기들이 끊임없이 업데이트되는 이유다. 목표는 첫 번째 시도에서 '정답' 혹은 완벽을 기하는 게 아니다. 심지어 최초의 계획을 반드시 고수할 필요도 없다. 사용자와 시장의 변화에 주의를 기울이고 그들의 필요와 욕구에 따라 미세하게 조정해 나가면 된다. 개선과 조정을 거부하면 실패할 수밖에 없다. 그동안 우리는 한번 결정했으면 그걸로 끝이라는 구시대적 사고방식에 갇혀 있었다. 이제 우리는 출시-개선 접근법을 삶에 도입해야 한다.

고인이 된 소설가 E. L. 닥터로는 방향을 따르는 삶을 묘사하는 완벽한 비유를 제시했다.

"소설을 쓰는 일은 밤에 운전하는 것과 같다. 헤드라이트가 비추는 만큼만 볼 수 있지만, 그런 식으로도 가야 할 길을 모두 갈 수 있다."

방향을 따르는 삶은 밤에 운전하는 것과 같다. 바로 눈앞에 비춰진 것(바로 다음 직업, 데이트 상대, 고객, 프로젝트, 24시간) 이상은 볼 수 없다. 하지만 이런 식으로도 인생이라는 여행을 무사히 마칠 수 있다. GPS가 지시하는 방향을 따르고, **방향에 비추어** 무엇이 옳은지만 판단하면 된다. 여기서 말하는 GPS는 당신이 가진 내면의 길 안내 시스템Inner Navigation System으로, 나중에 더 자세히 다루겠다. 앤 라모트는 글쓰기에 대한 저서 《쓰기의 감각》에서 "[위에서 인용한 닥터로의 말]은 내가 들어 본 글쓰기 혹은 삶에 관한 가장 훌륭한 조언 가운데 하나다"라고 했다.

우리는 무의식중에 완벽하게 짜인 일정표와 철저히 준비된 마스터플랜이 필요하다고 생각한다. 그랬기에 나 역시 내 삶이 나를 코칭이라는 길로 인도할 줄 꿈에도 몰랐다. 알 방법이 없었다. 그리고 가장 중요한 건, 알 **필요**도 없었다. 하지만 내 내면의 길안내 시스템이 나를 코칭 수업으로 인도했다. 그게 나의 헤드라이트로 볼 수 있는 전부였다. 걱정과 달리 그것으로도 충분하고도 남았고, 목적 없는 방황이 결코 아니었다. 지금도 나는 내 삶이 앞으로 어떻게 펼쳐질지 정확히 알지 못한다. 10개년 계획도 없고, 사실 그런 게 필요하지도 않다. 내 헤드라이트가 다음 내담자, 경로, 인터뷰, 기사를 비춰줄 것이며, 그것만으로도 내 길을 계속 나아가는 데 충분하고도 남기 때문이다.

이 말이 당신에게 해방감을 선사할 것이라고 생각한다. **당신이 어디로 가고 있는지 알 필요가 없다.** 사실 삶의 불확실성과 예측 불가능성을 고려하지 않고서는 자신이 어디로 가고 있는지 알 수 없다. 심지어 알지 못하는 게 더 좋다고 나는 주장한다. '삶의 목적'이라는 큰 목적지를 파악할 필요가 없으며, 대신 호기심과 기쁨을 따르기만 하면 된다.

방향을 따르는 삶에서는 삶을 역방향이 아닌 순방향으로 살아간다. 미래를 예측하느라 고생하는 대신 우리가 실제로 사는 예측할 수 없고 끊임없이 변하는 세상을 있는 그대로 받아들이면 된다. 생각의 중심을 막연한 미래의 결승선이 아닌 당장 주어진 현재의 과업에 둔다. "이 일이 내게 어떤 결과를 가져다줄까?" 묻는 대신,

"이 일이 **방향에 비추어 볼 때 옳은가?**" 하고 묻는다. 이렇게 하면 삶이 결과 중심에서 과정 중심으로 전환된다. 방향을 따르는 삶은 충만감을 얻기 위해서는 과정―성취에 도달하는 이유와 방법― 이 결과인 성취 자체보다 더 중요하다는 걸 보여준다. 방향을 따르는 삶은 외부 기준에 대한 **순종**을 내적 기준과의 **조화**로 대체한다. 인생의 길 찾기를 아웃소싱하는 것을 중단하고 스스로 찾기 시작한다. 그렇게 할 때 우리는 일반적인 기준에 맞는 삶이 아니라 우리 자신에게만 고유하고 특별한 삶을 만들기 시작할 수 있다.

자동차 여행을 간다고 상상해 보자. 목적지향적인 삶은 경로를 구상할 때 당연히 미리 정해진 목적지에서 시작한다. 아주 상세한 여행 계획을 작성하거나 관련된 모든 정보를 모으고 여행하는 내내 미리 찾아볼 내용을 정확하게 하나씩 따를 것이다.

나는 워크숍 참가자들에게 그들의 삶에서 발견되는 목적지향의 예시를 말해달라고 요청했다. 비영리 단체 대표인 제인이 손을 들었다. 그녀는 커리어에 관한 정확한 목적을 마음에 품지 않은 순간을 떠올릴 수 없을 정도라고 했다. 부모님 두 분 모두 비영리 단체의 대표였다. 그래서 비영리 단체에서 일하는 것이 가장 가치 있는 커리어라고 여겼다. 부모님은 제인이 나중에 커리어에서 원하는 목적지에 도달하기 위해 어떤 학부와 석사 과정을 택해야 하는지, 어떤 인턴 활동을 해야 하는지, 커리어 초반에 어떤 일을 해야 하는지 조언해 주셨다. 그녀의 역할은 단지 세부 계획을 관리하고 실행하는 것이었다.

제인은 평생 동안 목적지향적인 여행을 했다. 부모님은 그녀에게 인생 계획을 짜 주었고, 그녀는 그것을 정확하게 따랐다. 최종 목적지만을 기준으로 의사결정을 내렸다. 여행을 하면서 각 단계를 거치기는 하지만 최종 목적지에 다다르는 데 도움이 될 때만 가치가 있다고 여겨졌다.

이제 이것을 방향을 따르는 여행과 비교해 보자. 최종 목적지까지 빠르게 달리는 대신, 당신은 어떤 **방향**이 가장 매력적으로 느껴지는지 판단한다. 이미 정해진 계획이 아니라 내면의 길안내 시스템에 의지해서 안내를 받는다. 내면의 길안내 시스템이 실시간으로 필요한 조정을 해줄 것이며, 당신은 경로를 바꾸고, 즉흥적으로 휴식을 취하고, 때로는 잘못된 길로 들어서고, 심지어 방향을 바꿀 수도 있다. 하지만 이렇게 간다고 해도 당신이 진정으로 원하는 곳에 안전하게 도착할 수 있는 당신의 능력이 줄어들지 않는다. 그것이 바로 길안내 시스템이 존재하는 이유다. 당신은 단지 여행의 각 단계마다 다음 단계를 그때그때 결정하며 나아갈 뿐이다. 호기심이라는 빛나는 '헤드라이트'가 당신에게 보여주는 것 이외에 그 무엇도 보려고 애쓸 필요가 없다.

방향을 따르는 접근법에서는 실시간으로 여행 계획을 세운다. 당신은 여행의 능동적인 참여자로, 당신의 안팎으로 변화하는 환경에 그때그때 반응한다. 계속 변화하는 당신의 욕구와 기분, 날씨, 도로 상황에 따라 순간순간 대처할 수 있다. 물론 처음에는 불확실성이 더 크겠지만, 결과는 한없이 더 고무적이고, 혁신적이고, 매력적이며, 자연스럽고 진실되다. 결과가 무엇이든, 어떻게 변화하든, 당신에게만 고유하게 잘 맞을 것이다. **당신의 것이다.**

방향을 따르는 삶은 어떻게 시작할까? 다른 모든 게 아무리 어둡게 보여도 당신의 헤드라이트가 보여주는 것, 즉 지금 이 순간 매력적으로 느껴지는 것에만 기꺼이 관심을 쏟겠다는 마음가짐으로 시작한다. 헤드라이트가 켜져 있어 바로 앞에 무엇이 있는지 안전하게 비춰주는 한, 그런 어둠은 전혀 문제가 되지 않는다. 그저 계속 전진하기만 하면 된다. 물론 공허한 과잉성취자들에게 이것은 위험하게 느껴질 수 있다. 하지만 마치 운전을 처음 시작한 사람이 연습을 통해 밤에 안전하게 운전하는 법을 배우듯이, 우리도 연습하면 방향을 따르는 방식에 충분히 익숙해질 수 있다.

지금 당신의 헤드라이트는 무엇을 보여주고 있는가?

이 질문은 이렇게 바꿀 수 있다. 무엇을 할 때 신이 나는가? 마지막으로 온전히 살아 있다고 느낀 때가 언제인가? 무엇을 가장 하고 싶은가? '그냥' 하는 일은 무엇인가? 마음을 빼앗겼지만 이런저런 이유로 마음에서 지운 구체적인 직업이나 일이 있는가?

워크숍에서 내가 다시 제인에게 묻자 그녀는 이러한 질문들에 대한 답을 이미 알고 있었다. 바로 '사진'이었다. 하지만 그 말을 입 밖으로 내기 무섭게, 나나 다른 누군가가 반응하기도 전에 그녀는 그건 자신의 길이 아니라고 했다. 사진은 직업이 될 수 없고 취미에 불과하다고 변명했다. 재정적으로 감당할 수 없다고 주장했다.

이 주장에 대해 좀 더 파고들어 보자. 사진을 직업으로 삼을 수 없다는 제인의 추정이 옳은가? 그럴 수도, 아닐 수도 있다. 핵심은 그녀가 옳은지 아닌지 아직 알 필요가 없다는 것이다. 그녀는 알 수도 없었다. 다시 한번 야간 운전에 대해 생각해 보라. 우리가 사용할 수 있는 건 헤드라이트뿐이다. 사진을 선택했을 때의 예상 시나리오를 방향을 따르는 여행에 빗대어 보면, 제인은 대학의 사진 교육 과정에 대한 안내문을 찾아보는 데서 여행을 시작할 수 있다. 인터넷으로 뉴욕시각예술학교와 같이 지역에 있는 사진 학교들을 검색해서 무엇이 눈에 들어오는지 보기만 하면 된다. 다음 단계를 정하기 위해 무엇이 방향에 비추어 옳게 느껴지는지 보는 것이다.

제인은 일회성 토요 워크숍을 발견할 수도 있다. 매우 부담 없는 선택이다. 등록을 한다. 가보니 굉장히 좋다. 담당 교수가 무척 마음에 든다. 교수는 초상에 대한 한 학기 과정을 가르칠 거라고 한다. 그래서 제인은 그 과정에 등록을 한다. 그 수업이 무언가가 되기 위해서 필요한 게 아니라 단지 방향에 비추어 옳다고 느끼기 때문이다. 그러다가 제인은 이 강좌의 강의 조교가 되어 무상으로 더 많은 강의를 듣게 될 수도 있다. 자신이 정말 좋아하는 일이 사진을 **가르치는 일**이며 뛰어난 재능을 가졌음을 발견한다. 사진과 교수가 될 수도 있다. 그러고 나서 학교의 후원을 받아 사진학에 대한 팟캐스트를 시작하고, 그곳에서 다른 사진작가들과 시각예술가들의 창작 과정에 대해 이야기할 수도 있다.

아니면 사진 과정을 들은 후 제인은 그녀의 비영리 단체와 인

연이 있는 사람들의 초상 전시회를 열고, 그곳에서 기금 마련 행사와 인식 개선 캠페인을 함께 진행하는 아이디어가 떠올라 정말 신이 날 수도 있다. 라이프스타일 잡지인 〈타임 아웃Time Out〉에 제인이 찍은 사진이 실려 갑자기 개인 사진을 부탁하는 요청이 쇄도할지도 모른다. 혹은 사진 캠페인을 성공시킨 후, 제인은 비영리 단체 전문 컨설턴트가 되어 다른 단체들의 영향력을 높이기 위해 시각예술과 사진을 이용하는 법을 가르쳐 주기로 결심할 수도 있다.

혹은 사진은 그저 자신만을 위해 하는 일로, 그녀의 정체성을 일깨우는 무언가로, 오직 **그녀만의 것**처럼 느껴지는 일로 남을 수도 있다. 그래서 오히려 알츠하이머 치료를 위해 기금을 마련하고, 인식을 높이는 비영리 활동이 자신의 방향과 맞지 **않다**고 깨닫는 일이 쉬워질 수도 있다. 그렇다면 제인은 어떤 방향을 옳게 느낄까? 어쩌면 알츠하이머 치료제를 찾는 연구일 수도 있다. 그래서 그녀는 연구실에서 일하기 시작할 수도 있다. 또 다른 학위를 취득할 수도 있다. 누가 아는가? 제인이 해야 할 일은 단지 방향에 비추어 옳은 다음 단계를 따르는 것이다.

왜 이 방법이 목적지향적인 삶보다 나은가? 왜냐하면 우리는 이러한 시나리오들 가운데 무엇이 발생할지 알 수 없기 때문이다. 실제로 벌어질 시나리오는 우리가 상상할 수 있는 것보다 훨씬 더 크고 더 나은 것일 가능성이 매우 크다. 제인이 선생님과 잘 맞을지, 언론에 보도가 될지 혹은 사진의 어떤 측면을 좋아하게 될지 지금으로서는 알 방법이 (혹은 아무리 애를 써도 통제할 방법이) 전혀 없다.

자신의 목적지를 상상하는 우리의 능력은 **미래를 예측할 수 없다**는 사실로 인해 심각하게 제한된다. 만일 유명한 갤러리 사진사가 되거나 돈을 벌기 위한 사진사가 되는 것을 최종 목적지로 정하겠다고 고집한다면, 당신은 분명 그곳에 도달할 수 있다. 하지만 그 목적지는 당신이 임의로 고른 아주 작고 좁은 지점이기 때문에 목적지로 향하는 과정에서 십중팔구 또다시 스스로 실패자가 되었다고 느낄 것이다. 목적지에 도달했을 때 탈 벤 샤하르Tal Ben-Shahar 박사가 '도착 오류arrival fallacy'라고 부른 것에 직면할 가능성이 높다. 이는 막상 목적지에 도착하니 그것이 당신이 생각했던 것과 다르게 느껴져 목표로 삼은 모든 것을 성취했음에도 환멸을 느끼고 침체되고 충만함에 대한 갈망이 전혀 줄어들지 않는 현상을 일컫는다.

이것이 바로 목적지향적으로 생각할 때 놓치는 가장 큰 부분이다. 외적으로 **그리고** 내적으로, 실시간으로 끊임없이 변하는 환경에 그때그때 반응하지 못한다. 한 가지 목적지에만 집착하다보니 삶을 오토파일럿 모드로 살며 지나친다. 실제로 운전을 하는 게 아니라 그저 가속 페달에 발을 무겁게 얹고 있을 뿐이다. 그러나 기회는 어디로 가는지 정확히 예측해야 할 필요가 사라질 때 생긴다. 우리가 예측하는 모습이 아니라 있는 그대로의 세상과 상호작용할 때, 우리가 상상할 수 없었던 새로운 기회가 발생한다.

이것이 바로 방향을 따르는 삶에서 삶을 역방향이 아닌 순방향으로 살아가라고 하는 이유다. 우리는 "이 삶은 무엇에 관한 것인가?" 그리고 "내게 더 중요한 것은 무엇일까?"와 같은 **질문들에 대한 답을 찾으며 살아야 한다.** 스프레드시트를 만들고 칸을 채우는 건 인생 지도를 그리는 올바른 방법이 아니며, 그렇게 살면 어떠한 충만함도 느끼지 못한다. 마침내 목적지에 도달했을 때 우리를 반기는 목적지가 더는 존재하지 않을 수도 있으며, 설령 존재한다 해도 우리가 그곳에 머물고 싶은 마음이 더는 없다는 걸 발견할 수 있기 때문이다.

또한 목적지향적 삶이라는 구식의 접근법을 따르면 진정성이나 개성화*의 여지가 없다. 제인이 비영리 단체에서 일하면서 충만함을 전혀 못 느끼는 큰 이유 중 하나는 그 일이 **그녀**의 진정한 정체성과 별로 관련이 없기 때문이었다. 그녀의 설명에 비추어 보면 사실 전혀 관련이 없었다. 그러나 방향을 따르는 삶은 개인에게 맞춤인 것들로 삶을 채울 수 있다.

방향을 따르는 삶은 가속 페달을 밟으며 질주하는 것이 아니라 점진적으로 나아가는 것이기 때문에 우리는 현재 가장 진정한 자아와 긴밀히 접촉하며 주변 세상과 더불어 우리의 변화하는 욕구와 바람에 즉시 반응할 수 있다. "이것이 방향에 비추어 옳은가(나에게 지금 옳은가)?"는 본질적으로 개인적인 질문이다. 이 질문에 따라 살 때, 삶은 진정성과 개성을 반영하며 전개되고 **당신만**의 고유한 것이 된다.

---

*   individuation, 자신만의 고유한 정체성을 찾고 진정한 자아를 실현하는 것 —옮긴이

이 지점에 이르면 많은 공허한 과잉성취자는 방향을 따르는 삶을 모든 야심을 버리라는 뜻으로 여기며 심각하게 걱정하기 시작한다. 워크숍에 참석한 한 여성은 '무기력한 사람'이 되고 싶지 않다고 했다. 하지만 사실 나는 완전히 반대를 말하고 있는 것이다. 야심은 매우 좋은 것이다! 야심이 **당신의 것**인 한 나는 전적으로 찬성한다. 야심을 단지 욕구라고 생각할 수 있다. 하지만 야심은 나쁜 욕구가 아니며 당신이 세상에 영향력을 미치는 일에 큰 가치를 둔다는 뜻이다. 방향을 따르는 삶에서 야심은 당신 자신과 당신의 삶과 좀 더 조화를 이루라는 내면의 요청으로 이해한다. 야심은 공허한 과잉성취자들이 가진 훌륭한 강점 가운데 하나다. 야심은 우리를 자유롭게 할 수 있다. 하지만 안타깝게도 야심은 너무 자주 왜곡되고, 우리는 그것에 발목을 잡힌다. 당신의 야심이 **어디서** 기인한 것인지, **왜** 야심을 갖고 있는지가 중요하다. 그 열망은 물려받거나 흡수한 것인가? 아니면 스스로 만들어낸 것인가?

우리는 야심을 유지하되 그것의 원인과 원천을 바꿀 것이다. 고착되고 일반적인, 목적지향적인 **맹목적** 야심에서 벗어나 유연하고 개인적인, 방향을 따르는 야심, 즉 **진정한 자아와 조화를 이루는** 야심으로 전환한다는 뜻이다. 이 개념에 대해 나중에 더 상세히 살펴볼 것이다.

목적을 잊어라

워크숍 참석자 중에는 클레어 와서먼이 보스턴대학교 재학 시절 알고 지냈던 바텐더가 있었다. 이름은 알렉산드리아 오카시오 코르테즈Alexandria Ocasio-Cortez로, 그녀는 그냥 '알렉스'라고 불러달라고 했다. 알렉스 역시 공허한 과잉성취자의 정의에 부합했다. 그녀는 '정체된 삶에서 벗어나길' 간절히 원했기 때문에 이 워크숍에 끌렸다. 그녀는 자신이 무엇을 하면서 살고 싶은지, 그것을 알 수 있는 방법은 무엇인지조차 알지 못했다. 대학에서 경제학과 국제관계를 공부하고 미국 국립보건원National Institutes of Health에서 청년 리더십 계발과 여타 교육 사업을 맡은 적이 있었다. 하지만 바텐더 일이 더 편하게 살 수 있다는 걸 발견했기 때문에 바텐더 일을 시작했다. 돈을 잘 벌었고 기쁜 마음으로 가족을 부양했지만 사라지지 않는 공허함을 느꼈다. 그녀는 뭔가 지속적인 것, 뭔가 중요한 것을 만드는 일을 간절히 원한다고 했다.

알렉스는 바텐더 이력을 가진 미 하원 역사상 최연소 의원으로 선출되어 미국에서 숱한 기사가 쏟아진 인물로, 미국에서는 많은 사람이 이미 그녀를 잘 알고 있다. 하지만 나는 이 책에서 나의 관점에서 그녀의 이야기를 공유할 것이다. 내가 만난 방향을 따르는 삶 가운데 가장 잘 알려진 예시 중 하나이기 때문이다.

나는 첫 번째 워크숍에 참석해 준 여성들을 계속 도우며 그들의 변화를 계속 지켜보길 원했다. 그래서 모두에게 나와의 일대일

상담을 굉장히 저렴한 가격에 제안했다. 알렉스는 그렇게 해서 시작된 개인 코칭에 참여한 첫 번째 인물이었다. 그녀는 살면서 나눌 게 더 많다는 걸 안다고 했다. 하지만 그전과 그 후 내가 만난 많은 공허한 과잉성취자와 마찬가지로 그녀는 '삶의 목적'을 찾지 못하는 이유를 몰라 혼란스러워했다.

나는 이 말을 듣고 놀라지 않았다. '열정' 혹은 '목적'을 찾는다는 생각은 오랫동안 큰 인기를 누렸다. 대체로 커리어 (그리고 전반적인) 문제에 대한 정답으로 여겨졌다. 나 역시 그렇다고 믿었다. **내 열정만 찾을 수 있다면 마침내 충만함을 느낄 텐데.** 그렇게 생각했다. 하지만 '열정'을 찾는 게 정답이 아니다. 최근에서야 열정이 정답이 아니라는 목소리가 점점 커지기 시작했는데, 나는 이 분위기에 적극 동의한다. 열정은 만병통치약이 아니다. 기껏해야 큰 도움도 안 되고 최악의 경우 심신을 심각하게 약화시킬 뿐이다. 대신 집중해야 할 훨씬 좋은 것이 있다. 바로 당신의 호기심이다.

내가 알렉스에게 가장 처음 한 말은 무엇이었을까?

"목적은 잊어요. 대신 호기심을 따르세요."

이 말을 손등에 적고, 휴대폰 배경화면에도 넣고, 액자로 만들거나 매일 낭독하라. 이 좌우명을 암기하기 위해 할 수 있는 무엇이든 하라. 이 책에서 얻어 갈 단 한 가지가 있다면 바로 이것이다. 호기심이 목적보다 중요하다.

당신의 호기심은 당신의 목적을, 더 큰 무언가를 가장 잘 보여주는 표식이다. 이것은 공허한 과잉성취자의 회복에서 아주 중요한 개념이어서 나는 멋진 이름까지 붙여 주었다. 바로 목적의 대용물 원칙Purpose Proxy Principle이다. '목적'은 인생을 살아보기도 전에 미리 정해야 하는, 정체되고 바뀌지 않는 목적지가 아니다. 살면서 호기심을 따르다 보면 목적에 자연스럽게 도달하게 된다. 당신의 호기심은 당신의 방향에 비추어 볼 때 옳다.

호기심을 배고픔과 같다고 생각하라. 영양 보충이 필요한 때를 알리기 위해 배고픔이 존재하듯, 호기심은 당신에게 충만함이 필요한 때를 알리기 위해 존재한다. 원하는 음식이 무엇인지에 따라 몸에 어떤 영양분이 부족한지 알 수 있듯이(가령 단백질이 더 필요할 때 스테이크를 원하거나 비타민 C가 부족할 때 귤이 먹고 싶은 것과 같다), 특정 대상에 대한 호기심은(가령 내 경우처럼 코칭 수련 프로그램에 등록하거나 '침체된 삶에서 벗어나는' 워크숍에서 가르치는 일을 맡는 것과 같다) 충만함을 어디에서 찾을 수 있으며, 더 큰 무언가를 어디서 발견할 수 있는지 보여 준다.

목적지향적인 삶에 오랜 세월 길들여진 공허한 과잉성취자들은 호기심을 이미 예정된 성장 과정에서 이탈하게 하는 하찮은 방해요소로 치부하는 경향이 있다. 호기심은 당신을 방해하거나 혼란에 빠뜨리거나 탈선하게 만들기 위해 존재하는 게 아니다. 호기심은 암시다. 우리는 호기심을 피하거나 '극복'하는 게 아니라 키워야 한다.

알렉스에게 주어진 첫 번째 과제는 그녀의 호기심을 더 들여다보고 탐색하는 것이었다.

그녀와 내가 하지 **않은** 일을 말하겠다. 우리는 전략적이고 선형적인 커리어 경로, 논리적인 다음 단계, 혹은 10개년 계획을 세우지 않았다. 대신 알렉스에게 개인적으로 방향에 비추어 무엇이 옳게 느껴지는지 그리고 그녀의 호기심이 무슨 말을 했는지 이야기하며 시작했다. 오로지 '헤드라이트'에만 집중했다.

나는 그녀에게 신이 나고, 흥미가 생기고, 마음이 가고, 기꺼이 더 배우고 싶거나 호기심에 마냥 끌린 적이 마지막으로 언제였는지 물었다. 알렉스는 쉽게 답했다. 그녀는 사우스 브롱스에서 정치인 버니 샌더스를 위해 자원봉사자로 활동한 적이 있었다. 그녀는 공동체의 조직과 활동, 즉 대중 정치 활동을 아주 좋아했다. 사회 변화에 대해 많이 생각하고 그런 생각을 하면 힘이 났다(그리고 좌절하기도 했다). 그녀가 일했던 바에서 사람들이 정치에 대한 대화나 토론을 하는 것을 보면 신이 났다. 고인이 된 테드 케네디 상원 의원의 사무실에서 이민 정책 개혁을 위해 일할 때 얼마나 가슴이 벅차올랐는지. 정치와 공직이 그녀의 관심사였다.

우리는 알렉스가 가진 다른 호기심에 대해서도 이야기를 나눴다. 그녀는 교육과 문맹 퇴치(그녀는 국립보건원에서 교육 국장으로 일했다), 창업(아이들을 위한 대표적인 도시 문학을 개발하는 기업을 설립했다), 국제적인 경제 개발(서아프리카에서 유학한 적이 있다)에도 관심이 있었다. 이 모든 것이 탐색할 수 있는 방향이었다. 그냥 바텐더로 남아 그 일이 어떻게 변할지 지켜보는 것도 고려 대상이었다.

모든 가능성을 계속 열어두는 게 버겁게 들릴 수도 있지만, 꼭 그렇지도 않다. 나는 알렉스에게 우리의 일은 그녀가 어디로 갈지 정하는 게 아니라 그 순간 방향에 비추어 가장 옳은 행동 경로가 무엇인지 판단하는 것일 뿐이라고 말했다. 그 경로가 그녀를 어디로 이끌지 혹은 그녀가 '결국 어떻게 될지' 알 필요가 없었다. 이제와 생각해보면, 알렉스의 경우 그녀를 포함한 그 누구도 그녀의 방향을 알 수 없었다.

내게 알렉스를 향해 "10선의 기득권 후보 조 크롤리Joe Crowley 에 대항해서 하원 의원 선거에 출마해 정치 커리어를 시작해 봐요" 라고 말할 만큼 대단한 선견지명이 있었으면 좋겠다. 하지만 내가 아니라 연이어 일어난 어떤 사건들이 그녀가 하원 의원이 되도록 이끌었으며, 그런 사건들은 그녀와 내가 일부러 만들어 낼 수 있는 게 아니었다. 알렉스와 내가 상담을 시작했을 당시는 정계의 지형을 대대적으로 바꿔 놓은 2016년 대선과 트럼프의 승리가 아직 벌어지지도 않은 시기였다. 만일 그녀가 보장된 목적지를 고수했다면, 맹목적인 야심과 목적지향적인 사고를 따랐다면, **그녀는 지금 하원에 있지 않을 것이다.** 기회를 놓쳤을 것이다. **우리**는 정치 지도자이자 하원 의원인 알렉스를 보지 못했을 것이다.

방향을 따르는 삶은 인생에 적용할 수 있는 과학적 방법과 같다. 처음엔 가설로 시작한다. 가설은 더 큰 무언가라는 막연함 앞에서 할 수 있는 최선의 추측이다. 실험을 설계하고, 테스트를 실시하고, 직접 살아온 경험을 통해 데이터를 수집한 후, 살아가면서 당신이 세운 삶의 가설을 다듬어간다. 만일 삶의 가설이 해변에서 사는 것이라면, 한 달간 해변에 있는 집에 세를 얻어 살아보는 실험을 설계하여 그것이 당신에게 얼마나 조화로우며 방향에 비추어 옳은지 아닌지 데이터를 수집함으로써 그 가설을 시험할 수 있다. 목표가 반드시 영구적으로 해변으로 이사하는 게 될 필요는 없다. 그저 당신이 정말 해변에 살길 원하는지 파악하거나 적어도 당신이 그 경로를 계속 탐색하길 원하는지 여부를 알아볼 뿐이다. 다시 말하지만 우리의 목표는 당신의 진정한 자아와 조화로운 진실을 찾고 열린 마음으로 탐색하는 것이지, 최초의 가설을 맹목적으로 고수하는 게 아니다.

성공은 최초의 이론이 옳다고 증명하는 게 아니라 무엇이 진실인지 찾는 데 있다.

알렉스와 나는 다양한 방향과 삶의 가설을 살펴보았다. 방향에 비추어 가장 옳은 것으로 드러난 한 가지, 가장 강력한 호기심이 드러난 한 가지, 그녀가 탐색하지 않을 수 **없다**고 느낀 한 가지는 바로 공익 서비스였다. 나는 그녀의 목소리에서 진정한 자아와의 조화를 느낄 수 있었다. 때로 여러 가설들을 나란히 두고 탐색하다 보면 가설들이 한 가지로 수렴되기도 하는데, 이처럼 알렉스의 가설은—물론 그녀를 어디로 인도할지는 명확하지 않았지만—명확했다.

이제 다음에 올 단 하나의 조화로운 행동을 취하고 거기서부터 점진적으로 개선함으로써 공익 서비스 가설을 '시험'해볼 차례였다. 초점은 공익 서비스라는 방향을 향한, 호기심에 이끌린 행동에 맞춰졌고, 과학적 방법과 마찬가지로 결과를 통제하지 않았다. 위험 부담이 적으면서 해 볼 만한 가능성들이 많았다. 이를테면 지역 공동체 회의에 참석하기, 버니 샌더스를 도운 다른 스태프들은 현재 무엇을 하고 있는지 조사하기, 그녀에게 매력적인 시민 단체를 위해 자원봉사하기 등이 있었다. 그야말로 목적은 잊고 호기심을 따르는 것이다.

그래서 알렉스는 그렇게 했다. 그녀는 2016년에 시작된 스탠딩 록 시위*에 마음이 끌렸다. 멀리서 바라만 보는 대신, 그녀는 친구와 함께 차를 빌려 호기심이 이끄는 대로 미시건 주의 플린트를 거쳐 노스 다코다와 사우스 다코다 주경州境에 위치한 스탠딩 록 수족의 보호 구역으로 갔다. 당연한 선택은 아니었고, 논리적으로도 맞지 않는 선택이었다. 이 행동은 전략적인 커리어 계획에도 딱 들어맞지 않았다. 그녀의 '커리어'와 어떤 뚜렷한 연관성도 없어 보였다. 그뿐 아니라 그곳에 가느라 며칠간 일을 하지 않으면 수입도 전혀 없었다. 불확실한 결과를 위해 그런 손해를 감수한 것이었다. 하지만 내가 제안했듯이 무언가가 방향에 비추어 옳다면 그것만으로도 충분하다. 나중에 그녀는 이 선택에 대해 이렇게 말했다.

---

* Standing Rock protests, 또는 다코타 액세스 파이프라인(Dakota Access Pipeline, DAPL) 건설 반대 시위. 원주민과 환경운동가들은 DAPL이 원주민 부족인 스탠딩 록 수(Standing Rock Sioux)족의 식수원, 영토, 성지를 위협한다고 주장하며 건설에 반대했다. 이에 2016년 오바마 행정부가 건설을 보류하고 대체 경로를 요청했으나, 이듬해 트럼프 행정부가 DAPL 건설의 재개를 지시했다. —옮긴이

"그냥 내가 해야 할 일처럼 느껴졌어요."

알렉스는 방향을 따르는 삶을 소개하며 사용했던 자동차 여행 비유를 따라 진짜 여행을 감행했다.

미시건으로 가는 길에 그녀는 또 다른 즉흥적인 실험을 했다. 그 여행을 생방송으로 스트리밍한 것이다. 무슨 특별한 목적이 있어서가 아니라 호기심 때문이었다. 친구와 나눈 사적인 대화를 모두 촬영해서 소셜 미디어에 공유하여 더 많은 사람이 대화에 참여하게 하면 어떨까? 나중에 그녀는 스스로에게 이렇게 물으며 곰곰이 생각했다. **이 일의 어떤 점이 마음에 든 것일까? 어떻게 하면 이 일을 더 많이 할 수 있을까?**

촬영을 하고 공유한 결과 그녀는 중요한 사회 문제를 '대중'에게 알리는 일이 어떤 것인지 진정으로 깨달았다. 알고 보니 그녀는 이 일에 놀라울 정도로 재능이 있었다. 또한 그녀와 친구는 동영상을 이용해서 스탠딩 록 시위자들을 위해 물품을 마련하려고 크라우드펀딩 플랫폼 고펀드미GoFundMe을 통해 모금을 진행했다. 그들은 목표로 한 금액을 초과한 거액을 마련했다. 알렉스에게는 이 방면으로도 천부적인 재능이 있었다. 현재 그녀의 사무실은 거의 전적으로 소액의 기부들로 운영되며, 이러한 기부금은 대부분의 하원 의원들과 달리 그녀가 무작위 전화 모금을 전혀 할 필요가 없을 정도로 충분하다.

스탠딩 록에서 집으로 돌아온 바로 그날, 그녀는 브랜드 뉴 위원회Brand New Congress라는 단체로부터 전화를 받았다. 버니 샌더스

대선 캠프 스태프였던 이들이 설립한 단체였다. 그들은 기업이나 로비스트의 자금을 받지 않고 하원 의원 선거에 출마할 진보적이고 비전통적인 후보를 모집하고 있었다. 그들은 알렉스에게 출마해 볼 생각이 있는지 물었다. 그녀는 내게 쓴 편지에서 호기심을 따라 스탠딩 록에 간 일이 "존재하는지조차 몰랐던 문을 열어주었어요"라고 말했다. 이것이 바로 방향을 따르는 삶이 강력한 이유다. 목적지향적인 대본을 버리고 방향을 따라 살 때, 존재하는지조차 몰랐던 문이 열린다. 하원에 출마하는 일과 같은 엄청난 결정을 어떻게 해야 할까? 한 번에 결정하지 않는다. 매 대화마다, 결론에 도달하기까지 매 단계마다 계속해서 이렇게 물어야 한다.

"이 일이 **여전히** 방향에 비추어 내게 옳은 일인가?

알렉스에게 의원직 선거 운동은 그녀의 커리어에서 가장 논리적이거나 전략적인 수가 아니었다. 오히려 미친 짓에 가까웠다. 당선된다는 어떠한 보장도 없었다. 사실 패배가 거의 확실했다. 그런데도 방향에 비추어 옳은 일처럼 느껴졌다. 알렉스는 그것만으로도 충분하다고 믿었다. 목적지, 즉 당선은 출마 결정과 무관했다. 핵심은 그녀가 노동자 계급의 젊은 라틴계 여성으로서 하원에 출마한다는 데 있었다. 그 방향이 핵심이었다. 그 당시 알렉스는 정확한 시점에 자신이 정확히 있어야 할 곳에 있으며, 정확히 해야 할 일을 하고 있다고 느꼈다. 물론 그녀는 그게 무엇인지 정확히 정의할 수 없었다. 선거일에 무슨 일이 벌어지든 상관없이, 이 결정으로 어떤 새로운 문을 열게 될까? 오직 그것만 물을 수 있었다.

결국 알렉스는 모든 난관을 극복하고 당선되었다. 미국 의회 역사상 최연소 여성 하원 의원이 되었다. 하지만 삶이 정체된 느낌에서 벗어나게 한 건 당선이 아니었다. 그녀는 선거 훨씬 전에, 우리가 아는 지금의 알렉스, 잡지 표지를 장식하는 국민적인 인물이 되기 훨씬 전에 이미 그 느낌을 벗어던졌다. 그녀가 자신의 더 큰 무언가와 조화를 이뤘을 때, 방향에 비추어 옳다고 느낀 선택들을 하기 시작하고, 진정한 자아와 조화로운 야심의 흐름을 발견했을 때, 이미 벗어났다. 그녀는 선거 1년 반 전에, 즉 우리가 처음 만난 후 8개월 정도가 지났을 때 이렇게 경탄했다.

"지금 상황과 비교했을 때 그때 제가 얼마나 힘들었는지 생각하면 정말 놀라워요. 동트기 전이 가장 어둡다는 말이 정말 맞네요."

그녀가 이런 말을 했을 때는 어딘가에 '도착한' 상태가 아니었다. 여전히 바텐더였다. 하지만 그녀는 '어둠'에서 벗어나 삶의 새로운 '여명'을 맞이했다고 느꼈다. 심지어 패배할 거라 생각하며 선거 운동을 하던 초기에도 명료하고 목적이 있고 **충만**하다고 느꼈다. 알렉스의 이야기는 '성공'과 충만함이 성취와 무관하며 조화로운 방향과 관련이 있음을 다시금 확인해 준다.

내가 이 챕터를 쓰고 있을 때, 알렉스는 그녀의 인스타그램에서 스물세 살 청년으로부터 커리어에 대한 조언을 구하는 질문을 받았다. 그녀는 이렇게 대답했다.

"계획을 세우려는 노력을 중단하고 호기심을 따르기 시작하자 문제가 해결되기 시작했어요. 물론 그건 '커리어의 관점'에서 볼때 말도 안 되는 짓이죠. (…) 어떤 나이까지 어떤 직위에 오르는 건 목표가 아니에요. (…) 좋은 삶을 꾸리는 일…그것이 훨씬 더 중요합니다."

방향을 따르는 삶이 옳음을 보여주는 얼마나 확실한 증언인가!

지금까지 알렉스는 가장 목적지향적인 분야인 정치에서 방향을 따르는 삶을 계속 증명해 보이고 있다. 모두들 그녀의 계획, 정치적 목표, 어디로 가는지, 다음은 무엇인지, 즉 목적지에 대해 끊임없이 질문한다. 상원 의원? 내각? 대통령? 그녀의 답은 항상 "나는 알지 못한다"이며, 나는 그녀 대답이 진실하다고 믿는다. 심지어 그녀가 재선에 도전하기로 결심한 것조차 뻔한 결론이 아니었다. 그녀는 2021년 CNN의 정치평론가 데이나 배시Dana Bash에게 이런 말을 한 적이 있다.

"모두를 환장하게 만들 소리라는 것을 압니다. 하지만 제가 이 일에 대해 느끼는 방식, 제가 저의 정치와 정치인으로서의 커리어에 접근하는 방식은 정확한 위치를 정해놓는 것이 아닙니다."

여기서 위치를 정한다는 말은 목적지향적이라는 말을 달리 표현한 것이다. 직책, 자리, '당선'을 뜻하는 게 아니다.

알렉스가 자리를 지킬 거라 생각하지 않거나 혹은 발전하고 성장하길 원치 않는다는 말이 아니다. 더 큰 영향력을 갖고 싶다는 욕구, 즉 야심이 없다는 뜻도 아니다. 그녀는 가장 확실하게 그럴 야심이 있다. 계산에 따른, 위로 올라가려는 맹목적인 야심이 아닐 뿐이다. 그녀가 원하는 것은 진정한 자아와 조화를 이루는 야심으로, 그것은 현실에 즉시 반응하라고 요구한다. 조화로운 야심은 근본적으로 내가 처한 상황에서 비롯된다.

알렉스는 2020년에 잡지 〈배니티 페어Vanity Fair〉에서 이렇게 말했다.

"단지 타이틀을 얻기 위해, 혹은 또 다른 혹은 더 높은 자리 자체를 얻기 위해 '더 높은 자리'에 오르고 싶지 않습니다. 저는 제가 더 잘해낼 수 있는지를 평가합니다. (중략) 제게는 항상 그게 핵심 질문이에요."

달리 말해 그녀는 매 순간 자신에게 묻고 있다. **무엇이 방향에 비추어 볼 때 옳은가? 나에게 가장 조화로운 다음 단계는 무엇일까? 조화의 큰 부분은 영향과 기여다. 나는 어디서 가장 쓰임이 좋을까? 지금 이 순간 내가 하기에 가장 적합한 일은 무엇일까?** 이런 질문들로 우리는 내 삶의 조화로움을 판단해볼 수 있다.

알렉스의 동료이자 친구인 하원 의원 아이아나 프레슬리는 이렇게 말했다.

"알렉스는 시대의 아이콘이 되거나 역사를 만드는 인물이 되려고 하지 않았습니다. [하지만] 저는 그것이 그녀의 운명이라고 생각합니다."

지금 와서 생각해보면 모든 것이 너무도 분명해서 이것이 그녀의 방향에 비추어 맞는 일이었다는 것을 알렉스가 몰랐다는 걸 상상하기 매우 힘들지만, 내가 증언하건데 그녀는 정말 알지 못했다. 이런 종류의 더 큰 무언가는 누구에게나 존재한다. 당신도 마찬가지다.

방향을 따르는 삶에 대해 공허한 과잉성취자들이 가장 두려워하는 것은 그들이 목적을 찾으려는 노력에서 벗어나 호기심을 따르다 결국 아무것도 되지 못할 거라는 생각이다. 일반적으로 우리는 엄격하고 부지런하게 계획을 세우지 않으면 목적과 영향력을 얻는 일이 불가능하다고 믿는다. 하지만 알렉스는 우리에게 방향을 따르는 삶이 대체로 더 큰 '성공'으로 이어진다는 것을 보여준다. 심지어 다른 사람들에게 '인상적으로' 보이는 전통적인 의미의 성공도 이룰 수 있다. 방향을 따르는 삶을 산다고 해서 주요한 영향을 끼치고, 괜찮은 수입을 거두거나 심지어 근사한 타이틀을 얻는 일을 포기할 필요가 전혀 없다. 알렉스의 사례는 방향을 따르며 살면서 겉으로 화려한 커리어와 내적 충만함을 **동시에** 만족할 수 있음을 증명한다.

사람들은 종종 내게 알렉스의 미래가 어떻게 펼쳐질지 미리 알았느냐고 묻는다. 나는 그녀에게 무슨 일이 펼쳐질지 전혀 몰랐지만, 그것이 무엇이든 함께 방향을 찾는 과정에서 나 역시 굉장히 신이 난다는 것은 알고 있었다. 아울러 내 모든 내담자에게 그렇듯이, '그곳'이 어디든 방향을 따르는 삶이 그녀를 그녀가 원하는 곳에 데려다 주리라 확신했다. 나는 그녀가 엄청난 에너지와 기백과 두뇌를 가졌음을 알았다. 그리고 그녀가 발견한 가장 충만하고 가장 조화로운 더 큰 무언가가 우리 모두에게도 좋은 일이 될 것임을 알았다. 정말 마법 같은 이 과정에서 그녀를 도울 수 있어 대단히 영광이었다. 나는 그녀가 준비가 되었다고 말할 수 있었다. 준비된 자세와 기꺼운 마음이 어떤 모습인지 정의하거나 정량화하기 어렵지만, 보면 안다. 그것을 가졌다면 당신은 알 수 있다.

최종 목표나 성공, 성취에 초점을 맞췄다면 승산 없는 선거에 출마하지 않았을 것이다. 목적지에만 신경 쓴다면 위험을 감수하지 않을 것이다. '그냥' 스탠딩 록과 미시건의 플린트에 가려고 일주일을 포기하지 않을 것이다. '다음 단계는 무엇일지' 알아내느라 애를 쓰고 있는 중에는 더욱 그러지 않을 것이다. **'난 그 일을 할 수 없어. 한낱 방해요소일 뿐이야'** 하고 생각할 것이다. 재선과 최고위직으로 올라가는 일에만 신경 쓴다면 알렉스가 당선된 후 보인 것과 같이 논쟁을 불러일으킬 만한 강경한 입장을 취하지 않을 것이다. 더 많이, 더 빨리 성취하는 것을 최우선에 두면 경험하며 성장하지 않으려 하고 변화하는 현실에 적응하려 들지 않을 것이다. 미리 정해둔 10개년 계획에만 매달린다면 스탠딩 록과 브랜드 뉴 위원회에, (적어도 많은 사람들에게) 예상치 못한 2016년 대선 결과라는 특수한 상황이 일어났을 때 반응하지 않을 것이다. 그렇게 되었다면 얼마나 큰 손실인가! 당신이 어떤 정치관을 가졌든, 알렉스는 미국의 민주주의에서 매우 중차대한 순간에 등장한 중요한 목소리이자 지도자이다. 아울러 그녀는 어떤 인물이 의원직에 출마할 수 있고, 또 해야 하는지에 관해 생각해 보게 하며, 우리는 이미 그 유산을 목격하고 있다.

하지만 알렉스가 기여한 모든 중요하고 역사적인 공헌 가운데 가장 미묘하지만 심오한 것은 그녀가 모든 세대의 공허한 과잉성취자들에게 미친 영향이다. 그들은 진정으로 충만한 삶과 커리어를 구축하려는 그녀의 발버둥에서 자신의 모습을 보았다. 그녀는 공허한 과잉성취자들에게 그들도 충만함과 목적을 가질 수 있다고 믿도록 영감을 주었고, 그것을 시작하는 방법이 우리가 늘 배워온 방법이 아닐 수 있음을 분명히 보여주었다. 그녀의 이야기가 공허한 과잉성취자들에게 큰 호소력을 지녔을 거라 믿는 이유 중 하나는 어려움을 딛고 성공한 이야기가 아니라 불행을 딛고 의미를 찾은 이야기이기 때문이다. 우리를 감동시킨 건 그녀의 성공도, 명성도 아니다. 바로 더 큰 무언가를 찾기 위해 노력한 그녀의 활기찬 여정이다.

노출과 초안의 원칙

엘리자베스 길버트는 저서 《빅매직》에서 이렇게 말했다.

"나는 문제의 인물이 마침내 자신의 문제에 넌더리를 내면서 시작하지 않는 인생의 변화를 본 적이 없다."

내가 보기에 이 말은 한 가지만 정정하면 명백한 진리다. 단순히 자신의 문제에 넌더리가 나는 게 아니라, 모든 조건화되고 물려

받은 목적지향적 삶의 문제, **그리고** 그것을 지탱하기 위해 우리가 겪는 내적 정당화와 왜곡에 넌더리가 나는 것이다.

스스로에게 물어라. **나는 목적지향적 삶의 문제점에 넌더리가 나는가? 충만통에 지쳤는가?**

성공적인 전환을 결정짓는 가장 큰 요인은 기꺼이 변하겠다는 마음가짐이다. 알렉스는 이런 마음가짐이 대단히 뚜렷했다. 마음가짐을 더 정확하게 설명하면 기꺼이 변화하려는 마음가짐으로, 사실 당신이 더 풍요롭고, 더 충만하며, 더 진실되고, 더 의미 있고, 더 영향력 있는 삶을 살 수 있다고 기꺼이 상상하는 것이다. 그렇게 힘든 발버둥도 없고, 너무 지치거나 걱정스럽거나 충만통을 유발하지도 않는 삶이다(또한 당신이 실제로 사랑하며 실제로 **당신만의 것**이라고 느끼는 삶이라고도 불린다). 당신이 아직 그런 삶에 도달하지 못했다 해도 괜찮다. 단지 **만일 그렇다면 어떨까** 하고 묻는 게 매우 중요하다. 가령 **만일 내가 '그것을 알아내고' '완벽하게 유지하기 위해' 그토록 노력하지 않아도 된다면 어떨까? 만일 충만함을 주는 더 큰 무언가가 내게 존재한다면 어떨까? 만일 또 다른 삶의 방식이 있다면 어떨까? 만일 꼭 이런 식이 아니어도 된다면 어떨까?** 하고 묻는 것이다. 이 책을 택했다는 것만으로도 강력한 가정을 한 것이다.

만일 모든 일이 잘 굴러가고 충만통이 대단히 크거나 고통스럽지 않다면, 관광객의 관점에서 이 책을 읽어보길 바란다. 다만 무언가 바뀔 가능성이 거의 없다는 사실에 대해 스스로 솔직해져라(그래도 괜찮다. 서두를 필요도, 어떤 의무도 없다). 나는 그저 당신에게 회복을 위한 12단계 프로그램을 실시하는 여러 모임에서 들은 말을 해주고 싶다.

"우리는 항상 당신의 불행을 다시 돌려줄 수 있습니다."

이 말은 기존의 방식으로, 즉 목표지향적인 삶으로 언제든지 돌아가도 좋다는 말이다. 그러니 속는 셈 치고 이 책에서 소개하는 방법을 한 번 시도해볼 만하다.

마지막으로, 나는 우리가 방향을 따라 사는 과정을 시작하기 전에 이 책의 나머지 부분을 어떻게 대해야 할지에 대해서 조언하고 싶다.

대부분의 공허한 과잉성취자들은 이 책에서 알려주는 것과 같이 훈련과 과제를 제시하는 자료를 아주 진지하게 받아들인다. 물론 이 책은 진지하다. 하지만 엄격하고 심각한 **느낌**은 호기심을 키우는 데 도움이 되지 않는다. 이 과정은 진지**하면서도** 즐거울 수 있다! 이런 이유에서 나는 당신에게 책상과 작업복을 잠시 밀어둬도 된다고 허락한다. 편할수록 좋다. 왜냐하면 우리는 이 훈련을 위해 뇌의 다른 부분에 도달할 것이기 때문이다. 바로 공허한 과잉성취자의 습관이 살고 있는 마음을 벗어난 공간이다. 몸에 익은 '착한 학생'이 되는 행동들을 계속하면서 지금까지와는 다른 부분에 도달하는 건 몹시 어렵다. 선택할 수 있다면, 가장 편안하고 여유롭다고 느껴지는 곳에서 이 책을 읽기 바란다.

우리가 하려는 일은 다른 종류의 학습이다. 두 가지 학습 원칙이 있다. 내가 노출의 원칙Principle of Exposure과 초안의 원칙Principle of the First Draft이라고 부르는 것이다. 당신이 둘 다 잘 활용하길 권한다. 이 두 원칙은 당신이 정보를 보다 효과적으로, 아울러 보다 쉽고 즐겁게 처리하는 데 도움이 될 것이다.

1) 노출의 원칙: 제1원칙은 '완수'를 최우선에 두는 대신, 당신을 콘텐츠와 정보에 '노출'시키는 데 주력하는 것이다. 핵심은 정보가 서서히 당신의 뇌에 유입되도록 하는 것이다. 공허한 과잉성취자의 뇌는 '완벽', '올바르게 하기', '끝내기'에 집착하길 좋아한다. 하지만 노출을 통한 정보의 확산은 당신이 생각하는 것보다 훨씬 더 강력하고 '생산적'이다. 방법은 간단하다. 당신이 다음 몇 챕터를 읽는 동안 당신의 뇌가 그 순간 받아들여야 하는 내용을 정확히 받아들이고 있다고 믿어라. 만일 책의 내용이 마음을 울리지 않는다 해도 겁먹지 마라. 잘못하고 있는 게 아니다. 다른 부분에서 울림을 느낄 수도 있고 혹은 영원히 그러지 않을 수도 있다. 그래도 계속 읽어라. "통하는 것만 취하고 나머지는 버려라"라는 말이 있다. 나는 당신이 책을 읽는 내내 이 중요한 조언을 적용하길 권한다.

2) 초안의 원칙: 이 책을 읽고 실천하는 전 과정을 아이디어의 초안처럼 여겨라. 당신에겐 나중에 편집하고 수정할 수 있는 시간과 공간이 아주 많다. 이건 마치 양파의 껍질을 계속 벗겨내는 것과 같다. 가장 바깥층을 벗겨내면 아주 많은 것이 드러날 것이다. 그러고 나서 아마도 지금으로부터 두 달 혹

은 심지어 2년 뒤 다음 층을 벗겨낼 것이다. 이번 시도에서 양파 전체를 벗기지 않을 것이다. 그러려고 시도조차 하지 마라. 만일 연필로 기록하는 게 작업 과정을 '초안'처럼 느끼는 데 도움이 된다면 그렇게 하라. 당신은 그저 지금 이 순간의 시도를 통해 무엇이 맞는지, 무엇이 당신의 기분을 좋게 하는지 지켜볼 뿐이다.

이것은 경주가 아니다(우리 모두 공허한 과잉성취자들이 모든 것을 경쟁으로 바꾸는 것을 얼마나 좋아하는지 안다). 또 다른 자기계발서를 읽기 위해 이 책을 최대한 빨리 끝내는 것은 다분히 목적지향적인 접근이며 목적지향적 방식으로 방향을 따르는 삶에 이르는 길을 찾으려는 것이다. 이 책을 경험하는 방식이 당신의 삶을 살아가는 방식이 되도록 하라. 패러다임의 전환은 이제 시작된다.

4장

1단계
: 문제 인식하기

PHASE 1
: RECOGNIZING THE PROBLEM

나는 소름 끼칠 정도로 비슷한 사연을 가진 두 내담자를 거의 동시에 상담한 적이 있다. 알리야와 비아는 둘 다 20대 중반으로, 매우 많은 것을 성취했고 야심도 컸다. 둘 다 전액 장학금을 받고 명문대에 다녔으며, 복수 전공과 부전공을 마쳤고, 수석으로 졸업했다. 게다가 둘 다 대학교를 4년이 아닌 3년 만에 졸업했다. 커리어를 시작한 지 한두 해가 지났으며, 한 명은 주요 민간 항공우주회사에서, 다른 한 명은 투자은행에서 일하고 있었다. 그들은 겉보기에 잘나가는 것처럼 보였고, 누가 봐도 어마어마하게 '성공한' 것으로 여겨졌다. 하지만 둘 다 내 사무실을 찾아와 '20대 중반의 위기'라는 늪에 빠져 있다고 토로했다. 커리어에 대해 불만족스러웠고, 성인으로서의 삶에 대해 환멸을 느꼈고, 이런 위기가 언제 어떻게 왜 발생했는지 혼란스러워했다. 그리고 내가 그랬듯이 이 문제를 스스로 해결하지 못하는 것에 대해 수치스러워했다.

둘의 성장 배경은 비슷했지만 나를 찾아오게 된 이유는 완전히 달랐다. 한 명은 나처럼 아주 어린 나이부터 목적지향적으로 살도록 프로그래밍되어 있었다. 반대로 다른 한 명은 훨씬 나중에 공허한 과잉성취자가 되었다. 한두 차례 세션을 가진 후, 나는 그들의 '성공적인' 대학 경험이 크게 다르다는 것을 알게 되었다. 알리야는 학부 시절 아주 충만하고, 에너지 넘치고, 적극적이었던 반면 비아는 절망적일 만큼 불행하고 불안하고 길을 찾지 못했다. 둘 다 많은 성취를 이뤘지만, 똑같이 충만한 건 아니었다.

대학에서 비아는 목적지향적인 삶을 사는 공허한 과잉성취자였던 반면 알리야는 학부 시절 **방향을 따르는** 삶을 살았던 게 둘의 차이였다. 나는 그것을 어떻게 알았을까? 당신의 삶에서 목적지향적인 삶과 방향을 따르는 삶의 차이를 당신은 어떻게 구분할 수 있을까? 그것을 시험할 수 있는 방법이 있다.

남이 짜준 인생

첫 번째 상담에서 비아는 대학 시절을 어떻게 보냈는지 설명했다. 처음에 그녀는 경제학을 전공했다. 비아는 내게 이렇게 말했다.

"솔직히 제 부모님이 경제학을 전공해야 한다고 말씀하셨어요. 하지만 그게 전부가 아니었어요. 저는 경제학을 전공하는 게 괜찮고, 멋지게 들리고, 이력서에도 보기 좋고, 실용적이라고 생각했어요. 굉장히 어려운 학문이었는데 저는 어려울수록 더 인상적이고 할 만한 가치가 있다고 생각했거든요."

그녀는 이야기를 계속했다.

"두 번째 전공은 2학년 때 택하게 되었어요. 누군가 경제학과 공학을 복수 전공하는 것을 보게 된 거예요. 제 눈에 그게 굉장히 인상적이었고, 나보다 더 많은 걸 하는 사람들이 있다는 걸 깨닫는 계기가 되었어요. 내가 충분히 하지 않고 있으면 어쩌나, 제출된 이력서 가운데 내 것이 눈에 띄지 않으면 어쩌나 걱정하기 시작했죠. 학위가 많을수록 더 좋은 커리어를 갖게 될 것 같았죠. 그러던 중 어디선가 환경 공학이 가장 소득이 높은 전공 가운데 하나라는 글을 읽게 되었어요. 그래서 그걸 전공하겠다고 선언했죠. 저는 환경 공학까지 전공하면 더 좋은 혜택과 고용 안정을 누리는, 보다 안정적인 직업을 갖게 되리라 생각했어요. 불안은 덜 느끼고 자신감은 더 느끼고 싶었거든요."

"생각한 대로 됐나요?"

내가 물었다. 그녀는 한숨을 쉬며 이렇게 대답했다.

"전혀요. 2년 뒤, 대학 졸업 후 제가 무엇을 하길 원하는지 아직도 모른다는 걸 깨달았어요. 취업을 할 수 있을지 겁이 나기 시작했어요. 취업 상담에서 기업들이 상호작용, 문제해결력과 같은 '소프트' 스킬soft skills이 좋은 사람을 찾는다는 말을 들었어요. 그래서 제가 다양한 분야에서 뛰어난 재능을 가졌다는 것을 증명해 보이기 위해 심리학을 부전공으로 택했어요. 그리고 4년이 아닌 3년 만에 졸업을 하기로 결심했죠. 그 당시에는 남들보다 앞서가는 것처럼 느꼈어요."

"이 모든 결정을 이끈 기본적인 동기는 무엇이었다고 생각하나요?"

"이력서에 한 줄이라고 더 넣고 남보다 빨리 해내면 취업 시장에서 성공할 거라고 계속 생각했던 것 같아요. 언젠가는 난 괜찮고 이제 마음을 놓아도 된다고 느낄 거라 생각했어요. 하지만 여전히 성공했다거나 충만하다는 느낌을 받지 못했어요. 지치고 공허할 뿐이에요."

목적지향적인 삶의 대표적인 특징이 비아의 사고와 의사결정에 도배되어 있었다. 그녀는 분명 공허한 과잉성취자였다. 온갖 성취에도 불구하고 불안하고, 환멸을 느끼고, 지치고, 공허했다. 매 결정이 가져다줄 결과와 그것이 결승선, 즉 목적지에서 그녀에게 무엇을 '가져다줄지'에만 초점을 맞췄다. 거기까지 가는 과정에 대한 고려는 없었다. 비아는 온통 이력서에만 신경을 썼다. 그녀는 대학 시절 경험을 묘사할 때, 수업 자체나 실제로 공부하고 학습한 것이나 얻은 지식과 경험에 대해서는 말하지 않았다. 그녀의 전공들은 그녀가 개인적으로 마음을 쓰는 것, 관심을 갖는 것, 또는 잘하는 것과 무관했다. 가장 '인상적이고' '실용적인' 것과, 그녀의 선택들이 미래의 고용주들에게 어떤 인상을 줄지, 동기들의 이력과 비교했을 때 어떻게 보일지에만 사로잡혀 있었다. 그녀가 내린 선택들 가운데 진정 **그녀의 것**은 없었다. 정말 큰 아이러니는 대부분의 공허한 과잉성취자가 그렇듯 비아도 자신이 위험을 회피하며 '안전을 추구'하고, 커리어를 선택함에 있어서 책임감 있고 실용적이라고 생각한다는 것이다. 사실 비아는 커리어와 삶에서 가장 큰 위험을 감수했다. 바로 그녀의 인생을 온전히 크라우드소싱한 것이다. 자기 인생을 목적지향적인 룰렛 게임에 건 것이다.

반면 알리야는 내게 대학 경험을 말할 때 무척 즐거워했다. 밤 샘 공부와 얼마나 열심히 공부했는지, 때로 얼마나 스트레스가 심했는지 말했다. 그녀는 그 일들이 잘못된 것이었는지 궁금해했다. 하지만 나는 그녀가 자신이 공부한 것들에 대해 설명할 때 얼마나 신이 났는지 알 수 있었다. 그녀는 교수들과 맺은 친밀하고 유익한 관계를 회상할 때 즐거워했다. 도대체 무슨 생각으로 그렇게 많은 과목을 수강했는지 알 수 없다고 고백하며 웃었다. 하지만 동시에 그녀가 들은 수업 하나하나가 그녀를 변화시켰고, 지울 수 없는 흔적을 남겼다고 했다. 그녀는 강의 계획서와 필독 도서 목록을 아직도 기억하고 있었고, 구체적인 과제들과 그것들이 그녀에게 어떤 의미였는지 다시 떠올릴 수 있었다.

내가 알리야에게 항공우주공학과 젠더 연구를 전공으로 택하고 문예창작을 부전공으로 택하게 된 이유를 묻자 그녀는 간단하게 답했다.

"그중 하나도 놓칠 수 **없었거든요.**"

그녀는 기억하는 한 우주에 관한 모든 것에 집착했고, 특히 그녀가 푹 빠진 항공우주라는 분야가 남성이 지배하는 세계라는 점에서 젠더 연구에 더 큰 매력을 느꼈다. 알리야는 문예창작도 즐겁게 공부했고 그 공부가 자신의 생각을 정리하는 데 도움이 된다는 것도 깨달았다. 부전공 필수 요건을 충족한 것은 행복한 일이었고, '일종의 재미있는 사건'이었다고 설명했다.

나는 이렇게 물었다.

"이 모든 것을 단 3년 만에 해낸 건가요?"

"예. 너무 웃기죠. 저는 완전히 융통성 없는 공부벌레였거든요! 5월에 학교를 떠나야 한다는 상상만으로도 슬펐어요. 그래서 저는 여름 방학 동안 학교에 남아 계속 수업을 듣고 저를 지지해주신 교수님과 함께 일하기로 결심했어요."

맹목적인 야심과 조화로운 야심

둘이 대학 생활을 대하는 태도의 차이를 느낄 수 있는가? 알리야와 비아는 분명 극단적인 예시다. 내가 그들을 예시로 제시한 건 그들이 전형적이어서가 아니라 같은 야심을 품었어도 삶의 모습이 완전히 다를 수 있다는 것을 알려주기 위해서다. 그들의 이야기에 공감하기 위해 대학에서 세 가지 전공을 할 필요도, 굳이 대학을 갈 필요도 없다. 비아는 우리와 같았다. 목적지향적인 삶을 사는 공허한 과잉성취자였다. 그에 반해 알리야는 공허한 과잉성취자가 전혀 아니었다. 그녀가 내린 결정들은 즐거움과 기꺼운 마음과 흥분으로 가득 차 있었다. 항공우주공학, 젠더 연구, 문예창작을 결합한 것은 너무도 확실하게 그녀에게만 잘 맞는 결정이었다. 그녀는 그 과목들이 그녀의 마음에 불을 지피기 때문에 선택했다. 아울러 불씨가 그녀를 어느 방향으로 인도하든 실용적이며 재정적인 니즈를 충족시킬 수 있는 것은 물론이고 그녀를 풍요롭게 하고 보람차게 하리라는 것을 직관적으로 믿었다. 그녀는 선택을 내리는 데 영향을 준 타인의 의견은 전혀 언급하지 않았다. 비아의 대학 공부가 남들이 다 하는 식이었다면 알리야의 공부는 개인 맞춤형이었다. 진정한 자아와 조화를 이룰 때 보이는 모습이 바로 이러하다.

대학 시절 알리야는 방향을 따르는 삶의 훌륭한 예시였다. 그녀는 비아처럼 "어떤 전공으로 졸업해야 하며, 최대한 빨리 졸업하기 위해 그 과정을 어떻게 역설계해야 할까?" 하고 물으며 대학에 입학하지 않았다. 목적지, 즉 각각의 전공이 결국 그녀에게 무엇을 '가져다줄지'는 알리야에게 고려 사항이 아니었다. 그녀에게 중요한 건 강의에 실제로 참석하는 것(방향)이었지, 강의를 듣는 것이 무엇을 가져다줄지(목적지)가 아니었다. 알리야는 궁금했다. **어떤 수업을 들어야 이번 학기를 흥미롭고 보람차게 보낼 수 있을까?** 그리고 그녀는 그 대답이 한 학기에서 다음 학기로 넘어가며 계속 변하는 동안 그것을 인생에서 선택을 위한 길안내에 필요한 정보로 사용하고 그녀의 방향을 비추는 데 사용했다. 그 과정에서 그녀는 목적지를 정해야 한다는 압박감에 갇히지 않았다. 알리야가 관심이 가는 모든 강의에 동그라미를 친 것은 닥터로가 말한 '헤드라이트가 비추는 부분만'에 해당된다. 그녀는 거창한 학업 계획이나 사전에 정한 커리어 경로를 고수하지 않았다. 그저 그녀의 헤드라이트에만 주의를 기울였다.

이렇듯 알리야는 대학 시절에는 목적지향적인 경쟁에서 벗어나 있었지만, 안타깝게도 졸업 후 직업의 세계에 들어가자마자 목적지향적 접근법을 내면화했다. 그래서 결국 코칭을 받기 위해 나를 찾아왔다. 따라서 우리의 작업은 방향을 따르는 삶을 처음으로 발견하는 게 아니라 그녀가 이미 체험한 것을 **되살리는** 일로 구성되었다.

비아와 알리야의 대학 생활 사례는 야심, 동기, '성공'과 심지어 강도 높은 일 처리 습관이 문제가 아님을 잘 보여준다. 이 두 여성은 똑같이 동기가 있었고, 똑같이 인상적인 결과를 거뒀다. 이러한 기준에서 볼 때, 둘은 실질적으로 똑같다. 하지만 한 명은 조화롭고 충만하며, 다른 한 명은 불행했다. 그렇다면 우리는 야심이 있고, 동기부여가 되어 있으며, 성취하**면서도** 깊은 충만함을 느끼는 게 절대적으로 가능하다는 것을 알 수 있다. 그렇다면 알리야와 비아의 결정적인 차이점은 무엇인가? 바로 야심 이면에 있는 **이유**(누가 주도하는가)와 **방법**(접근법)이다.

다음 질문들을 읽고 대답을 생각해보자.

1. 원천

결정을 다른 사람들에게 아웃소싱하는가 아니면 스스로 결정하는가?

나의 동기는 어디서 비롯되었는가?

누가 길안내를 하고 있는가?

이것이 개인적으로 나의 진정한 자기에 비춰 조화로운가?(혹은 대체로 수용될 만한 것인가?)

2. 지향

목적지/결과인가 아니면 방향/과정인가?

나는 어디를 향해 가고 있는가?

내 목표는 목적지인가 올바른 방향인가?

이러한 질문에 비춰볼 때, 알리야의 대학 이야기는 조화로운 야심의 전형이다. 다른 누구도 아닌 그녀에게만 맞는 것이다. 그녀는 자신의 호기심과 열정을 따라 자신의 방향과 경로를 '스스로 정했다.' 반면 비아의 대학 이야기는 **맹목적인** 야심의 예다. 그녀의 진정한 자아와 전혀 맞지 않다. 그녀는 외부에서 말하는 결과에 휘둘렸다.

내 목표는 당신이 내면의 목소리가 안내하는 방향을 찾고 그 방향을 유지하는 방법을 명확히 이해하도록 돕는 것이다. 왜냐하면 그것이 충만함을 얻는 열쇠이기 때문이다. 뒤에 나올 챕터에서 소개하는 내용을 함께 해보면, 비아처럼 외부의 목적지향적인 기대에 휘둘릴 때 그 사실을 알아차리는 법을 배울 것이다. 그리고 난 후 알리야가 대학 시절 그랬듯 방향을 따르는 삶을 실천하는 법을 배울 것이다. 방향을 따르는 삶에는 모든 좋은 것, 가령 기쁨, 평화, 편안함, 목적, 의미, 진정성이 살아 있다.

네 가지 조짐

우리는 다음 몇 페이지에 걸쳐 당신이 오늘을 구체적으로 어떻게 보냈는지 평가할 것이다. 그러면 문제를 해결하기 전에 당신의 삶에서 무엇이 문제인지 분명히 파악할 수 있다. 아직 이러한 질문들에 어떻게 답해야 하는지 모른다고 해도 걱정하지 마라. 연습하다 보면 질문에 빠르고 직접적으로 답할 수 있게 될 것이다. 하지만 명심하라. 우리는 이러한 질문을 스스로에게 묻는 데 익숙하지 않다. 사실, 조금 전까지만 해도 당신은 이러한 질문이 존재하는지조차 알지 못했다. 이러한 개념들이 당신에게 어떤 의미인지, 당신의 삶에서 어떤 모습으로 나타나는지 자세히 설명하는 법을 알지 못하는 게 정상이다. 약속했듯이, 도움이 될 만한 간단한 테스트를 준비했다.

공허한 과잉성취자를 수년간 연구하고 목적지향적인 삶의 전형적인 패턴을 추적하면서 나는 목적지향적인 삶에 공통적으로 나타나는 네 가지 조짐을 발견했다. 의사결정을 내릴 때 적용하는 논리에 이 조짐이 보이면 십중팔구 공허한 결과로 이어진다. 그 네 가지 조짐은 바로 의무, 객관성, 외적 이미지 그리고 결과다.

1. 의무('당위')

핵심 질문: 여기서 나는 [다른 사람들의 의견에 따르면] 무엇을 해야 하는가? 다른 사람들은 뭐라고 조언할까?

핵심 신호: 해야 한다, 하지 말아야 한다

예시:

"나는 박사 학위를 따야 한다."

"나는 만 명의 팔로워를 가져야 한다."

"나는 요가를 좋아해야 한다."

"나는 탄수화물을 먹지 말아야 한다."

"나는 결혼을 해야 한다."

"나는 집을 소유해야 한다."

"나는 커리어와 삶에서 지금보다 더 발전해야 한다."

물론 내가 '당위'에 대해 말한 첫 번째 인물은 아니다. 정신분석학자 카렌 호나이가 1960년대에 이미 '당위의 폭정tyranny of the shoulds'에 대한 글을 남겼다. 그 후로 50년이 지난 지금 여전히 우리는 당위의 폭정에 휘둘리고 있다. 그런데도 우리는 이를 제대로 알지 못한다. 당위는 보통 가장 먼저 나타나는 조짐으로, 알아채기 가장 쉬운 조짐 가운데 하나다. 하지만 당위가 혼자 존재하는 경우는 드물다.

2. 객관성 ('객관적인' 논리와 전략)

핵심 질문: 객관적으로 무엇이 '옳고', 가장 현명하고, 가장 전략적인 행보일까?

핵심 신호: 논리적인, 내 생각에는, 옳은, 가장 현명한, 최선의, 가장 전략적인, 가장 합리적인(최상급)

예시:

"논리적인 선택지는 현재 내가 가진 '아주 좋은' 직업을 유지하는 것이다."

"가장 현명한 선택지는 그의 청혼을 수락하는 것이다. 그는 결혼 상대로 아주 적합하다."

"이 사람들과 친교를 유지하고 관계를 끊지 않는 게 가장 합리적이다."

"세를 얻는 것보다 집을 구매하는 게 객관적으로 옳은 선택이다."

3. 외적 이미지

핵심 질문: 그것은 어떤 모습일까? 어떻게 인식될까? 나에 대해 뭐라고 할까?

핵심 신호: 사람들이…라고 생각할 것이다, 나는…처럼 보일 것이다

예시:

"다른 직장을 구해놓지 않은 상태에서 이 일을 관둘 수 없어. 이

력서에 공백이 생기면 어떻게 설명하겠어?

"지금 남자친구와 헤어지면 내가 나쁜 사람처럼 보일 거야."

"그 방법에 동의하지 않을 수 없어. 반대하면 사람들은 내가 팀워크가 없는 사람이라고 생각할 거야."

"모유 수유를 해야 해. 그렇지 않으면 사람들은 나를 나쁜 엄마라고 생각할 거야."

4. 결과

핵심 질문: 이것이 내게 무엇을 가져다줄까? 이것이 나를 어떻게 발전시킬까?

핵심 신호: '만일-그렇다면'으로 구성된 문장. 미래 시제

예시:

"이 일을 이력서에 넣으면 좋아 보일 거야."

"만일 이 일을 하면 5년 뒤에 나는 ○○○를 할 수 있을 거야."

"만일 내가 이 발언 기회를 수락하면 사람들이 나를 좀 더 진지하게 여기고, 유명세도 더 얻게 될 거야."

"지금 약혼하면 ○살에 아이를 가질 수 있을 거야."

"지금 고생을 감수하면 나중에 내가 원하는 직업은 무엇이든 가질 수 있을 거야."

이제 내가 충만함 테스트라고 부르는 것을 실시하기 위해 네 가지 조짐의 렌즈로 알리야와 비아의 사례에 네 가지 조짐이 있는

지 평가한다. 만일 네 가지 조짐 중 하나라도 있다면, 충만함 테스트를 통과하지 못한다. 네 가지 조짐이 전혀 보이지 않아야 테스트를 통과할 수 있다.

비아의 전공 선택은 당연히 충만함 테스트를 통과하지 못했다. 그녀의 의사결정에서 네 가지 조짐이 어떻게 나타났는지 하나씩 살펴보자.

의무: 비아는 복수 전공을 택해야 했다. 조기 졸업을 해야 했다. '소프트' 스킬을 증명해야 했다. 시장성이 있는 전공을 택해야 했다. 부모님이 비아가 무엇을 '해야 하는지' 말씀해주셨다.

객관성: 비아의 전공은 객관적으로 '좋고' '어려웠다.'

외적 이미지: 그녀의 결정이 다른 사람들의 눈에 어떻게 보일지가 그녀를 이끄는 동기였다. 비아는 그녀가 생각하기에 이력서에서 '인상적'이고 다재다능한 '엄친딸'로 보이게 해줄 것을 택했다. 두각을 나타내고, 다른 누구보다 더 많이 더 빠르게 해내고 싶은 욕구에 사로잡혔다.

결과: 비아는 그녀의 선택이 그녀에게 무엇을 가져다줄지, 어떤 결과로 이끌지만 신경 썼다. 가령 좋은 커리어, 더 안정적인 직장, 보장된 성공, 더 큰 자신감, 불안 감소를 기대했다.

반대로 알리야는 충만함 테스트를 통과했다. 네 가지 조짐 가운데 어떤 것도 그녀의 의사결정에서 고려 대상이 아니었다. **당위**

를 나타내는 말을 사용하지 않았고, 논리적이거나 객관적으로 '올바른' 경로에 대한 고민도 없었고, 외적 이미지, 즉 다른 사람에게 어떻게 보일지도 언급하지 않았으며, 결과나 구체적인 목적지에 집중하지도 않았다.

알리야와 비아 모두 20대 중반에 나를 찾아왔고, 그 시기의 그들에게는 커리어를 잘 키우는 것이 최우선 과제였다. 하지만 충만함 테스트는 직업적 영역이 아닌 부분에도 효과가 있다. 직업이 보통 우리 삶에서 '야심'과 '과잉성취'와 가장 밀접하게 연관된 부분이긴 하지만, 공허한 과잉성취자가 사무실이나 화상 회의에서 벗어난다고 해서 공허한 과잉성취를 멈추는 게 아니다. 그들은 삶의 모든 영역에서 남들에게 인정받는 목적지에 집착하고 그것에 도달하는 일에만 매진한다. 공허한 과잉성취자를 사무실 밖으로 내보낸다 하더라도 그들은 여전히 공허한 과잉성취자로 남는다.

한 내담자가 1년 동안 코칭을 받고 열심히 작업해서 방향을 따라 커리어를 키워나가는 법을 멋지게 배웠다. 그 결과 직업적으로 풍요롭고 충만한 삶을 살게 되었다. 나는 그녀와 우리가 함께한 모든 작업이 자랑스러웠다. 그러던 어느 날, 그녀가 내 사무실로 찾아와 상담을 청하며 그녀가 마주한 새로운 결정—엄마가 되는 일에 대해 이야기를 꺼냈다.

"아이를 가지려고 노력해야 할 때가 되었다고 생각해요."

그녀가 심드렁하게 말했다. 열의가 없는 게 바로 느껴졌다.

"흠… 별로 신나게 들리지 않네요?"

나는 이렇게 대꾸했다.

그녀는 아이를 '가져야 한다'고 느끼며, 만일 갖지 않으면 후회할 수도 있고, 기회를 놓치면 너무 늦어버릴 것 같다고 고백했다. 아이를 갖는 게 논리적으로 볼 때 부부 관계에서 다음에 와야 할 단계로 보이며, 현실적으로도 지금이 적절한 시점인 것 같다고 말했다. 그녀는 '성장'해서 '뿌리를 내려야' 할 때라고 주장했다. '모두'가 아기가 생기면 삶에 목적과 의미가 생긴다고 했다고 말했다. 그러더니 결국 조만간 아기를 갖지 않으면 남들에게 그녀가 이기적이고 미성숙해 보이고, 뭔가 문제가 있는 것처럼 보일 거라 생각한다고 털어놓았다. 사람들이 그녀가 왜 아기를 갖지 않는지 궁금해할 거라고 했다.

충만함 테스트를 실시해서 네 가지 조짐을 찾아 그녀의 의사 결정 논리를 분석해보자.

1. **의무**: 나는 아기를 가져야 한다.
2. **객관성**: 아기를 갖는 게 논리적으로 볼 때 옳은 다음 단계이고, 현실적이며 적절한 시점이다.
3. **외적 이미지**: 아기를 갖지 않으면 이기적이고 미성숙해 보이고 내게 뭔가 문제가 있는 것처럼 보일 것이다.
4. **결과**: 아기를 가지면 목적과 의미가 생기고 후회하지 않을 수 있다.

이 내담자의 의사결정 과정은 외부 요인에 의해 주도되고 있으며, 목적지향적이기 때문에 충만함 테스트를 통과하지 못했다. 게다가 잠재적으로 대단히 큰 여파가 있는 실패였다. 조화롭지도, 진실되지도 않으며, 내면을 따르지도 않고, **방향에 비추어** 옳은 결정도 아니었다. 그녀는 스스로에게 '당위'를 강요하고 있었다.

내가 이 점을 지적하자 그녀는 놀란 것 같았다. 하지만 그날 밤늦게, 그녀와 남편이 얼마나 안심했는지 알리는 음성 메시지를 보내왔다. 마치 더 기다려도 된다는 허락을 받은 것처럼 느껴진다고 했다. 나는 그녀가 정말 하고 싶은 말은 "오, 감사합니다! 지금 아이를 갖는다면 얼마나 힘들겠어! 이제야 살 것 같네!"였을 거라 믿는다.

다시 말하지만, 문제 상황 자체는 아무 문제가 없다. 그저 해당 내담자의 인생에서 그 시점에 아이를 갖는 것은 조화롭지 않은 결정이었을 뿐이다. 하지만 2년 뒤, 조화로운 결정이 바뀌었다. 그녀는 내게 임신했으며, 이번에는 그 결정이 충만함 테스트를 당당히 통과했다고 말했다.

당신도 이제 알게 되었으니 당신의 결정 곳곳에 존재하는 네 가지 조짐을 알아보기 시작할 것이다. 네 가지 조짐은 '크거나' '심각한' 결정에만 나타나는 게 아니다. 충만함과 무관한 소소한 상황에도 주의를 기울이길 바란다.

이 책을 집필하던 시기에 친구와 저녁을 먹으러 간 일이 있었다. 친구는 메뉴를 훑어보며 이렇게 말했다.

"샐러드를 먹어야겠어. 확실히 그게 건강에 더 좋잖아."

네 가지 조짐을 알리는 벨이 울렸다. 의무를 나타내는 '당위' 뒤에 '더 건강한' 선택이라는 '객관성'이 뒤따랐다. 나는 친구가 식사 후 만족하지 못할 것을 (그리고 결국 내 것을 먹게 될 것을) 알았다. 그래서 이렇게 말했다.

"그래. 하지만 진짜 주문하고 **싶은** 메뉴는 뭔데?"

그녀는 주저하지 않고 대답했다.

"여기가 홈메이드 파스타로 유명하거든. 그게 더 끌리기는 해."

다행히도 그녀는 파스타를 주문했다. 나는 친구에게 이렇게 말했다.

"이 일이 내 책에 실릴 거라는 거 알지?"

삶의 한 측면에 목적지향적인 전략을 적용하면, 전부는 아닐지라도 다른 측면―일, 연애, 결혼, 파트너십, 양육, 가족, 교우관계, 지역에서 맡은 자발적인 일, 취미, 살림, 운동, 음식, 정치에도 같은 전략을 적용할 가능성이 있다. 목적지향적 삶의 전략은 모든 것에 스며든다.

당신의 결정 방식이 삶을 대하는 태도를 나타낸다

당신이 목적지향적인 삶을 사는지 판단하는 가장 좋은 방법은 현재 고민 중이거나, 최근에 내렸거나, 과거에 내린 결정에서 네 가지 조짐을 찾아보며 직접 충만함 테스트를 해보는 것이다. 물론 하나의 결정만으로 사람을 판단하는 건 무리일지 모른다. 그러나 사람들이 결정을 내리는 방식을 살펴보면, 하나의 결정을 내리는 방식이 종종 인생에서 모든 (혹은 적어도 대부분의) 결정을 내리는 방식과 비슷하다는 것을 알 수 있다. 다시 말해 당신이 내린 결정 과정 하나만 내게 말해줘도 나는 당신의 인생에 대해 말할 수 있다.

1. **선택**: 얼마 전 내렸거나 현재 내리고 있는 결정을 떠올린다. 유독 기억에 남는 결정, 특히 내리기 어려웠던 결정을 떠올려도 좋다. 평가하기에 가장 완벽한 결정을 택하려고 너무 많이 생각하며 애쓰지 마라(나는 공허한 과잉성취자가 어떤지 잘 안다). 적당히 중요한 결정이면 충분하다. 이 테스트는 계속 반복할 수 있다(사실 당신이 그렇게 하리라 예상한다). 그러니 어떤 결정이든 마음에 처음으로 떠오르는 것이면 괜찮다. 아무것도 떠오르지 않는다면, 여기 몇 가지 아이디어가 있다. 예를 들어 학교나 전공의 선택, 일자리, 이사, 결혼 또는 헌신적인 관계, 가족계획, 커리어의 변경을 떠올리면 된다. 크든 작든 어떤 결정이라도 괜찮다. 다만 이 맥락에서 우리의 목적을 위해 당신이 충분히 많은 시간을 들였고 그 사고과정을 기억할 수 있을 만큼 충분히 중요한 결정이면 가장 좋다.

2. **관찰**: 그 결정의 근거가 된 당신의 논리를 적는다. 그 결정에

대해 지금 어떻게 생각하는가 혹은 그 당시 어떻게 생각했는 가? 당신의 결정에 어떤 변수나 요소가 영향을 주거나 주었는가? 지금 당장은 네 가지 조짐을 무시하려고 노력하라. 네 가지 조짐에 대해 들어본 적이 없는 척하라. 여기서 목표는 당신의 사고 과정과 어떤 변수들이 그것에 영향을 미치거나 미쳤는지 간단히 설명하는 것이다.

3. **분석:** 이제 당신의 의사결정 논리를 다시 읽고 네 가지 조짐을 나타내는 요소들을 찾는다. 형광펜을 사용해서 찾아볼 수도 있다.
   1. 의무('당위'): _____
   2. 객관성 + 논리: _____
   3. 외적 이미지: _____
   4. 결과: _____

4. **결과:** 어떤 조짐이 보이는가?

   그렇다 = 충만함 테스트를 통과하지 **못함.**

   아니다 = 충만함 테스트 **통과.**

만일 네 가지 조짐 가운데 무엇이든 발견했다면, 당신의 결정은 충만함을 가져오지 못할 가능성이 매우 높아(또는 충만함을 가져오지 못해서) 실패로 여겨질 것이다. 희소식은 이 문제만을 다루는 책이 있다는 것이다. 그러니 계속 읽어라.

만약 당신이 아니라고 대답했다면, 축하한다! 이 결정은 당신에게 충만함을 가져다줄 (혹은 이미 가져다줬을) 가능성이 높다. 이 결정이 당신의 진정한 자아와 조화를 이루고 방향에 비추어 옳다는 뜻이다.

하지만…확실한가? 만일 당신이 공허한 과잉성취자이고 지금까지 소개한 공허한 과잉성취자들의 사례에 공감한다면, 이전에 조화롭고 과정 중심적인 결정을 내리기 위해 애를 쓴 적이 있는 게 아닌 한 (또는 당신이 이 책을 전부 읽은 후 다시 이 부분으로 돌아온 게 아닌 한) 당신이 충만함 테스트를 통과할 가능성은 희박하다. 그러니 테스트를 제대로 하고 있는지 다시 점검하라.

만일 이 테스트를 진행하는 데 어려움이 있다면, 가까운 지인에게 당신의 사고 과정을 설명하고 주의 깊게 들으며 네 가지 조짐을 찾아달라고 부탁한다.

네 가지 조짐이 동시에 나타나는 상상을 하며 테스트를 진행하면 똑똑하고 전략적 사고를 하는 사람도 제대로 된 판단을 할 수 없다. 그런 상상은 의사결정 과정의 현실을 반영하지 못한다. 우리가 **가설**이 아닌 **실제** 의사결정 논리를 평가하고 있음을 명심하라. 그러므로 네 가지 조짐이 나타날 염려를 접어둔 채, 당신의 말로 당신의 결정을 자세히 설명하면서 시작하는 게 핵심이다.

이 책을 예로 들어보자. 누군가 '**나는 책을 써야 해**' 하고 생각할 수 있다. 그렇게 하면 권위와 존경을 '얻게' 될 거라 생각할 수 있다. 책을 쓰는 게 성공적인 커리어를 구축하는 과정에서 다음에 취해야 할 논리적인 단계이며, 객관적으로 '중요한' 일이라고 생각할 수 있다. 이 책을 쓰기로 한 나의 결정은 다른 모든 결정이 그렇듯 공허한 과잉성취자의 결정일 수 있다. 내가 이 책을 집필해야만 한다고 스스로에게 '당위'를 부여했다면? 이것이 방향에 비추어 옳은 결정이 아니라 '객관적으로 옳은' 결정일 거라고 판단했다면, 외적 이미지가 그런 결정을 내리게 했다면? 아울러 책을 출간하는 일이 내게 무엇을 가져다줄지만 전적으로 생각했다면? 물론 할 수 있다.

하지만 나는 이 집필 프로젝트에 착수하기 전, 아주 철저하게 충만함 테스트를 실시했다. (만일 하지 않았다면 얼마나 엉망이었겠는가?) 집필을 하는 동안 가장 힘든 시기가 찾아왔을 때, 나는 충만함 테스트를 다시 실시해서 이 프로젝트가 여전히 테스트를 통과하는지 확인했다. 내 좌절이 이 프로젝트가 나와 조화롭지 않는다는 신호인지, 창작 과정에서 누구나 겪는 좌절인지 확인했다. 나는 테스트를 통과했고, 그렇기 때문에 설령 이 책을 담당한 최고의 편집자가 전화를 걸어 내가 더 이상 이 책을 집필할 필요가 없으며 **아울러** 선인세를 돌려줄 필요도 없다고 말했다 해도, 나는 **여전히** 다음 날 아침 그리고 그 이후 매일 아침마다 책이 완성될 때까지 원고를 작성하고 다듬는 작업을 했을 것이다. 그러고 나서 독립출판으로 책을 발간(만일 그게 내 헤드라이트가 보여준 길이라면)하거나 이 책을 세상에 내놓기 위해 무슨 일이든 했을 것이다. 이 책이 세상에 나오는 과정에서 나는 어떤 일도 마다하지 않았을 것이다(내 말을 믿어 달라. 때로 나는 이런 상황이 벌어지지 않길 바란다). 내게 이 책은 나의 진정한 자아와 조화롭고 방향에 비추어 옳은 결정이었다. 이 책을 집필**하지 말아야 한다고** 나를 설득하는 어떠한 시도도 충만함 테스트를 통과하지 못했다.

하지만 바로 한두 해 전에, 사실 이 책을 집필하는 일이 충만함 테스트를 통과하지 못한 적이 있었다. 한 에이전트가 내게 연락을 해, 한두 차례 회의를 하고서 제안서를 작성하고 기한과 제목과 논조에 대해 의견을 나누었다. 그런데 이상하게도 나는 침체되어 있고 신이 나지 않았다. 거의 즉시 그리고 무척 실망스럽지만, 나는 전 과정을 중단시켰다. 당시 나는 그 일이 충만함 테스트를 진정으로 통과할 날이 언제 올지 전혀 알 수 없었다.

또한 이것이 바로 우리가 공허한 과잉성취에 대한 평가를 외부의 시선에 맡길 수 없는 이유다. 운전석에 앉은 당사자를 제외하고 그 누구도 무엇이 조화롭고 방향에 비추어 옳은지 알 수 없다. 보편적으로 옳은 선택이란 없기 때문이다. 나는 내담자의 내면의 목소리를 살펴보고 의사결정 과정에 대한 이야기를 자세히 들어보지 않고서는 그의 결정이 충만한 것인지 아닌지 알 수 없다. 내 이야기를 듣지 않고 책장에 진열된 책만 보고서는 내 책을 집필한 일이 내게 충만하고 방향에 비추어 옳은 노력이었는지 아니었는지 알 수 없다. 우리는 때로 성취를 많이 하는 사람들이 삶에 대단히 만족하거나 아니면 반대로 너무 지쳐서 불행할 거라고 추측한다. 하지만 진짜로 그들이 어느 쪽인지 겉만 보고 알 수 없다. 이것이 바로 당신이 상대방의 내면을 가까이서 들여다볼 수 있는 게 아닌 한, 당신 자신을 제외하고 다른 누구도 공허한 과잉성취자로 함부로 진단하지 말라고 강조하는 이유다.

하지만 모든 훌륭한 회복 과정이 그러하듯, **당신 자신**에 대한 철저한 평가는 아주 중요한 첫 단계다. 이제 목적지향적 삶이 가진 문제와 이 방식이 당신의 삶을 좌지우지하는 방법에 대한 명확한 그림을 갖고 있길 바란다. 당신은 공허한 과잉성취의 증상들을 알며, 자신을 빠르고 쉽게 평가할 수 있는 진단 도구도 갖고 있다. 당신이 여기까지 왔다는 것은, 당신이 실제로 목적지향적 삶을 사는 충족하지 못한 과잉성취자임을 깨달았다는 뜻일 것이다. 축하한다! 당신은 다음 단계로 나아갈 준비가 되어 있으며, 의미 있고 지속되는 충만함에 한 걸음 더 가까워졌다. 이제 무엇이 충만함을 주고 무엇이 불만족스러운지의 문제가 더 이상 미스터리가 아님을 당신은 알고 있다.

5장

2단계
: 조화로운
선택지 찾기

PHASE II: ALIGN

여기 내 입에서 절대 나오지 **않을**, 하지만 흔히 들을 수 있는 삶과 커리어에 대한 조언이 있다.

"행복을 따르세요. 직감을 믿으세요. 당신이 좋아하는 일을 하세요. 마음만 먹으면 무엇이든 할 수 있습니다!"

이러한 말들 가운데 어느 것도 나쁘거나 잘못되지 않았다. 단지 도움이 되지 않을 뿐이다. 내가 길을 잃고 고군분투하고 있을 때 사람들이 내게 저런 말을 하면, 나는 항상 이렇게 대답하고 싶었다.

"만일 내가 내 행복이 무엇인지 알거나 내 '직감'이 무엇을 말하는지 안다면 진즉에 그걸 하고 있지 않겠어요?"

코칭 수련을 받는 동안 나는 공허한 과잉성취자들을 유독 좌절하게 만드는 질문을 그들에게 하라는 말을 듣고 놀랐다.

"당신이 **정말로** 원하는 게 무엇인가요?"

언뜻 보기에 이 질문은 유용해 보일 수도 있다. 하지만 공허한 과잉성취자에게(가령 당신에게) 이 질문을 하면 십중팔구 공허하거나 몹시 당황한 눈빛을 보게 될 것이다.

다시 말하지만 나쁜 질문이라는 뜻이 아니다. 오히려 우리는 그 질문에 대한 답을 찾길 원한다. 이 질문은 유용한 사고 훈련이 될 수 있다. 하지만 이런 질문이 놓치는 게 있다. 대부분의 공허한 과잉성취자들에게 자기만의 비밀스러운 꿈이 없는 것이 아니다.

문제는 우리가 무엇을 원하는지 전혀 알지 못한다는 것이다. 우유부단하거나, '직감'에 귀 기울일지 몰라서, 혹은 좋아하는 게 전혀 없어서가 아니다. 우리가 바라는 것을 아는 **방법**을 잊었기 때문이다. (내가 편의점에서 각티슈를 고르지 못해 난감했던 경험이 기억나는가?) 우리는 우리의 '직감'이 말하는 것을 (운이 좋으면) 제한적으로나마 알거나 전혀 알지 못한다. 평생 의식에서 그것을 지우며 살았기 때문이다.

우리가 진정으로 원하는 것, 즉 우리의 조화로운 야심이 무엇인지 말할 수 있기 전에 먼저 그것을 어떻게 알 수 있는지를 배워야 한다. 즉 진정한 자아와 조화를 이루는 법을 배워야 한다. 그렇게 하기 위해 몸과 마음과 가장 진정한 자아가 함께 작동하는(또는 작동하지 않는) 방식을 이해해야 한다.

컴퓨터 운영 시스템처럼 우리에게는 우리의 '생존'과 '번영'을 유지하는, 막후에서 작동하는 핵심 운영 체제가 있다. '생존' 부분은 "달리는 차를 피해!"와 같이 매우 중요한 지시를 한다. 또한 "이 일을 그만두면 죽을지도 몰라. 절대 그만두지 마!", "관직에 출마하는 건 너무 위험한 짓이야. 절대 당선될 리 없어"와 같이 도움이 안 되는 말도 많이 한다.

더불어 더 큰 무언가를 갈망하고 존재에 대한 고민을 하는 '번영' 부분도 있다. 바로 "호기심을 따라" 하고 말하는 부분으로, "코칭이란 게 무엇인지 가서 알아봐", "스탠딩 록에 가"와 같은 말을 한다.

생존 부분은 편도체가 운영하는 곳으로, 원시적이고 오래되었다. 그래서 편도체는 간혹 '도마뱀의 뇌'라고도 불린다. 반대로 번영 부분은 좀 더 최근에 진화된 부분으로, 전전두피질이라는 보다 진화된 부분이 운영한다. 그 결과 더 오래된 생존 부분이 우세를 점하면, 의미와 목적을 지닌 아름다운 삶으로 나아가게 하는 번영 부분은 뒷전으로 밀린다. 번영 부분의 목소리는 훨씬 더 조용하고 듣기 어렵다. 이것은 우리가 삶과 우리 자신을 두려움의 렌즈를 통해 바라보도록 미리 정해져 있다는 뜻이다. 심리학에서는 이것을 부정 편향이라고 한다.

또한 도마뱀의 뇌는 미세한 차이를 구분하지 못하고 경보 시스템에 과도하게 반응하여 무엇이든 새롭거나 불확실한 것을 대단히 큰 위협으로 본다. 데이트 신청을 하거나 취업을 위한 면접을 보는 과정에서 겪을 수 있는 망신의 '위협'을 커다란 야생 동물의 추격으로 목숨이 경각에 달린 경험과 구분하지 못한다.

생존 부분과 번영 부분이 함께 잘 작동하도록 하는 방법을 알지 못하면, 이 둘은 종종 우리 안에서 갈등을 일으켜 의사결정을 어렵게 만들 것이다. 번영 부분은 우리가 불확실성 속에서도 도전하게 만드는 진실성, 독창성, 창의성과 같은 것들을 원한다. 생존 부분은 그런 것을 무척이나 싫어한다. 생존 부분의 좌우명은 '나중에 후회하는 것보다 안전한 게 낫다'인 반면, 번영 부분은 '위험이 없으면 보상도 없다'를 주장한다.

연애를 시작할 때를 생각해보라. 번영 부분은 이렇게 외친다.

"좋아! 중요한 건 친밀감과 호기심과 공감이야! 의미 있고 진지한 관계를 맺는 거야! 계속 탐색해 봐!"

한편 이 사람이 당신에게 가장 완벽하게 맞는 소울메이트라 해도, 당신의 생존 부분은 이렇게 외친다.

"안 돼! 너무 많이 노출하면 취약해지고 불확실해져. 너무 많은 위험을 감수하면 실패하게 된다고. 고통스러울 수 있다고! 위험 부담이 너무 커. 도망쳐!"

당신은 어느 쪽의 말에 귀 기울이고 싶은가?

생존 부분은 우리를 보호하기 위해 존재하지만, 너무 큰 목소리로 겁을 주며, 두려움을 키우는 모습으로 자주 등장한다. 또, 우리가 더 큰 무언가를 찾지 못하게 막는다. 그래서 나는 이것을 '두려워하는 자아Fear Self'라고 부른다.

지금까지 설명한 것이 대부분의 사람을 움직이는 인간 작동 표준 시스템이다. 하지만 공허한 과잉성취자들에게는 완전히 다른 수준의 추가적인 혼란과 기능 마비를 일으키는 것이 있다. 바로 목적지향적인 삶이라고 불리는 시스템의 오류다. 이것 때문에 우리는 번영 부분의 목소리를 훨씬 더 듣기 어렵다.

목적지향적인 삶은 본질적으로 두려움에 기반한 생존 철학이다. 결과를 통제해서 안정과 보존, 그리고 불확실성의 최소화를 추구한다. 두려워하는 자아가 아주 좋아하는 접근법이다.

우리 공허한 과잉성취자들은 목적지향적인 삶이 '생존' 전략이 아니라 '번영' 전략이라고 확신한다. 목적지향적인 삶의 태도는 우리를 혼란스럽게 만들고 '두려워하는 자아'가 마치 우리의 번영 부분인 양 속삭이는 것에 귀를 기울이게 만들었다. 이것이 바로 목적지향적인 삶이 그토록 오랫동안 많은 사람을 인질로 잡는 데 성공한 이유다. 그것은 마치 우리의 충만함과 진실성과 더 큰 무언가를 지지하는 것처럼 행동한다. 하지만 실제로는 우리가 계속 순응하고, 순종하고, 정체되게 만든다. 우리의 작동 시스템은 해킹당했다. 우리에게 번영과 아주 큰 충만함을 약속하는 페이지가 백만 개쯤 펼쳐진 것처럼 보이지만, 실제로는 죽은 링크와 포르노 사이트에 불과하다.

답은 당신 안에 있다

그렇다면 어떻게 하면 '두려워하는 자아'에게 짓눌리지 않으면서 번영 부분을 따를 수 있을까?

진정한 자아true yourself에게 맞추면 된다.

목공에서 true라는 단어는 동사다. 정확하게 맞추거나 일치시키는 것을 뜻한다. 만일 마루, 탁자, 바퀴, 집 등이 휘어있거나 변형되었거나 비뚤어져 있다면, 원래의 의도된 상태로 되돌려 그 역할까지 되살릴 수 있다.

이것이 우리가 회복을 시작하는 지점이다. 목적지향적으로 왜곡된 사고를 다시 정확하게 맞추면 된다. 그러기 위해 머릿속 대부분을 차지하는 두려움에 기반한 생각들과 우리를 번영으로 이끄는 생각들을 구분하는 법을 배워야 한다. 이 왜곡을 바로잡는 과정은 아주 중요하다. 눈금을 적절하게 조절하는 게 방향을 따르는 삶에 이르는 열쇠다. 제 기능을 하는 번영 부분이 없으면 충만함을 이룰 수 없다.

올바르게 맞춰진trued 번영 부분 혹은 지금부터 내가 '진정한 자아'라고 부를 부분은 방향을 따르는 삶에서 가장 핵심적이고 기본적인 도구다. 이것을 직관, 직감 혹은 내면의 힘이라고 부르기도 한다. 어느 것이든 당신에게 맞는 말을 사용하라. 원한다면 프레드라는 이름을 붙여서 불러도 좋다. 사실 나는 당신이 결국에는 이에 스스로 이름을 붙이길 바란다. 일단 지금 이 책에선 당신의 진정한 자아라고 부르자.

당신의 진정한 자아는 당신 내면의 길안내 시스템에 동력을 전달한다. 그러면 시스템이 당신에게만 맞는 방향을 지속적으로 업데이트해서 제공한다. 이 방향을 따르면 당신은 진정한 자아에 가장 조화롭고 방향에 비추어 옳은, 충만함에 이르는 길을 가게 된다. 이것이 "내가 **정말로** 원하는 게 무엇인가?"라는 질문에 대한 답을 품고 있는 부분이다. '진정한 자아'는 호기심과 당신을 신나게 하는 것들을 통해 당신에게 말한다. 우리는 (아웃소싱을 하는 대신) 이 시스템을 통해 의사결정을 내린다. 진정한 자아는 맹목적인 야심에서 우리를 빼내어 우리만의 고유하고 조화로운 야심으로 인도해준다.

아울러 진정한 자아는 대단한 회복탄력성을 가졌다. 실시간으로 방향을 재설정하고, 계속 유턴을 하고, 길을 잃어도 더 큰 무언가에 이르는 당신만의 길을 찾을 수 있다. 만일 당신이 '직감에 의한 반응'을 결코 경험하지 못했고, 직관을 믿지 않고, 목소리가 아주 큰 두려워하는 자아를 가졌다 해도, 두려운 자아가 있다면 진정한 자아도 있으니 염려하지 마라. 우리는 그것을 찾을 수 있다. 진정한 자아는 희귀하지 않으며, 불만을 품지도 않는다.

얼마나 신나는 일인가! 이는 도시 전설이 아니다. 당신이 늘 원해왔던 것이다. 당신이 필요로 했던 당신의 삶에서 무엇을 해야 하는지 말해줄 권위 있는 존재다. 당신이 이미 그것을 가졌다는 것을 몰랐을 뿐이다! 당신에겐 삶에서 무엇을 해야 할지 정확히 아는 일부가 **있다!** 진정한 자아는 충만함과 목적과 의미가 어디에 있는지 알고 있으며, 당신에게 그곳에 도달하는 단계별 지침을 알려주고 싶어 한다. 일단 그것이 당신의 진실성과 방향이 맞춰지면 무척 신뢰할 만하고 의지할 수 있다. 이걸 다른 말로 표현하면 다음과 같다.

"답은 당신 안에 있다!"

누군가 이 말을 내게 했을 때, 나는 매우 화가 났다. 하지만 고백하건대 이 말을 내가 지금 하고 있다. 아무리 맞는 말이라고 해도 진부한 말들 그 자체로 얼마나 짜증이 나는지 잘 안다. 하지만 내 말을 참고 듣길 바란다. 나는 당신을 내면세계라는 황무지에서 목표도 없이 보물찾기를 하라고 내보내지 않을 것이다. 이 책은 여기서 끝나지 않는다. 진정한 자아는 생각보다 훨씬 더 실용적이고 구체적이다. 그리고 나는 당신에게 그것을 찾아 활용하기 위한 단계별 과정을 구체적으로 가르쳐줄 것이다.

도난 경보와 초인종을 구분하는 법

나는 사람들에게 A-B 세션이라고 부르는 일회성 단기 세션을 제안하곤 했다. 그 세션에서 나는 내담자와 함께 갈림길 또는 변곡점에서 시의적절한 결정을 찾는 데 집중하여 가장 조화로운 선택지 A 또는 선택지 B를 평가했다. 이러한 세션은 보통 어느 대학원에 진학해야 하는지, 어떤 일자리 제안을 수락해야 하는지, 관계를 정리해야 하는지 유지해야 하는지, 국내나 해외로 멀리 이사를 가야 할지와 같은 문제들을 다뤘다. 하지만 아기의 이름, 결혼식 장소, 브랜드 구축, 심지어 책의 제목과 같은 주제에 대해서도 A-B 세션을 하고 싶다는 요청을 받기도 했다. 그리고 매해 1월마다 어김없이 의료 전공과목 선택을 위한 세션을 요청하는 사람들이 있었다.

미국에서 의료인 수련 제도가 어떻게 운영되는지 모르는 독자들을 위해 설명하자면, 우선 4년제 의과대학을 마치고 나면 특정 전공과목의 전공의 수련 프로그램에 지원하게 된다. 학생들은 자신의

우선순위에 따라 프로그램을 정해 지원하고, 3월에 있는 매치 데이Match Day에 전공의 수련을 어디에서 하게 될지 알게 된다(무섭게도, 더러 할 수 있을지 **여부**를 통보받기도 한다). 이 과정에서 수많은 전략이 펼쳐진다. 어떤 전공과목이 수요가 가장 많을지 아니면 적을지, 어느 병원이 현재 더 혹은 덜 바람직하다고 여겨지는지 등등. 당연하게도 어떤 프로그램을 하는지가 앞으로의 업무량, 소득, 삶의 질 등 커리어에 지대한 영향을 미친다.

알레그라는 새해 초에 나를 찾아왔다. 의대 4년 과정을 마쳤고, 전공의 수련 문제를 앞두고 있었다. 그녀는 신경외과와 정신의학과 사이에서 심하게 갈등했다. 둘 다 택하고 싶으면서 동시에 둘 다 원치 않는다며 혼란스러운 마음을 설명했다. 그녀는 항상 자신이 의사가 될 거라는 것을 알았고, 그냥 의사가 아닌 뇌수술을 하는 외과 의사를 꿈꿨다. 부모님이 의대에서 만났고, 어머니는 심장외과의였다. 알레그라는 어린 시절부터 생물학, 특히 뇌에 매료되었다. 그래서 가능한 모든 의대 예비 과정 인턴십과 신경학 연구실 자리를 거쳤다. 그녀는 스스로를 '신경학에 집착한다'고 표현했다. 다른 전공과목은 고려해본 적도 없었다.

그녀에게 정신의학과 전문의가 필요해지기 전까지 그랬다. 의대를 한창 다니던 중 번아웃과 우울, 불안을 겪었다. 그녀는 자신이 의대를 좋아하지 않는다는 사실을 깨닫고 큰 충격을 받았다. 학교를 사랑했기 때문이었다. 그녀는 생물학을 사랑했다. 미래에 의학 공부를 하고 있는 자신을 늘 상상했다. 그녀는 의대가 그녀를 빛나게 해줄 거라 믿었다. 하지만 그렇지 않았다. 그래도 의대 공부가 필요하고 할 만한 가치가 있다고 판단했다. 알레그라는 신경외과의가 되고 싶었고, 의대는 그 꿈에 도달하는 길이었다. 늘 그래왔듯이 '이겨내고 결국 이룰 수 있다'는 것을 알았다. 그래서 정신의학과 전문의의 도움을 받으면서 기어이 의학 공부를 해냈다. 전문의와 힘을 합쳐 노력하자 상황은 견딜 만해졌다.

하지만 동시에 혼란스러워졌다. 알레그라는 그녀를 담당한 정신의학과 전문의를 진심으로 존경했다. 똑똑하고 직관이 뛰어나며, 그 전문의의 보살핌으로 그녀의 삶이 바뀌었다. 신경외과 지망생이 정신의학과 전문의가 되는 꿈을 꾸게 될 정도였다. 알레그라가 생각하기에 이것은 큰 문제였다. 일종의 방해 요소였다. 그녀는 이 생각을 무시하려고 애썼다. 하지만 전공의 과정을 위한 면접을 보러 다닐 때가 되자 '단지 정신의학과를 선택하지 않기 위해' 정신의학과 면접도 보는 게 '낫겠다'고 판단했다. 하지만 그렇게 하자 마음의 갈등이 더 심해졌다.

나와의 세션을 갖기 전에, 알레그라는 내게 자신과 각 학과의 장단점, 통계와 확률, 다른 사람들이 준 조언이 담긴 여러 개의 탭으로 구성된 커다란 스프레드시트를 몇 개 보냈다(이런 종류의 문서화는 공허한 과잉성취자 사이에선 꽤 흔하다). 그녀가 내 사무실을 방문했을 때, 그녀의 눈 밑에는 다크서클이 짙었다(이 역시 흔하다). 나는 문서를 공유해줘서 고맙다고 했다. 그러고 나서 친절하게 그 자료 가운데 어떤 것도 그녀의 판단력을 명료하게 해주지 못할 거라고 말했다. 나는 그 자료들을 치우고 다른 방법을 시도해도 될지 물었다. 그녀는 내키지 않아 했지만 결국 동의했다.

초등학교 과학 수업에서 나침반 근처에 자석을 두고 그것을 이용해서 나침반 바늘의 방향을 바꾸어 계속 돌게 만드는 실험을 해 본 적이 있는가? 공허한 과잉성취자가 가진 내면의 길안내 시스템이 바로 그런 모습이다. 알레그라가 내 사무실에 방문했을 때 두려움과 목적지향적 삶에 지배당한 그녀의 길안내 시스템 역시 자석에 이끌린 나침반 바늘처럼 계속 돌고 있었다. 불교 작가이자 교사인 이선 니크턴Ethan Nichtern은 그의 저서 《집으로 가는 길The Road Home》에서 이렇게 적었다.

"인간의 신경계에 사는 건 초인종과 도난 경보가 정확히 똑같은 소리를 내는 집에 사는 것과 같다."

공허한 과잉성취자를 회복시키는 과정에서 그리고 특히 우리가 진정한 자아에게 맞추는 과정에서 해야 할 일은 도난 경보(두려워하는 자아)와 초인종(진정한 자아)을 구분하는 법을 배우는 것이다.

감각을 입어 보기

진정한 자아

아이들이 하는 놀이인 '따뜻해-차가워 놀이warmer-colder game'를 바탕으로 한 의사결정 모델이 있다. 이 놀이는 한 사람이 물건을 숨기고 다른 사람이 올바른 방향으로 다가가거나 숨긴 물건에 가까워지면 "따뜻해!", 엉뚱한 방향을 향하거나 멀어지면 "차가워!"하고 외치는 방식으로 진행된다.

여기서 우리는 이 놀이의 개인 버전을 실시할 것이다. 내면의 길안내 시스템은 당신이 방향에 비추어 옳을 때는 "따뜻해!", 방향에 비추어 옳지 않을 때는 "차가워!"라고 외치는 방향계처럼 작동한다.

우선 당신이 정말 절대적으로 좋아하는 무언가를 생각한다. 온전히 있는 그대로의 당신으로 편안하게 만들어주는 물건, 사람, 장소 등이어야 한다. 생각만 해도 행복해지는 대상 말이다. 반려동물, 휴가지, 예전에 살던 곳, 좋아하는 일, 멘토, 어린 시절 양육자, 활동, 노래, 친구, 특정한 기억, 항상 기분 좋아지는 옷 등 무엇이든 될 수 있다.

너무 고민하지 마라. 머릿속에 바로 떠오르는 것이 좋다. 나중에 언제든지 다시 정할 수 있다. 계속 해나가며 바꾸면 된다!

알레그라는 그녀가 무엇을 가장 좋아하는지 바로 떠올렸다. 메인주에 있는 조부모님의 오두막이었다. 그녀는 성장기에 그곳에서 여름을 보냈다. 나는 그녀에게 눈을 감고 그곳을 묘사해 보라고 했다. 그녀는 주변 해안과 바다, 바람의 결, 풍성한 햇볕, 아이스크림의 맛, 싱싱한 옥수수와 토마토, 정원의 바질 향, 사촌들과의 수영, 옥외에서의 샤워, 할아버지의 닭달, 할머니와의 카드놀이가 얼마나 좋았는지 설명했다.

나는 알레그라에게 이 장소를 떠올리면 어떤 기분인지, 어떤 감각과 감정을 그 장소와 연관 지을 수 있는지 물었다.

"자유롭고, 평화롭고, 차분하고, 온전히 있는 그대로의 나이고, 즐겁고, 편안하고, 기쁘고, 행복하고, 안전하고, 보살핌을 받고, 지지받고, 안정되고, 만족스러워요."

나는 그녀에게 이 장소를 떠올리면서 동시에 그녀의 몸을 살피고 특히 내 사무실에 도착했을 당시의 느낌과 비교해서 몸의 변화를 관찰하라고 요청했다.

많은 공허한 과잉성취자에게 이것은 어려운 일일 수 있다. 우리는 우리 몸 안에 있는 정보를 찾는 일에 익숙하지 않기 때문이다. 우리는 뭐든지 일단 머리로 생각하는 경향이 있다.

나는 내가 알아챈 알레그라의 변화를 말해주며 그 가운데 그녀도 느껴지는 게 있는지 물었다.

"호흡이 느려지고, 어깨에 긴장이 풀리고, 얼굴 근육이 이완되고, 목소리가 바뀌었어요."

알레그라는 내 말에 이렇게 덧붙였다.

"뇌가 덜 복잡하고, 위에 뭉친 게 풀린 것 같고, 속박된 듯한 느낌이 사라졌어요."

이러한 신체 감각을 기억하라. 내면의 사진을 찍듯이 떠오르는 감각과 이미지를 저장한다. 사진에 보이는 자신의 모습을 어떻게 요약할 수 있는가?

알레그라는 대답했다. "그 오두막에서 저는 온전히 있는 그대로의 저예요. 나로 있는 건 정말 편해요. 와우!"

진정한 자아 찾기

1) 내가 정말 좋아하는 것

: _____

2) 당신이 정말 좋아하는 것을 묘사한다. 그리고 그것
과 관련된 핵심 단어들을 열거한다.

: _____

3) 정서적으로 어떤 느낌인지 묘사한다.

: _____

4) 그것으로 인해 신체적으로 어떤 느낌이 드는지 적
는다.

: _____

5) 이럴 때 당신은 누구인가?(한두 개의 핵심 단어로 표현
한다.)

: _____

있는 그대로의 나로 있을 때 느끼는 편안함, 안도감, 평온함은 내면의 길안내 시스템이 제시하는 '방향에 비추어 옳은' 안내다. 초인종이 울리고 있는 것이다. 이러한 감각들을 통해 당신의 진정한 자아와 가장 잘 맞는, 가장 조화로운 길을 알 수 있다. 이것이 당신의 진정한 자아가 하는 말이다. "이리 와, 이 길이라고!"

이 목소리, '온전한 나', '우와'라는 이 느낌—알레그라의 경우 이것을 '오두막'이라고 부르기로 했다—이 바로 당신의 '따뜻함'이다. 이제 회복 모임에서 흔히 나누는 조언—"따뜻한 곳으로 가세요"—에 귀 기울이면 된다.

두려워하는 자아

따뜻함을 그 반대와 비교해보자. 바로 '차가움'과 두려워하는 자아가 제시하는 '방향에 비추어 옳지 않은' 안내를 말한다.

이번에는 당신이 정말 싫어하는 것, 찝찝하고 역겹고 불편한 것을 떠올린다. 그렇다고 극단적이거나 트라우마가 있는 대상일 필요는 없다. 그런 것은 권하지 않는다. 비록 상상일지라도 스스로를 보호해야 하기 때문이다. 하지만 대단히 싫어하는 것이어야 한다.

간단히 해보자. 당신이 싫어하는 일 혹은 음식을 떠올려보자. 아니면 들으면 움츠러드는 소리도 좋다. 당신의 피가 끓게 만드는 정치인, 가장 두려워하는 일, 다시는 돌아가고 싶지 않은 순간도 좋다.

알레그라는 '레치Lech 교수'를 떠올렸다. 나는 그녀가 그를 떠올리자마자 몸서리치는 것을 보았다. 그는 전에 알레그라를 가르쳤던 괴팍하고 성차별이 심한 교수로, 강의를 듣는 여학생들을 대상으로 자신의 권력을 휘두르며 성희롱을 했다. 안타깝게도 그가 필수과목을 가르쳤기 때문에 그의 수업을 피할 수 없었고, 학교는 쏟아지는 항의를 일관되게 무시했다. 그의 성이 호색한을 뜻하는 단어 lecher(레처)와 운율이 맞아떨어져서 모두 그를 레치 교수라고 불렀다.

앞서 했던 질문을 반복한다. 이것을 떠올리면 어떤 느낌인가?

알레그라는 대답했다.

"슬프고 역겨워요. 찝찝하고 움츠러들어요. 화가 나고 답답해요. 작아진 것 같고 불편해요. 그냥 싫어요."

구체적으로 어떤 신체 감각이 나타나는가? 머리부터 시작해서 몸 전체를 면밀히 살펴본다.

알레그라는 그녀의 몸을 천천히 살펴봤다.

"뜨거워요. 머리가 욱신거려요. 어깨와 목이 굳고, 호흡이 얕아지고 빨라졌어요. 위가 아프고 구역질이 나요. 목에 뭔가 걸린 것 같아요. 눈물도 나고요."

거의 끝났다. 다시, 이 느낌을 기억하라. 이 불편함을 그대로 기억하라. 내면의 사진을 찍는다.

레치 교수와 있을 때의 느낌을 어떻게 요약할 수 있는가? 알레그라는 '우웩'이라고 표현했다.

불편하고 어색한 느낌이 바로 '차갑고' '방향에 비추어 옳지

두려워하는 자아 찾기

1) 내가 정말 싫어하는 것

: _____

2) 당신이 정말 싫어하는 대상을 묘사한다. 그리고 그
  것과 관련된 핵심 단어들을 열거한다.

: _____

3) 그것을 떠올리면 정서적으로 어떤 느낌이 드는가

: _____

4) 그것을 떠올리면 신체적으로 어떤 느낌이 드는가

: _____

5) 이럴 때 당신은 누구인가?(한두 개의 핵심 단어로 표현
  한다.)

: _____

않은' 지시가 몸에서 나타나는 방식이다. 내면의 길안내 시스템이 보내는 경고다. "잘못된 길이야! 방향을 돌려!"

종합하기

앞에서 경험한 양 극단에 있는 길안내를 합쳐보자. 알레그라가 한 것처럼 핵심 단어들을 아래에 적는다.

오두막

방향에 비추어 옳음/
조화로움/따뜻함

레치 교수

방향에 비추어 옳지 않음/
조화롭지 않음/차가움

이제 이 항목들을 한 번에 하나씩 골라 옷을 입어보듯이 마음 속으로 입어본다. 양쪽을 번갈아가며 입어본다. 알레그라의 경우는 이런 모습이다.

오두막, 레치 교수, 오두막, 레치 교수…

그렇게 하면서 정서적으로나 감각적으로나 이것이 어떤 **느낌**인지 주의 깊게 살핀다. 신체 감각은 잘 맞춰진 내면의 길안내 시스템으로 가는 지름길이다.

오두막, 레치 교수, 오두막, 레치 교수…

방향에 비추어 옳다, 방향에 비추어 옳지 않다, 방향에 비추어 옳다, 방향에 비추어 옳지 않다…

따뜻해, 차가워, 따뜻해, 차가워…

이 양 극단의 차이가 무엇인지 말로 설명할 수 있는가? 무엇을 알아챘는가?

내 경우, 나의 길안내 시스템을 재조정해야 할 때, **코칭**(따뜻함)과 **구글**(차가움) 사이를 오간다. 이렇게 하면 나의 방향에 비추어 옳은 것과 방향에 비추어 옳지 않은 것이 어떤 느낌인지 알 수 있다.

신체 감각을 쉽게 찾을 수 있는 힌트를 주자면, '가볍고 옳다(따뜻함)' 대 '어렵고 무겁다(차가움)'이라 할 수 있다.

가볍고 옳다 vs. 어렵고 무겁다

알레그라의 경우, 그녀가 앞서 말한 것에서 가져온 두 단어로 정리했다.

우와 vs. 우웩

당신의 핵심 단어 두 가지는 무엇인가?

_____ vs. _____

알레그라의 사례

방향에 비추어 옳음/ 조화로움/따뜻함	방향에 비추어 옳지 않음/ 조화롭지 않음/차가움
오두막	레치 교수
와우	우웩

메건의 사례

방향에 비추어 옳음/ 조화로움/따뜻함	방향에 비추어 옳지 않음/ 조화롭지 않음/차가움
코칭	구글
가볍고 옳다	어렵고 무겁다

당신의 사례

방향에 비추어 옳음/ 조화로움/따뜻함	방향에 비추어 옳지 않음/ 조화롭지 않음/차가움

대표 이미지:

_____   _____

느낌:

_____   _____

방향을 따르는 삶의 제1법칙은—공허한 과잉성취자의 회복 및 조화로운 야심 찾기의 제1법칙은—가장 어려운 길이 아닌 가장 쉬운 길을 택하는 것이다. '어렵고 무거운' 것에서 **벗어나** '가볍고 옳은' 것을 **향해** 나아간다.

나는 고인이 된 예술가이자 작가인 앤 트루잇Anne Truitt이 이에 대해 표현한 글을 굉장히 좋아한다.

"편안하고 만족스럽고 풍부하며, 심지어 자연스러운 에너지까지 준다면 자신의 성격과 맞는 결정이라는 뜻이다."

만일 어떤 결정이 당신에게 편안함과 만족감을 주고 자연스럽게 기운이 나게 한다면, 당신의 진정한 자아와 조화를 이루는 결정이라고 확신할 수 있다.

이와 같은 생각의 전환은 목적지향적 사고가 우리에게 하는 말과 반대이기 때문에 중요한 발견이다. 또한 이 전환을 위해서 우리는 새로운 선택에 익숙해지고 우리의 사고방식을 다시 프로그래밍할 수 있어야 한다. 많은 사람이 '편하다'고 느끼면 바로 '잘못되었다'고 생각한다. 나 역시 오랫동안 그렇게 생각했다.

나는 마침내 내 호기심을 따라 첫 번째 코칭 수련을 받으러 갔을 때, 굉장히 마음에 들었고 그곳에서의 기분이 무척 좋았다. 편안함과 만족감과 자연스러운 에너지의 완벽한 예였다. 하지만 그런 느낌은 내가 몹시 싫어하는 것이어서 왠지 잘못된 것처럼 느껴졌다. 나는 커닝을 하는 것 같았다. '이건 옳을 수 없어' 하고 생각했다. '의미와 가치가 있는 것이 이런 느낌일 리 없어. 그런 건 어렵고 무거워야지. 고통이 없으면 얻는 것도 없잖아.' 나는 그 후로 코칭에 대해 매일 생각했지만 막상 두 번째 코칭 수련에 가기까지 4개월이나 걸렸다.

또 다른 내담자는 고급 수학 이론을 좋아했다. 어색하거나 어렵지 않았고, 몇 시간이나 즐겁게 몰두할 수 있었다. 하지만 그녀는 법학을 전공으로 택했다. 법학 공부에 계속 집중하려면 훨씬 더 많은 노력과 인내가 필요했다. 달리 말해 그녀에게 수학보다 법률이 훨씬 더 '어려웠다.' 그녀는 더 어려운 선택이 더 가치 있는 게 분명하다고 믿었다.

당신이 어렵고 무겁다고 느끼고 하고 싶지 않은 무언가를 했던 때를 떠올릴 수 있는가? 특히 정말 하고 싶은 일을 대신해서 그것을 선택했을 경우를 말한다.

우리는 고통이 미덕이며, 목적지로 가는 길에 고통이 많을수록 그 끝에 더 많은 충만함과 성공이 기다리고 있을 거라 생각하도록 길들여졌다. 어려워야 가치가 있다는 생각은 공허한 과잉성취자의 핵심 신념이다.

방향을 따르는 삶에서 우리는 이 신념을 완전히 거부한다. 고통은 의미를 얻기 위해 필요한 전제조건이 아니다. 더 고생한다고 해서 놀랄 만한 무언가나 충만함이 보너스로 주어지지 않는다. 고생과 고통이 성취를 더 멋지게 만들지 않는다.

'고통=가치'라는 생각에 종지부를 찍는 것이 도전과 어려움을 피하는 것이 아님을 명심하라. 물론 '어려운' 일들이 꼭 필요하고 조화로운 경우가 더러 있다. 잠시 뒤 그 차이와 조화롭고 방향에 비추어 옳은 '어려운' 일과, 조화롭지 않고 방향에 비추어 옳지 않은(불필요한) '어려운' 일을 구분하는 법을 배울 것이다.

지금은 그것이 당신의 인생에서 무엇을 뜻하는지만 생각하라. 가볍고 옳은 길은 당신에게 가장 의미 있고 당신만의 고유한 영향을 갖게 되는 길이다. 어렵고 무거운 길은 당신을 그것으로부터 **멀어지게** 한다. 이것을 진심으로 받아들일 수 있다면, 어떤 결과를 가져올까? 어떤 변화가 발생할까?

실행하기

이제 당신 내면의 길안내 시스템을 실제로 작동시킬 차례다.

주어진 문제로 돌아가보자. 선택지 A인가 B인가? 알레그라에게 그건 신경외과와 정신의학과 중 하나를 택하는 일이었다.

나는 알레그라에게 마음속으로 선택지 A(신경외과)를 입어보라고 했다. 눈을 감고 매치 데이에 신경외과 레지던트라는 미래를 담고 있는 봉투를 열고 있다고 상상하라고 했다. 신경외과 의사로서 하루를 보내는 상상을 하라고 했다.

그다음은 앞에서 했듯이 머리에서 벗어나 몸을 들여다보는 것이다. 이것은 뇌를 사용해서 사고하는 훈련이 아니다. 그래서 우리는 이제 당신의 뇌가 하는 말에는 관심이 없다. 당신의 뇌는 분명 곧 떠들기 (혹은 외치기) 시작할 것이다. 그 말은 듣지 말자. 시끄러운 뇌를 진정시키기 위해 뇌가 하는 말을 메모하는 것은 괜찮다. 그러고 나서 다시 몸에서 나타나는 반응에 집중하라.

당신의 몸은 정서적으로나 신체적으로 어떻게 느끼는가? '오두막'에 더 가까운가, 아니면 '레치 교수'에 더 가까운가? '우와'와 '우웩' 중 무엇에 더 가까운가? 따뜻한가, 차가운가?

알레그라는 신경외과 의사로 사는 것을 상상하자 마치 울고 있을 때처럼 덥고 메스꺼웠다고 했다. 내가 봤을 땐 어깨가 처지고 마치 자기 안으로 무너져 들어가는 것처럼 보였다. 그녀는 갇히고 정체된 기분이라고 인정했다. 내게 이것이 답이라는 게 정말 싫지만, 분명 '오두막'에 있지 않다고 했다.

잠깐! 이 답이 무엇을 의미하는지 혹은 이제 그 결과 당신이 '해야 하는 일'이 무엇인지 성급하게 결론짓지 마라. 이것은 단지 정보일 뿐이다. 높은 곳에서 내려준 계명이 아니다. 우리는 분석을 하려는 게 아니다!

선택지 A는 어떻게 느껴지나요?

정서적: _____

신체적: _____

따뜻함과 차가움 중에 더 가까운 쪽: _____

이제 나는 알레그라에게 선택지 B인 정신의학과로 전환하자고 했다. 방법은 같다. 마음속으로 정신의학과 의사가 되어 본다. 정신의학과 전공의로 배치되었음을 알리는 봉투를 연다고 상상한다.

그리고 정신의학과 의사로 사는 하루, 즉 무엇을 하고 그것을 하는 동안 어떤 느낌인지 상상한다. 이제 몸에 나타나는 반응을 살펴본다. 다시 말하지만 이것은 사고하는 훈련이 아니다. 정서적으로나 신체적으로 어떤 느낌인지 파악하는 것이 가장 중요하다.

나는 알레그라의 표정이 부드러워지고 옅은 미소가 드러나는 것을 보았다. 눈을 감고 앉아 있는 모습이 이미 훨씬 밝아보였다.

그녀는 내게 벅차오르고 자유롭고 훨씬 더 편안하다고 말했다. 메스꺼움, 열감, 눈물은 모두 사라졌다. 마음이 평온했다. 그녀는 이렇게 말했다. "이런, 오두막이네요."

선택지 B는 어떻게 느껴지나요?
    정서적: _____
    신체적: _____
    따뜻함과 차가움 중에 더 가까운 쪽: _____

알레그라는 그녀의 진정한 자아와 조화를 이루고 방향에 비추어 옳은 길은 정신의학과라는 것을 깨달았다. 달리 표현하자면 정신의학과가 그녀가 **원하는** 것이다.

이 과정을 함께 했다면 아마 당신도 당신의 삶에 대해 이처럼 중요한 통찰을 얻었을 수 있다. 그렇다면 기록하라.

나에게 따뜻하고 조화롭고 방향에 비추어 옳은 길은 _____

_____이다.

내가 원하는 것은 _____이다.

    여전히 혼란스러울 수도 있다. 괜찮다. 전혀 이상한 게 아니다. 체육관에 처음 가자마자 100킬로그램을 들고 데드리프트를 하며 운동을 시작하지 않는 것처럼, 진정한 자아가 있다는 사실조차 모르다가 몇 페이지 만에 퇴사와 같은 인생의 중요한 의사 결정을 할 필요가 없다. 여기서 핵심은 2킬로그램짜리 덤벨로 반복 운동을 실시해서 진정한 자아라는 근육을 키우는 것이다. 매일 소소한 결정을 내리는 훈련을 하라. 지금부터 시작이다. 해외로 이사를 가든 각 티슈를 사는 일이든 과정은 같다.

조화로운 결정 내리기

천 리 길도 한 걸음부터

우선, 내면의 길안내 시스템을 이용해서 다섯 가지의 소소한 결정을 내려보는 것으로 훈련을 시작한다. 선택지는 아주 간단해야 한다. 오늘밤 볼 TV쇼, 저녁 식사 메뉴, 등록할 운동 강좌, 다음에 갈 휴가지, 내일 입을 옷 혹은 온라인 쇼핑 카트에 담긴 물건을 '살지' 말지를 적어보자.

결정이 필요한 소소한 일 5가지

1. _____

2. _____

3. _____

4. _____

5. _____

뇌를 사용해서 그 일들을 어떻게 할지 '궁리해'내려고 애쓰는 대신, 알레그라가 지난 단락에서 했던 것처럼 내면의 길안내 시스템에 의존해서 이러한 결정을 내린다. 도움이 필요하면 당신이 제시한 답을 참조한다. '우와' 하는 느낌을 발견할 수 있는가?

어떤 결정이 조화로운 것인지 아는 것만으로는 충분하지 않다. 적극적으로 그 선택지를 **택해야** 한다. 말할 필요도 없다고 생각할 수 있지만, 공허한 과잉성취자의 두려워하는 자아는 대단히 교활할 수 있다(조만간 이에 대처하는 전략을 좀 더 살펴볼 것이다).

다섯 가지 선택지로 돌아와서 당신이 실제로 내린 진정한 자아의 결정에 동그라미를 친다. 만일 '따뜻한' 선택지를 찾을 수 없다면, 내가 편의점에서 크리넥스 각티슈를 가지고 고민하다가 결국 사지 않았던 것처럼 고민하거나 괴로워하지 마라. 일단 그날 해야 할 다른 결정으로 넘어간 뒤 나중에 다시 시도한다.

각각의 선택지는 위험 부담이 적지만, 모두 합치면 큰 변화를 일으킬 수 있다. 매일 마주하는 소소한 일들에 결정을 내릴 때 내면의 방향 감각을 사용할수록 진정한 자아의 근육이 점점 커지고, 결국 당신의 코어가 될 것이다.

이 연습에는 부차적인 목적이 있다. 당신이 조화로운 결정을 내릴 때마다 내면의 길안내 시스템에 진실된 좌표를 업데이트하게 되므로 시스템이 더 강력하고 정확해진다. 나중에는 100킬로그램짜리 결정을 내릴 수 있을 만큼 충분히 커지고 또렷해질 것이다.

앞으로 며칠 동안은 내면의 길안내 시스템을 이용해서 소소한 결정을 최대한 많이 내려 보자. 공허한 과잉성취자들은 무언가에 대해 '인정'받아야 동기가 부여되므로, 이 방법으로 내린 모든 결정을 목록으로 작성해서 진척도를 볼 수 있게 만든다. 아울러 이렇게 하면 조화로운 결정을 연습할 수 있는 기회를 더 찾을 마음이 생긴다. 하지만 일단은 하루에 다섯 가지를 목표로 삼는다.

스스로에게 다음의 질문들을 계속 던져보자. 이 과정에서 무엇을 알아차렸는가? 언제 더 쉽고 더 직관적인가? 언제 당신은 내면의 방향 감각을 거부하거나 그것을 따르기가 어려운가?

저항

알레그라와 나는 이례적으로 또렷한 진정한 자아의 안내에 도달했다. 그녀는 정신의학과라는 길을 택하면 가장 큰 행복과 충만함을 느끼게 될 터였다. 알레그라는 정신의학과가 그녀의 몸 안에서 공명한다고 인정했다. 그리고 내면의 길안내 시스템이 그녀에게 이것이 올바른 선택이라고 말하고 있다고 했다. 좀 더 정확하게 말하자면, 그녀는 이것이 우리가 함께 실시한 훈련의 결과라고 인정했다. 하지만 그렇다고 해서 그녀가 정신의학과를 선택할 준비가 되어 있다는 뜻은 아니었다. 그녀는 그녀가 처한 딜레마에 대한 해법이 그렇게 간단할 수 있다고 전혀 확신하지 못했다.

이런 상황은 매우 흔하다. 진정한 자아의 길안내 시스템은 그야말로 단순하고 직관적이다. 따뜻한 곳으로 가세요. 기분이 좋아지는 것, 살아 있다고 느끼게 하는 것, 있는 그대로의 당신으로 느끼게 하는 것을 향해 가세요, 그리고 당신의 기운을 꺾는 것에서 멀어지세요. 공허한 과잉성취자들에게 이것은 쉽지 않은 상황이다. 방향에 비추어 옳은 결정이 무엇인지 아는 것만으로 충분하지 않다. 특히 공허한 과잉성취자 회복 과정의 초기 단계에서는 더욱 그렇다. 진정한 자아의 안내를 거부하는 데 너무도 익숙해졌기 때문이다.

이 작업은 단순히 진정한 자아를 파악하는 것뿐만 아니라 진정한 자아의 결정을 실제로 실행하는 것이다. 당신에게 가장 조화로운 행동을 실행하지 않는다면 아무런 소용이 없다. 그런데 왜 이것이 쉽지 않을까? 왜 우리는 세션을 여기서 끝낼 수 없는 걸까? 이미 '답'을 얻었지 않은가?

부분적으로는 진정한 자아의 목소리를 신뢰하게 되기까지 시간이 걸리기 때문이다. 당신이 긍정적인 결과를 얻기 시작하면 진정한 자아를 신뢰하는 일은 점점 쉬워진다. 오랜 세월 길들여진 '더 열심히, 더 잘하기'에서 벗어나야 한다. 하지만 더 큰 방해꾼이 내면에 자리잡고 있다. 바로 두려워하는 자아다.

알레그라는 자신이 정말 원하는 것은 정신의학을 공부하는 것임을 이해했다. 하지만 내 사무실에 앉아 있는 동안 정신의학이 여전히 '잘못된' 선택임을 뒷받침하는 '논리적인' 이유들이 다시 홍수처럼 몰려와 머리에 떠올랐다. 갑자기 그녀는 우리가 고려하지 않았던 다른 '매우 중요한 고려 사항들'을 길게 쏟아놓기 시작했다.

그녀는 내게 신경외과가 여전히 더 현명한 선택이라고 말했다.

"신경외과 대신 정신의학과를 택할 수는 없어요."

신경외과가 더 경쟁이 치열하고 더 인상적이었다. 만일 정신의학과를 택하면, 사람들은 그녀가 신경외과에서 성공할 수 없을까봐 정신의학과를 택했다고 생각할 거라고 했다. 사람들이 그녀를 덜 존경할 거라고 했다. 돈도 덜 벌게 될 터였다. 그토록 오래 공부했으니 당연히 더 많은 돈을 벌어야 했다. 최첨단 정신의학으로 상을 받을 일은 없다. 저명한 신경외과의는 있어도 저명한 정신의학과 의사는 좀처럼 언급되는 일이 없다. 그녀는 이렇게 결론지었다.

"맞아요. 저는 당연히 신경외과를 택해야 해요."

나는 알레그라에게 이렇게 말했다.

"좋아요. 이 모든 것을 정면으로 다뤄봅시다. 물론 신경외과를 택할 수 있어요. 어느 쪽을 선택하든 나는 상관없어요. 하지만 내 말을 들어봐요. 지금 당신의 두려워하는 자아가 생떼를 부리는 게 아닌지 매우 의심스러워요."

나는 우리가 진정한 자아에 맞는 선택을 발견하자 그녀의 두려워하는 자아가 절박해져서 목적지향적 삶에 그녀를 '안전하게'('정체되도록' 이라고 읽는다) 묶어두기 위해 아무 말이나 하고 무슨 짓이든 하려 드는 것이라고 설명했다. 진정한 자아와 두려워하는 자아를 혼동하게 만들어 혼란을 조장하려는 것이라고 말이다. 내면의 안내가 더 크고 더 진실될수록 두려워하는 자아의 목소리는 더 커졌다. 나는 이렇게 말했다.

"두려워하는 자아가 짜증을 내는 것처럼 들리네요. 그건 우리가 당신에게 좀 더 잘 맞는 진실된 경로를 파악했다는 신호예요. 그렇지 않다면 두려워하는 자아는 지금 어떤 것에도 저항하지 않을 거예요. 명심하세요. 두려워하는 자아는 당신의 충만함에 관심이 없어요. 당신의 더 큰 무언가에도 무관심해요."

알레그라는 내 말을 믿는 것 같지 같지 않았다. 나는 그녀에게 내 말을 그대로 받아들이지 말라고 했다. 왜냐하면 두려워하는 자아와 진정한 자아를 잘 구분하는 또 다른 방법이 있기 때문이다.

우리는 그녀가 한 말을 하나씩 살펴보기로 했다. 하지만 먼저, 그녀가 한 많은 정당화와 강력한 분석적 추론을 돌아보자고 했다. 그것들이 바로 두려워하는 자아이기 때문이다. 진정한 자아는 정당화를 하거나 장황한 설명을 하지 않는다. 단순하기 때문이다. 방향에 비추어 올바른 것은 '단지 … 때문이다'에 해당한다. 결코 변론하지 않는다. 진정한 자아의 태도는 "당신에게 나를 설명할 필요가 없습니다"로 가장 잘 요약된다.

불안하고 생존에 집착하는 두려워하는 자아는 분석적이며 사고하는 마음에 산다. 그래서 말로 소통한다. 목적지향주의가 우리에게 논리가 뚜렷할수록 좋은 의사결정이라고 가르쳤기 때문에 우리는 두려워하는 자아가 하는 말을 기꺼이 들으려는 경향이 있다. 하지만 사실 그 반대가 진실이다.

반면 '번영' 본능을 담당하는 진정한 자아는 몸에 산다. 우리가 우리 자신을 잘 조정했을 때 경험한 대로, 알레그라가 스스로 '오두막'에 다가가게 되었을 때 경험한 대로, 따뜻함과 조화를 느끼고 가볍고 옳다는 느낌이 든다. 우리는 '감각으로 알아차리기'가 신뢰할 수 없다고 배웠지만 사실 그게 더 신뢰할 만하다. 번영하기 위해 우리는 두려워하고 생존에 집착하는 마음을 버리고 우리의 몸에 사는, 내면의 길안내 시스템이 제시하는 감각을 받아들여야 한다.

'마음은 훌륭한 종이자 동시에 끔찍한 주인이다'라는 격언은 로빈 샤르마Robin Sharma*와 람 다스Ram Dass**를 비롯한 영적 가르침을 주는 여러 지도자들이 하는 말이다. 사고하는 마음 대신, 진정한 자아를 우리 마음의 '주인'으로 임명해야 한다. 마음은 진정한 자아가 주인일 때 가장 잘 작동한다. 달리 말해 당신의 마음 자체는 신뢰할 수 없는 이야기꾼이며, 신뢰할 만한 지도자나 의사결정자가

---

* 저서 《페라리를 탄 수도승》으로 유명한 캐나다 출신의 작가이자 자기계발 및 리더십 분야의 전문가.—옮긴이

** 본명은 리처드 알퍼트(Richard Alpert). 미국의 전설적인 영적 스승. 하버드대학교 심리학 교수였으나 인간의 의식 확장을 추구하던 중 그의 사이키델릭 실험과 연구가 사회적 파문을 일으켜 교수직을 파면당하자 인도로 가서 수행에 전념했다. 미국으로 돌아와 수백만 명의 사람들에게 명상과 요가, 동양의 영성을 가르쳤다.—옮긴이

아니다. 우리가 익히 알고 있는 것과 달리 분석적인 마음은 두려워하는 자아를 충분히 이길 수 없다. 마음이 삶을 주도하도록 두면, 두려움이 운전석에 앉을 가능성—또는 실제로 그럴 확률—을 높이는 것이다.

당신의 큰 두뇌가 쓸모없으니 이제 작동을 멈추게 해야 한다는 뜻이 아니다. 오히려 반대다. 우리는 뇌에게 적절한 임무를 맡겨야 한다. 나의 뇌는 내 경험에 근거한 생각들을 정리하여 이 책을 구성했지만, 애초에 이 책을 집필하는 것이 조화롭고 방향에 비추어 옳은지 **여부**를 결정할 수 있는 신뢰할 만한 의사결정자는 아니다. 나는 내 마음이 의사결정 자체를 주도하는 게 아니라 나의 진정한 자아가 의사를 결정하는 것을 지원하도록 한다. 일단 방향에 비추어 옳다고 판단되면, 그 후에 마음이 작동하게 하는 것이다.

그래서 우리가 먼저 살펴봐야 하는 것은 우리의 의사결정에 지나친 합리화가 행해지진 않았는지다. 알레그라의 사례처럼 머릿속에서 들려오는 말들은 두려워하는 자아의 말일 가능성이 아주 높다. 두려워하는 자아를 알아내기 위한 평가 2단계에서는 잘 조정된 길안내 시스템을 동원해서 이러한 문장들을 평가한다. 따뜻함/차가움을 평가하기 위해 선택지(가령 신경외과 대 정신의학과)를 '입어본' 것과 같은 방식으로, 우리 내면에 있는 진실의 방향계가 어디를 가리키는지 판단하기 위해 그것들을 '입어'볼 수도 있다.

알레그라의 경우, "나는 신경외과 전문의가 되고 싶다"라는 문장을 입어보면서 시작했다.

당신의 핵심 문장

: _____

알레그라의 오두막과 레치 교수의 사례에서 해봤듯이 이 생각을 마음에 품는다. 몸의 신호에 집중한다. 우리는 머릿속에 떠오르는 분석적인 말과 주장에는 관심이 없다. 이것은 뇌를 이용한 훈련이 아니다. 우리는 감각으로 인식할 것이다.

이것이 따뜻함부터 차가움까지의 스펙트럼에서 어디에 위치하는지 느껴보라. '우와'와 '우웩' 중 무엇에 더 가까운가? 가볍고 옳은가, 아니면 어렵고 무거운가?

알레그라의 경우, '우웩'이고 아주 차가웠다.

당신의 문장은 따뜻한가 차가운가?

: _____

'나는 신경외과 전문의가 되고 싶다'라는 생각을 그녀의 진정한 자아 감지기에 통과시켜보니 확실하게 '조화롭지 않음'으로 나왔다.

알레그라와 나는 다른 문장들에 대해서도 같은 과정을 거쳤다. 가령 "사람들은 나를 덜 존경할 것이다", "상을 받지 못할 것이다", "신경외과를 대신해서 정신의학과를 택할 수는 없다"와 같은 문장들이다. 모두 똑같이 '우웩'이라는 결과를 얻었다.

다음으로, 나는 그녀가 **나는 정신의학과를 택할 것이다**라는 생각을 입어보고 몸 안에서 어떤 정보가 느껴질 때까지 반복해서 말해보라고 제안했다. 다시금 그녀의 얼굴에서 희미한 미소를 볼 수 있었다. 그녀가 이렇게 말했다.

"따뜻해요. '우와'가 무척 많아요."

그래서 이제 우리는 두려워하는 자아를 파악하기 위해 두 가지 기준을 살펴봤다.

- 강력한 논리적 정당화가 있는가?
- 이 생각은 따뜻한가, 차가운가?

알아차리기 어렵게 몸집을 불리는 두려워하는 자아에 대항하는 세 번째 방어선이 있다. 아마도 당신은 이미 그게 무엇인지 알수도 있다. 신경외과를 선택해야 한다는 알레그라의 말이 두려워하는 자아의 네 가지 조짐과 목적지향적인 삶의 전조로 가득하다는 것을 알아차렸는가? 조화로움에 초점을 맞추는 과정에서 네 가지 조짐을 사용해서 두려워하는 자아와 진정한 자아, 방범 경보와 초인종을 구분할 수 있다. 네 가지 조짐은 의무, 객관성, 외적 이미지, 그리고 결과다. 처음 세 가지는 의사결정을 진정한 자아 안에서 실시하는 대신 아웃소싱하는 것을 의미하며, 마지막의 결과는 목적지향성의 증거다.

알레그라가 신경외과를 지지하며 제시한 주장을 보고 네 가지 조짐을 분석해보자.

"저는 신경외과를 택해야 해요. 그게 더 현명한 선택이에요. 신경외과를 대신해서 정신의학과를 택할 수는 없어요. 신경외과가 더 경쟁이 치열하고 더 인상적이에요. 만일 정신의학과를 택하면 사람들은 제가 신경외과에서 성공하지 못할까 봐 정신의학과를 택했다고 생각할 거예요. 저를 덜 존경할 거예요. 그리고 돈도 훨씬 덜 벌게 될 거예요. 그렇게 오래 공부했는데 당연히 더 많은 돈을 벌어야죠. 최첨단 정신의학으로 상 받을 일은 없어요. 저명한 신경외과의는 있어도 저명한 정신과 의사는 좀처럼 언급되는 일이 없어요. 맞아요. 저는 당연히 신경외과를 택해야 해요."

1. 의무

핵심 질문: [다른 사람들의 의견에 따르면] 나는 여기서 무엇을 '해야 하는가'?

핵심 신호: 해야 한다, 하지 말아야 한다

알레그라의 주장에서 의무를 나타내는 조짐:

"나는 신경외과를 전공해야 해."

"나는 더 많은 돈을 벌어야 해."

'해야 한다'는 외부에서 내리는 방향 지시다. 이런 말은 알아차리기 가장 쉬운 두려워하는 자아의 증거다. 물론 '해야 한다'가 두려워하는 자아의 지시인지, 꼭 필요한 명령인지 매번 정확히 파악하는 것은 어렵다. 이 말은 늘 합리적이며 당연하게 들린다. 게다가 설득력이 있다. 하지만 **해야 한다**라는 단어를 누가 사용하는지 생각해보라. 바로 당신을 괴롭히는 존재다. 두려워하는 자아는 '해야 한다'를 강요하며 당신을 괴롭히는 최악의 존재다.

'해야 한다'에 대한 반박할 수 있는 말은 '누가 말하고 있는가?'이다.

이 물음에 대해 알레그라는 이렇게 답했다.

"모두가요! 부모님과 친구들, 그리고 교수님들까지도요!"

나는 그녀에게 이렇게 말했다.

"그건 안 돼요. 정말 해야 하는지 아닌지는 '나의 진정한 자아' 또는 '내면의 길안내 시스템'만 답해줄 수 있어요. 오두막, 따뜻함, 우와처럼 느껴진다면 그렇게 답할 수 있을 거예요. 그럴 경우에만 해야 한다는 압박이 아닌 올바른 **바람**이에요."

2. 객관성('객관적인' 논리와 전략)

핵심 질문: 무엇이 객관적으로 '옳고' 가장 현명하고 가장 전략적인 결정인가?

핵심 신호: 논리적인, 내 생각에는, 옳은, 가장 현명한, 최선의, 가장 전략적인, 가장 합리적인(최상급)

알레그라의 주장에서 객관성을 나타내는 조짐:

"그게 더 현명한 선택이야."

"신경외과를 대신해서 정신의학과를 택할 수는 없어."

이에 대해서도 우리는 '누가 말하고 있는가?' 그리고 '누구의 의견에 따른 것인가?'를 따져봐야 한다.

이번에 알레그라는 "모르겠어요"라고 대답했다.

나는 질문을 조금 다르게 했다.

"누구에게 더 현명하고, 더 낫고, 더 전략적이라는 거죠? 어떤 기준에 따른 것이죠?"

알레그라의 말과 표정으로 미루어 보아 만일 그녀가 충만함, 목적, 의미를 좇는다면 신경외과를 더 현명한 선택으로 볼 수는 없었다.

삶의 선택에서 단 하나의 가장 현명하고 논리적이고 전략적이거나 보편적으로 옳은 결정이란 있을 수 없다. '논리적'이거나 보편적으로 옳다는 모호한 선택에 의지할 때마다 우리는 진정한 자아에서 벗어나 내 삶을 아웃소싱을 하는 것이다.

3. 외적 이미지

핵심 질문: 그것은 어떤 모습일까? 어떻게 인식될까? 나에 대해 뭐라고 할까?

핵심 신호: 사람들은…라고 생각한다, 나는…처럼 보일 것이다.

알레그라의 주장에서 외적 이미지를 나타내는 조짐:

"사람들은 내가 신경외과에서 성공하지 못할까 봐 정신의학과를 택했다고 생각할 거야."

"사람들은 나를 덜 존경할 거야."

"신경외과가 더 인상적이야."

외적 이미지와 인식을 이용하는 건 두려워하는 자아의 핵심 전술이다. 왜냐하면 두려워하는 자아는 신체적 안전과 안정을 확보하기 위해 소속감을 바라는 우리의 진화론적 욕구를 악용하기 때문이다. 공동체에서 퇴출되는 바람에 취약해지면 어떡하지? 하지만 의사로서 전공과목을 선택하는 일이 사회에 살아남는 데에 큰 위협을 주지는 않을 것이다.

무언가에 대한 타인의 해석은 어떤 결정이 나와 잘 맞는지를 판단할 때 전혀 무관하다. 외적 이미지를 의사결정 과정의 일부로 고려하는 건 외부의 얼굴 없는 '사람들'이 당신을 대신해서 당신 인생을 결정하도록 그들에게 의지하는 방식이다. 그것은 공허한 과잉 성취자들의 오래된 순종적인 태도로, 공허한 결과를 낳는다.

만일 이런 생각에 대항하길 원하면, '사람들'에 대해 구체적으로 생각함으로써 시작할 수 있다. **정확히 누가 이런 생각을 할 것인가?**

만일 당신에게 중요한 누군가("가장 친한 친구인 밥이 내게 나를 낮게 평가하게 될 거라고 말했다.")를 떠올린다면, 물론 아주 드문 경우이지만 그렇다면 당신은 그 사람과의 대화를 통해 당신의 진짜 기준과 내면의 목소리에 대해 그에게 설명할 수 있을 것이다.

얼굴 없는 다른 '사람들'에 대해 이렇게 질문을 던질 수 있다.
나는 '그들'이 이렇게 생각할 거라고 확신하는가?(대답: 아니다.)
사람들이 이 선택을 다르게 받아들일 수도 있는가?(대답: 그렇다.
실제에 더 가까울 것이다.)

알레그라의 경우 '사람들'은 이렇게 생각할 수도 있다.
'와우! 그녀의 열정이 정신의학과로 옮겨간 게 분명해. 알레그라가 자신에 대해 가졌던 구닥다리 믿음을 고집하는 대신 호기심을 따라 그렇게 크고 의미 있는 결정을 내리다니 정말 멋지다. 정말 인상적이네.'
또한 이것은 '사람들'이 대체로 우리가 생각하는 것보다 우리에 대해 많이 생각하지 않는다는 사실을 알려준다. 그들이 우리의 결정에 대해 무엇을 어떻게 생각하든 그것은 **우리**가 내린 선택보다 **그들**이 두려워하는 것을 드러낸다.
물론 우리의 목표는 각 문장—사람들이 생각할 것 혹은 생각하지 않을 것—이 가진 장점을 생각해 보는 게 아니라 각 문장이 두려워하는 자아의 생각인지 파악하는 것이다. 이렇게 하는 것만으로도 충분히 타인의 생각을 우리의 의사결정 기준에서 제외할 수 있다.

4. 결과

핵심 질문: 이것이 내게 무엇을 가져다줄까? 이것이 나를 어떻게 발전시킬까?

핵심 신호: '만일-그렇다면'으로 구성된 문장(미래 시제)

마지막으로, 결과 중심적 사고는 두려워하는 자아의 방해를 받고 있다는 명백한 징후다.

알레그라의 두려워하는 자아는 정신의학과를 택함으로써 그녀가 놓치게 될 결과를 자꾸 상기시킨다. 이를테면 수입이 적어질 테고, 상을 타지 못할 것이며, 명예도 없을 거라 주장한다. 그녀의 두려워하는 자아는 신경외과를 택하면 목적지에 도달했을 때 더 많은 소득, 상, 명예가 있을 거라고 주장한다.

설령 그런 주장이 결과론적으로 맞다고 해도, 진정한 자아와 맞지 않는 선택을 하면 그녀는 돈이나 상을 누리기 전에 먼저 수년간 고통을 겪어야 하며, 그 후에도 더 큰 괴로움을 겪을지도 모른다. 아울러 신경외과를 택하는 게 돈과 상과 명예를 **보장**한다고 여기는 논리적 오류를 보여준다.

마찬가지로, 두려워하는 자아의 목적지향적 예측이 현재의 관점에서 볼 때 진실이라 해도, 우리는 향후 10년, 20년, 30년 후 무슨 일이 벌어질지 알 수 없다. 로봇이 신경외과를 장악해서 신경외과가 의료 전공과목으로 더 이상 존재하지 않게 될 수도 있다. 반면 인공지능이 정신의학과에는 침투하지 못해 정신의학과 전문의들의 소득이 치솟을 수도 있다. 혹은 알레그라가 정신의학과를 택한 후 정신의학계를 영원히 바꿔놓을 새로운 진단 방법을 개발하여 노벨상을 받을 수도 있다. 지구가 계속 살기에 스트레스를 너무 많이 유발하는 장소가 되어 정신의학에 대한 수요가 기하급수적으로 늘어나 알레그라의 소득이 대대적으로 늘어날 수도 있다. 나는 이러한 시나리오가 가능성이 높다고 말하는 것이 아니다. 두려워하는 자아가 목적지향적인 확실성을 준다고 주장하지만, 실제로는 그것이 늘 지킬 수 없는 약속을 하고 있다는 것을 깨닫는 것이 바로 핵심이다.

> 두려워하는 자아에게 문제를 제기하는 법
> - 미래에 이 결과가 발생할 것임을 확실하게 알 수 있는가?(아니다. 거의 항상 그렇게 발생하지 않는다.)
> - 발생할 수 있는 다른 결과는 무엇인가?
> - 그 사이에 무슨 일이 발생할까? 과정은 어떤 모습인가?

내가 어떤 전공과목이 더 큰 존경이나 소득을 가져다줄 것이라는 알레그라의 진술 하나하나의 정확성을 따지는 게 아님을 이제는 당신도 알 것이다. 나는 개인적으로 신경외과나 정신의학과와 무관하다. 각 진술의 내용은 무관하기 때문에 다루지 않을 것이다. 이건 두더지 잡기 게임 같은 거다. 두려워하는 자아는 자신의 의견을 정당화하기 위해 또 다른 근거를 내놓을 것이고, 우리는 그런 근거들에 논박하느라 지치고 바빠서 어떠한 선택도 못하고 결국 두려워하는 자아가 승리하게 될 것이기 때문이다. 그러니 여기서 해야 할 일은 논쟁 자체에 빠지는 게 아니라 두려워하는 자아의 생떼부리기의 특징을 인식해서 조화로운 의사결정에서 그것을 아예 배제시키는 것이다.

이것을 내가 알레그라의 해석에 동의하거나 전공과목들에 대한 그녀의 말을 사실로 받아들였다는 뜻으로 받아들이지 말길 바란다. 그녀의 말은 그녀의 삶에서, 그 시점에, 그녀가 내린 주관적인 해석이었지 진정한 자아의 해석이 결코 아니었다.

덫

네 가지 조짐이 발견된 것은 충만함 테스트를 통과하지 못했다는 신호이며, 신경외과에 대한 그녀의 선호가 두려워하는 자아에서 비롯되었음을 세 번째로 확인시켜주는 것이었다.

1. 그녀의 사고하는 뇌에서 비롯된 강력한 언어적 정당화가 있었다.
2. 내면의 길안내 시스템에 따르면 신경외과는 차갑게 느껴졌다.
3. 네 가지 조짐이 모두 있었다.

나는 알레그라에게 이것을 이렇게 설명했다.

"당신이 방금 말한 논리의 결과로 신경외과를 선택하는 건 목적지향적 사고와 타인의 생각에 기반한 결정이라는 것을 알겠나요? 이렇게 내린 결정은 무엇이라도 충만함을 느낄 가능성이 매우 희박하고 반대로 충만통에 이를 가능성이 매우 높아요. 당신이 어떻게 진정한 자아가 제시한 옳은 길안내 대신 두려움에 기반한 외부의 제안을 택하게 되는지 이해했나요?"

알레그라는 고개를 끄덕였고, 우리는 방금 나눈 이야기를 마음에 새기며 몇 분간 말없이 앉아 있었다. 당신이 원하는 것 대신 다른 사람들이 원하는 것을 택하는 건 일종의 자아를 버리는 짓이다.

두려워하는 자아가 우리에게 놓은 두 가지 덫이 있다. 이 덫은 우리를 혼란에 빠뜨리고 언뜻 보기에 모순적이다. 우리는 이 덫들을 주의해야 한다. 이 시점에 알레그라는 예리하게 첫 번째 덫을 파악했다. 이제 우리는 두려워하는 자아와 진정한 자아를 구분하는 심화 학습으로 넘어가고 있었다. 그녀가 이렇게 말했다.

"이해가 안 되는 게 있어요. 저는 신경외과가 어렵기 때문에 그 길이 두려워요. 만일 내가 정말 할 수 없으면 어떻게 하나? 실패하면 어쩌나? 정신의학과는 실패할 것 같지 않고 압박도 경쟁도 적어 보이기 때문에 그런 생각이 덜 들어요. 저는 신경외과에서 실패할 것에 대한 두려움이 드는 이유가 그것을 피하는 게 아니라 받아들여야 한다는 의미라고 생각했어요. 결국 두려움이 제 결정을 지배하게 놔두지 않는 게 핵심 아닌가요? 정신의학과가 실패에 대한 두려움에 기반한 '더 안전하고' 회피적인 선택이 아니라 **실제로** 제 진정한 자아의 선택이라는 걸 어떻게 알 수 있나요?"

이 구분은 대단히 중요하다. 이 사례에서 신경외과는 어렵고 두렵지만 조화로운 방식으로 '좋은' 선택인가? 아니면 어렵고 두려우면서 조화롭지 못한 '나쁜' 선택인가? 이것이 (레치 교수에서처럼) 진정한 자아의 '단호한 거부'인가? 무언가가 정말 진정한 자아와 맞지 않는다는 적색경보인가? 아니면 두려워하는 자아의 거부로, 계속 알레그라가 주저하게 하고 그녀를 방해하는 것인가(마치 코칭 수련을 주저하게 만든 나의 두려워하는 자아처럼)?

두려워하는 자아는 상황을 복잡하게 만들고 진정한 자아로 위장하길 좋아한다. 이는 두려워하는 자아가 좋아하는 방식 중 하나다. 해결책은 우리가 이미 연습한, 그것을 파악하는 세 가지 전술로 돌아가는 것이다. 이번에는 정신의학과라는 선택지를 가지고 알아보자. 정신의학과는 진정한 선택일까 아니면 두려움에 기반한 회피적인 선택일까?

1. 이 선택은 나의 뇌에서 비롯된 것일까 아니면 내면의 방향 감각에서 비롯된 것일까? 논리적 정당화인가 아니면 실제로 느낀 감각인가?

   알레그라는 왜 정신의학과를 전공하고 싶은지 말로 많은 설명을 하지 않았다. 물론 우리는 여기서 어떤 논리를 내세울 수 있다. 하지만 굳이 그렇게 하고 싶지 않다. 단지 이 선택이 그것을 정당화하는 많은 이유에 따른 것인지 여부를 파악해야 한다. 그런 이유는 바로 두려워하는 자아의 말이다.

알레그라는 왜 정신의학과가 더 현명한 선택인지 내게 장황하게 설명하지 않았다. 그저 명확하고 균형 잡히고 복잡하지 않고 이유가 필요 없는 선택임을 거듭해서 보여줬을 따름이다. 그것이 이 선택이 두려워하는 자아가 조작한 선택이 아니라 진정한 자아의 생각, 진정한 수락임을 보여주는 첫 번째 확인이다.

2. 나의 내면의 길안내 시스템은 무슨 말을 하는가?

지금쯤이면 당신도 이 과정이 무엇을 뜻하는지 알 것이다. 내면의 길안내 시스템을 이용해서 진정한 자아의 선택, 알레그라의 경우 정신의학과를 시험해본다. 이 선택을 입어본다고 상상할 때, 몸에서 어떤 반응이 나타나는지 느껴보라. 따뜻한가, 차가운가?

만일 알레그라가 정신의학과를 정당화하는 대단한 이유를 제시했다면, 세 번째 테스트인 충만함 테스트를 실시해야 한다. 네 가지 조짐을 찾아야 하기 때문이다. 하지만 그러지 않았기 때문에 이 단계는 생략할 수 있다.

두려워하는 자아가 **없을 때**가 진정한 자아임을 아는 게 핵심이다.

혼란을 없애는 마법 같은 질문

위의 작업을 모두 실시했는데도 여전히 마음이—알레그라의 사례에서는 "나는 신경외과를 전공해야 해"— 양의 탈을 쓴 늑대인지, 즉 두려워하는 자아가 진정한 자아로 위장한 것인지 확신하지 못한다면(아니면 그저 조금 더, 단지 조금 더 확신하고 싶다면), 두려워하는 자아가 저지르는 모든 속임수를 꿰뚫어보기 위해 던질 수 있는 질문이 있다. 이 질문들은 마법처럼 모든 혼란을 날려버린다. 바로 **"자유는 어디에 있는가? 안도감이 느껴지는가?"**이다. 당신에게 가장 큰 자유를 주고 또는 안도감이 들게 하는 시나리오는 무엇인가? 그 일을 할 때인가, 하지 않을 때인가?

이 질문으로 실험하는 방법은 이미 결정을 내렸다고 상상하는 것이다. 자유를 느끼는가? 안도감이 느껴지는가? 아니면 실망과 후회가 느껴지는가? 방향을 따르는 삶에서는 항상 자유를 느낀다. 자유는 충만함을 얻기 위한 전제조건이다.

나는 알레그라에게 이렇게 물었다.

"당신이 정신의학과를 전공할 수 없다고 내가 말한다면 어떨까요? 어쩌다 보니 정원이 이미 꽉 차서 더 이상 택할 수 없다면요? 어떤 느낌일까요?"

그러자 예상했듯이 알레그라는 패닉에 빠진 것처럼 보였다.

반대로, 내가 만일 신경외과의 정원이 꽉 차서 정신의학과밖에 선택할 수 없다고 말한다면 어떤 느낌일지 물었다. 그녀는 이렇게 답했다.

"아, 안심이 돼요. 아무도 실망시킬 필요도 **없고**, 그냥 정신의 학과를 가겠죠."

알레그라의 시나리오에서 그녀가 인식하는 '더 안전한' 선택은 그녀의 진정한 자아가 택한 선택이었다. 신경외과는 '나쁜' 어려움이 될 것이다. 강제적이고, 조화롭지 않고, 목적지향적이며, 결코 충만함을 주지 못하는 어려움이다.

물론 진정한 자아의 선택이 '더 어려운' 것으로 느껴질 수 있다. 진정한 자아에게 가장 잘 맞는 길은 때로 더 어려운 것으로 보인다. 알레그라의 경우 그렇지 않았지만, 만약 다른 공허한 과잉성취자에게는 신경외과를 택하는 것이 진정한 자아에 비춰 가장 조화로운 행보일 수도 있다. 이것은 미래에 어려움이 있을까의 문제가 아니다. 그보다 당신의 어떤 자아가 '더 어려운' 선택지를 지지하는지 판단하고, 당신 역시 그 선택지를 원하는지 판단하는 것이다. 핵심은 **왜** 그 선택이 어려운지를 아는 것이다. '네 가지 조짐'에 비추어 어려운가? 그것이 '외적 이미지'와 '결과'와 '객관적인' 옳음에 근거한 '의무'이기 때문에 어려운가? 아니면 취약하고 불확실하게 느껴지기 때문에 어려운가? 이런 문제들을 파악해야 한다.

예전에 한 내담자가 자신이 '제 정신인지 확인'하고 싶다며 나를 찾아왔다. 그녀는 조직에서 새로운 자리를 제안받았는데 수락할지 말지를 두고 심각하게 고민하고 있었다. 그녀는 대형 소셜 미디어 회사의 엔지니어이자 제품 관리자였는데, 제안받은 역할은 허위

정보감독 팀장이었다. 당시는 2019년으로, 2020년 미국 대선을 1년 앞두고 소셜 미디어를 도배하는 온갖 가짜 뉴스가 심각한 문제로 떠오르던 때였다. 따라서 대단히 어려운 일일 게 분명했다. 조직의 입장에서는 이 역할을 맡을 적절한 사람을 찾는 게 무척 중요했다. 팀이 혼란에 빠져 있었기 때문이다. 마지막 관리자가 그만두었고, 엔지니어들 중 절반이 이탈했다. 팀원들의 번아웃과 불만족이 심각했다. 팀의 비전도 전략도 제품 로드맵도 없는 건 물론이고, 소셜 미디어 회사에서 일하면서 실제로 죽고 사는 문제에 비유할 법한 어려움을 겪고 있었다.

한 마디로 아무도 이 역할을 맡고 싶어 하지 않았다. 그녀의 멘토는 이 팀의 업무는 애초에 불가능한 일이라고 했다. 이 일을 맡는 건 엄청난 실수이고, 커리어적으로 자살행위라고 했다. 매출이 발생하지도 않을 것이며, 오히려 매출을 깎아 먹는 일이 될 거라고 했다. 그런 팀에서 일해 봤자 좋은 평가를 받거나, 승진을 하거나, 충분한 지원을 받는 일도 결코 없을 거라고 했다.

그녀는 이 모든 말이 사실임을 알았다. 그런 종류의 스트레스와 좌절을 원하는 사람이 어디 있겠는가? 게다가 승진이나 급여 인상도 없는 수평적 인사이동이었다. 그녀는 이미 그녀가 소중히 여기는 잘나가는 팀을 이끌고 있었다. 일을 시작한 이래로 가장 행복한 시기를 보내고 있었다. 커리어에서 처음으로 그 어렵다는 '워라밸' 비슷한 것도 달성했다. 이 평화를 깨야 할 이유가 없지 않은가?

하지만 한가로운 시간에, 가령 샤워를 하거나 신호 대기 중에 그녀는 제안받은 팀과 그 역할에 대한 생각에 빠져 있었다. 그녀가 줄 수 있는 영향, 그녀가 채용할 엔지니어들, 팀을 어떻게 재편할지, 어떤 문제를 가장 먼저 해결할지, 문제를 어떻게 정의할지, 팀의 영향을 위해 어떤 비즈니스 케이스를 만들지, 회사의 중역들에게 이 업무의 중요성을 어떻게 설득시킬지를 떠올렸다. 그토록 중요하고, 역사적인 의미가 있고, 심지어 민주주의를 구하는 그런 일을 맡을 기회가 다시는 없을 거란 생각이 들었다.

내게 이 마지막 말을 하고서 그녀는 새 직책의 의미에 대한 생각을 지우려는 듯 고개를 격렬하게 흔들었다. 그녀는 괴로워하며 말했다.

"저는 괜한 고생길에 들지 않기 위해 이 제안을 거절하고 싶어요. 하지만 뭔가가 계속 마음에 걸려요."

그녀 안에서 무슨 일이 벌어지고 있는 걸까? 그녀의 진정한 자아에 맞고 조화로우며 방향에 비추어 옳은 길은 그녀가 만족하고 성공했다고 여기는 곳에 머무는 것일까? 아니면 어렵지만 그녀가 이제껏 맞닥뜨린 일 가운데 가장 중요한 직업적 도전을 받아들이는 것일까?

우리는 답을 알아보기 위한 단계를 밟기 시작했다. 새 역할을 '맡아서는 안 되는' 이유(네 가지 조짐을 파악했다)는 이미 알고 있었다. 이것은 두려워하는 자아가 현재의 팀에 머물라고 말하는 꽤 확실한 신호였다. 다시 말하면 새로운 역할을 맡는 일이 조화로운 길이라는 뜻이기도 했다. 내면의 길안내 시스템의 반응을 평가하기 위해, 나는 그녀가 두 시나리오 모두 느껴보길 권했다. 단지 마음의 눈으로만 아니라 실제로 각 결정을 내리는 행동을 체험해 보라고 했다. 나는 그녀에게 새로운 역할과 팀의 잠재력에 대해 일상에서 짬짬이 떠오른 모든 생각이 따뜻하게 느껴지는지 차갑게 느껴지는지 살펴보라고 권했다. 하루 이틀은 그녀가 그 자리를 수락해서 이미 그 팀을 재편하는 과정에 있는 것처럼 생활해 보라고 권했다. 그녀의 비전과 업무 목록, 우선 과제, 채용할 인력, 심지어 일정에 넣고 싶은 회의까지 적어보면서 말이다. 스프레드시트를 만들고 프로젝트 관리 도구에서 새로운 탭을 만드는 것이다. 미친 짓으로 보일 것이다. 그녀는 아직 수락하지 않았고, 수락하지 않을 수도 있는 일을 위해 미리 일을 해본다는 게 마음에 들지 않았지만 해보기로 했다.

며칠 후 그녀는 머리가 아이디어로 폭발할 것 같다고 전했다. 왜 그녀가 애초에 기술과 기업 환경에 몸담길 원했는지 떠올랐다고 했다. 그녀는 수년 만에 그 **이유**에 대해 더 많이 깨달은 것처럼 느꼈다. **중요한** 문제를 해결하기 시작했다. 그녀가 원해서는 **안 된다**고 생각하는 일, 즉 가장 어렵고 가장 스트레스를 많이 유발할 것으로 예상되는 일을 하기로 하자 굉장히 놀랍게도 가볍고 옳다고 느껴졌다.

다음으로, 나는 그녀에게 최소 24시간 동안 새 팀으로 옮길 기회가 취소된 듯 행동해보라고 제안했다. 나는 그녀가 두 시나리오를 대조하여 느끼는 시간을 갖길 원했다. 12시간 후 나는 그녀로부터 이런 이메일을 받았다.

"정말 싫어요. 끔찍하게 느껴져요. 어렵고 무겁다는 정의에 딱 맞아요. 정말 그래요. 차가워요. 취소 결정이 나에게 내려졌다(가설상)는 걸 떠올릴 때마다 패닉 상태가 되고 메스꺼워요."

그녀는 진정한 자아에 맞는 조화로운 결정이 무엇인지 알고 있었다. 바로 새 팀을 재구축하는 도전을 수락하는 것이었다. 그것이 방향에 비추어 옳은 어려움이었다.

마지막으로 확인하기 위해 나는 그녀에게 마법처럼 혼란을 없애는 질문을 던졌다. **자유는 어디에 있나요? 안도감이 느껴지나요?** 이전의 일보다 불확실하고 훨씬 더 어려운 일이지만 정말 중요한 일을 자신이 원하도록 허용하자 그녀는 아주 큰 안도감을 느꼈다. 옆에서 쭈뼛거리는 대신 이 문제를 정면으로 다루자 훨씬 큰 자유를 느꼈다. 새 팀이 실패하든 성공하든, 이 결정이 그녀의 커리어에 보탬이 되든 아니든 해볼 만한 가치가 있었다.

결과적으로 허위정보감독 팀의 새로운 리더라는 자리는 그녀에게 가장 잘 맞는 일이자 방향에 비추어 가장 옳은 일이었다. 이것은 처음에 그녀가 예상하거나 원했던 답은 아니었지만, 단연 그 순간 그녀에게 가장 조화로운 답이었다.

우리는 어려움을 위한 '어려움'은 원치 않는다. 또는 같은 맥락에서 어렵지 **않기** 위한 수월함도 원치 않는다. 이 엔지니어 내담자가 그랬듯이 조화로운 '어려움'은 보통 취약성에서 비롯되고 스스로를 안전지대에서 벗어나게 할 때 발생한다. 알레그라가 처음에 그랬듯이 조화롭지 않은 '어려움'은 보통 자아를 버리고 스스로에게 '당위'를 강요할 때 발생한다. '어려움'의 결이 다르다. 이 차이가 느껴지는가?

이것이 바로 두려워하는 자아와 진정한 자아를 구분하는 일이 어려운 이유다. 또한 우리가 두려워하는 자아를 파악하는 평가 과정을 거쳐야 하는 이유이기도 하다. 우리는 두려워하는 자아의 책략에서 자유로운 장소를 반드시 찾아야 한다. 그 자체로 고유하고, 어떤 경우든 조화로운 결정은 사람마다 다를 것이다.

알레그라와의 세션이 끝나갈 무렵 나는 그녀에게 정신의학과를 택한 것에 대해 자신감을 느끼는지 물었다. 그녀는 눈가에 눈물이 고였으나 "우는 사람 눈엔 우는 사람만 보여요"라고 농담을 하며 말을 돌렸다. 그러면서 이렇게 말했다.

"다른 것 때문에 혼란스러워요. 이건 전혀 '쉽게' 느껴지지 않아요. 정말 말도 안 되게 어렵게 느껴져요. 평생 신경외과 전문의가 될 거라 믿고 살았어요. 그런데 지금은 아니라고요? 그건 옳지 않아요. 가볍고 옳게 느껴야 한다고 하셨잖아요. 이건 어떻게 된 거죠?"

이것이 두 번째 모순으로 보일 부분이다. '가장 편안한 길'이 곧 '쉬움'은 아니다. 어려운 결정이지만 방향에 비추어 당신에게 옳을 수 있다. 비록 어떤 선택이 조화롭다 해도, 그것에 대해 여전히 불편함과 복잡한 감정을 느낄 수 있다. 어떤 선택에 대한 결정은 가능성과 함께 상실감을 가져오기도 한다. 하지만 그렇다고 해서 그것들이 조화롭지 않은 선택이라는 뜻은 아니다. '구글러'라는 정체성이 나를 죽음 직전까지 몰고 갔음에도 나는 '구글러'라는 정체성을 놓아버리면서 엄청난 슬픔을 겪었다. 구글을 떠나는 일은 대단히 어려우면서도 **동시에** 나의 자아에 비춰 단연 조화로웠다. 종종 삶에서 최선이자 가장 흥미진진한 변화와 결정에는 슬픔이 수반된다. 이를테면 졸업, 이사, 결혼, 양육이 그렇다.

나는 알레그라에게 그녀에게 발생한 느낌과 감정이 정신의학과에 대한 '와우!'라는 느낌과 **반대되는지** 아니면 나란히 존재하는지 물었다. 진정한 자아의 선택이라면, 불편함과 슬픔이 가볍고 옳다는 느낌을 없애거나 대체하지 않는다. 그런 감정들은 동시에 나란히 존재한다. 조화롭고 방향에 비추어 옳은 결정의 또 다른 일부일 따름이다. 그런 감정은 그곳에 속한다. 반대가 아니다.

그러한 감정 **역시** 당신의 진정한 자아에서 비롯되기 때문이다. 슬픔은 무언가를 방어하거나 보호하는 감정이 아니며, 두려워하는 자아가 느끼는 감정이 아니다. 슬픔은 취약성을 드러내는, 열린 마음에서 오는 감정이다. 변화는 일종의 상실이기 때문에, 변화를 애도하지 않고 아예 **거부**하는 것은 두려워하는 자아의 반응이다. 변화는 이별이다. 알레그라는 신경외과에 대해 그녀가 상상해온 미래를 놓아주며 애도해야 했다. 만일 '**하지만 그게 없는 나는 뭐란 말인가?**'라는 질문이 떠오른다면, 오히려 그걸 내려놓았을 때의 나의 정체성을 찾는 것이 맞는 길이라는 명확한 신호다.

방향에 비추어 옳은 선택에는 어려운 대화와 행동이 요구되며, 그래서 조화로운 길은 결코 쉽게 느껴지지 않는다. 알레그라는 교수들과 멘토들에게 더는 신경외과에 도전하지 않겠다고 말해야 했다. 그들은 놀랄 것이며, 아마 실망할 수도 있다. 당신에게 조화로운 길이 무엇이든 종종 그것으로 전환하는 과정에서 일과 공부를 더 해야 할 수도 있고, 그래서 어려울 수도 있다. 어쩌면 맨 처음부터 모든 것을 다시 시작하는 것처럼 느낄 수 있다. 하지만 그렇지 않다. 당신이 다른 것에 도움이 된다고 여기며 익혔던 모든 선행 지식이 여전히 당신에게 도움을 줄 것이다. 사실 그런 지식 덕분에 당신은 조화로운 개선을 위한 다음 지점에 도달할 수 있었다.

이러한 감정들이 반드시 당신이 옳지 않은 방향으로 나아가고 있다는 뜻이 아니라는 것을 명심해야 한다. 불편한 감정은 당신이 의도를 가지고 사려 깊게 결정한 선택을 변경할 이유가 될 수 없다. 두려워하는 자아는 이러한 바람직하지 않은 감정들을 이용하여 "봐! 내가 말했잖아! 나쁜 선택이라고! 넌 그대로야. 항상성이 있거든!"이라고 말하는 것을 아주 좋아한다는 것을 분명히 알아야 한다. 공허한 과잉성취자들은 방향에 비추어 옳은 결정을 수락하기 위해 종종 처음에 무언가를 거절하고 누군가를 실망시켜야 할 수 있다. 누군가를 실망시킨다는 건 늘 불편한 감정을 불러오기 때문에, 공허한 과잉성취자들은 그 불편함을 방향에 비추어 옳은 선택이 아니라는 신호로 받아들일 수 있다. 불편하고 불안한 감정은 날씨와 같다. 자기에게 정확하게 맞춰진 조화로움에서 느껴지는 수월함은 더 깊고 단단하며, 잠시 지나가는 불편한 기상 전선보다 오래 지속된다.

혼란스러울 때마다 항상 마법과 같이 혼란을 없애주는 질문으로 돌아갈 수 있다. **자유는 어디에 있나? 안도감을 느끼고 있는가?** 만일 직면하기 어려운 대화나 행동 이후에 자유와 안도를 느낀다면 가장 조화롭고 방향에 비추어 옳은 길이니 걱정하지 마라.

알레그라는 신경외과를 놓아버린 후에 자유와 안도감을 느꼈을까? 그녀의 대답은 '그렇다'였다.

나는 만일 그녀가 다른 선택을 한다면 무엇이 변할 수 있을지 물었다. 왜냐하면 공허한 과잉성취자들은 오랫동안 특정 목적지에 너무도 충성스럽게 매달려 왔기 때문에 그 계획에서 조금이라도 벗어나면 삶에 대대적인 변화가 일어났다고 생각하거나 중차대한 실패로 받아들이기 때문이다. 실제로 큰 변화이긴 하지만 실제로는 경로를 조금 재조정한 것에 불과하다. 물론 이런 재조정이 결과를 바꾸고 결정적으로 삶을 바꿀 수도 있다. 하지만 그렇다고 해서 우리가 우려하는 것처럼 인생을 날려버리지는 않는다.

알레그라의 선택이 바뀌는 것은 전적으로 타당해 보였다. 그녀는 항상 뇌에만 관심을 가졌다. 뇌가 늘 그녀의 방향이었다. 뇌에 대한 그녀의 열정은 신경외과를 통해 나타날 수 있다고 생각했지만, 이제 그녀는 뇌를 중점적으로 다루는 또 다른 전공과목인 정신의학과로 선회했다. 그녀가 자신과 그녀의 관심사에 대해 아는 모든 것이 거짓이었던 게 아니다. 한 가지 버전의 그녀가 끝나고 또 다른 버전이 시작되는, 모래 위에 그린 선이 아니다. 이 전환은 분명 실패가 아니다. 그보다 알레그라는 정확히 그녀가 의도한 대로 자연스럽게 방향을 따라 진화하고 있다. 이것은 180도 전환이라기보

두려워하는 자아 vs. 진정한 자아 비교

이 장에서 실시한 작업에서 얻은 당신에 관한 정보로 아래 단락을 채워 보자.

	두려워하는 자아	진정한 자아
일반적 특징		
접근법	목적지향적	방향을 따름
목표	생존	번영
언어	네 가지 조짐, 두려움	조화
느낌	차가움, 어렵고 무거움	따뜻함, 가볍고 옳음, 쉬움
말투	말과 정당화. 논리적	언어를 사용한 논리가 없음
사는 곳	뇌	몸/감각
결과	맹목적 야심, 충만함 결여, 충만통	조화로운 야심, 충만함
개인적 경험		
이름		
참고할 수 있는 경험		
당신이 느끼는 감각		

다 작은 전환에 더 가깝다.

게다가 이 선택에 확신을 더하는 더 심오한 변화가 벌어지고 있었다. 이것은 신경외과에서 정신의학과로의 전환이나 선택지 A에서 선택지 B로의 전환에 관한 것만이 아니었다. 오래된 목적지 향적 방식에서 방향을 따르는 새로운 방식으로의 전환, 두려워하는 자아가 이끄는 삶에서 진정한 자아가 이끄는 삶으로의 전환이기도 했다. **당연히** 이런 전환은 복잡한 감정을 느끼게 한다. 알레그라가 그녀에게 유일한 길이라고 확신했던 경로는 알고 보니 그녀에게 맞지 않는 것으로 밝혀졌다. 그리고 그에 더하여 그녀는 삶을 설계해 온 방식의 모든 근간, 모든 의사결정의 전제가 그녀에게 도움이 되지 않았으며 사실 **평생** 동안 그녀를 약화시키고 있었음을 깨닫기 시작했다. 그야말로 충격적인 사실이었다.

삶에 대한 접근 방식과 삶의 전략을 재평가하고 바꾸는 일은 급진적이다. 작은 일이 아니다. 그리고 내가 내담자들에게 자주 말하듯이, 이 작업은 대체로 수월해지기 전에 더 어려워진다. 그렇다고 해서 방향에 비추어 잘못되었다는 신호로 볼 필요는 없다. 오히려 진정한 변화가 깊은 곳에서부터 이루어지는 중이라는 신호일 수 있다. 우리는 지금 기나긴 게임을 하고 있다. 불편함을 피하는 삶이 아니라 내면의 평화를 이루는 삶을 이야기하고 있다.

추신: 알레그라는 결국 정신의학과를 택했다. 현재 아주 만족하고 있다.

6장

3단계
: 문제 놓아버리기

PHASE III: RELEASE

지금까지 우리는 내면의 길안내 시스템을 이용해서 진정한 자아와 맞는 조화로운 선택을 하는 법에 대해 다뤘다. 하지만 조화롭지 못한 무슨 일이 삶에서 벌어져 목적지향적 사고로 돌아갈 위기에 처하면 어떻게 될까? 혹은 한때 조화롭던 무언가가 더 이상 그렇지 않게 된다면? 이미 존재하는 두려워하는 자아와 방향에 비추어 옳지 않은 결정들이 남긴 모든 유산이 당신을 오래된 목적지향적 삶에서 벗어나지 못하게 한다면?

방향을 따르는 삶에 일단 연결되고 나면 그것을 어떻게 유지해야 할까? 방향을 따르는 삶을 산다는 건 어렵게 얻은 방향을 따르는 삶을 위험에 빠뜨리는 '차갑고' 조화롭지 못한 부분들을 알아차리고 제거하는 동시에 계속해서 조화로운 결정을 내리는 과정이기도 하다. 이것은 올바른 방향으로 가는 길을 막는 방해물들을 제거하고 그 방향을 유지하는 일만큼이나 중요한 일이다.

말로 하면 아주 간단하다. '방향에 비추어 옳은' 것을 추가하고, '방향에 비추어 옳지 않은' 것을 제거하라. 그렇게 해버리면 그만이다. 하지만 안타깝게도 공허한 과잉성취자들에게 이 일은 그렇게 뻔하지 않다.

내 친구 버지니아를 예로 들어보자. 수개월 동안 그녀는 지독한 두통에 시달렸으나 견딜 만하다며 '한낱' 두통으로 치부하고 넘어갔다. 아플 때마다 두통약을 더 많이 먹으며 버텼는데, 왜냐하면 두통이 엄마로서, 기업 대표로서 그녀가 이루려는 모든 것에서 신경을 거스르는 방해요소였기 때문이다. 하지만 결국 버지니아는 응급실에 가게 되었고, 의사에게 그때까지 본 중 가장 심각한 부비동염이라는 진단을 받았다. 의사는 놀라워하며 그녀에게 물었다. "이런 상태를 어떻게 버티며 살고 있죠?"

버지니아가 내게 이 이야기를 처음 했을 때, 나는 구글에서의 내 삶과 그녀의 삶이 비슷하다는 생각을 했다. 나는 한 번도 멀쩡한 적이 없었지만, 수년간 아픈 것을 무시하고 멀쩡한 척 살았다. 꾹 참았고, 이런저런 구실을 대며 정당화했고, 생각해낼 수 있는 모든 통증 관리 방법을 동원해서 고통에 무감각해지려 했다. 고통이 단순한 불편함에서 해결하지 않으면 **안 되는** 응급상황이 될 때까지 강제로 그것에 익숙해지려 애썼다. 그러면서 점점 망가지는 삶에 만족했다. 나는 도대체 그런 상태를 어떻게 버티며 **살았던가?**

이것은 버지니아나 나만의 이야기가 아니다. 공허한 과잉성취자들이 하루 종일, 매일을 버티며 사는 방식이다. 이는 목적지향적인 삶이 남긴 결과였다. 우리는 목적지에 지나치게 집중하는 바람에 그 과정에서 일어나는 일이 얼마나 고통스럽든 돌보지 않거나 일부러 무시한다. 나와 함께 한 모든 공허한 과잉성취자는 "그런 상태를 어떻게 버티며 살고 있죠?"라는 질문에 딱 들어맞는다. 나는 이런 상태를 '더 이상 버티기 힘든 문제'라고 부르기 시작했다. 내가 회사 화장실 바닥에서 스스로에게 던진 질문으로 돌아가 보자. 대부분의 공허한 과잉성취자들이 살다가 한 번쯤 스스로에게 던지는 질문이다. **어쩌다 이 지경이 되었을까?** 더 이상 버틸 수 없는 문제를 버텨내다 보니 그렇게 된 것이다.

더 이상 버티기 힘든 문제는 진정한 자아와의 부조화로, 우리는 그 정도가 '별로 심하지' 않다고 확신하고, 문제를 완전히 무시하며 그로 인한 고통과 불편함을 인식하길 거부한다. 이러한 문제는 시인 새뮤얼 테일러 콜리지Samuel Taylor Coleridge의 작품 속에 등장하는 앨버트로스 새와 다름없다. 큰 새가 우리의 목덜미에 앉아 있지만 우리는 그것이 없는 척 혹은 더 심각하게는 그것이 필요한 척하며 산다. 내 경우 이 죽은 새가 내 몸을 완전히 덮은 상태나 마찬가지였다. 우리는 더 이상 버티기 힘든 문제를 안고 있는 **스스로를** 가스라이팅한다.

당신은 더 이상 버티기 힘든 문제를 인식할 수 있다. 왜냐하면 그런 문제는 사포와 유사한 속성이 있기 때문이다. 문제들은 진정한 자아와 부딪히며, 우리가 그것과 상호작용할 때마다 불편하고 심지어 고통스럽다. 공허한 과잉성취자들은 이러한 거친 사포 같은 감각에 아주 익숙하지만, 그것의 원인이나 해결 방법은 전혀 모른다. 원래 그런 거라고 추측할 뿐이다. 사실, 우리는 진정한 자아와 맞지 않는 상태에 너무도 익숙해서 대개 문제를 의식적으로 인식하지 못한다. 그것이 바로 '더 이상 버티기 힘든 문제'가 그토록 암암리에 널리 확산되는 이유다.

분명 우리는 그런 상태를 '부조화'나 '차가운 느낌' 혹은 '어려움과 무거움' 같은 말로 부를 수 있다. 하지만 뭔가에 이름을 정확하게 붙이면 힘이 생긴다. 더 이상 버티기 힘든 문제는 나와 성공적으로 조화를 이루고, 가장 충만한 삶을 살고, 삶을 나에게 맞추는 데 아주 큰 방해요소여서 그것만 가리키는 단어가 필요하다. 그런 문제를 견디는 공허한 과잉성취자의 태도 이면에서 작용하는 심리를 한 마디로 표현할 용어가 필요하다. 그래서 그런 문제를 '더 이상 버티기 힘든 문제'라고 부르는 것이 '내가 싫어하는 것'이라고 말하는 것보다 훨씬 더 적절하다.

나는 코칭을 하며 더 이상 버티기 힘든 문제와 같은 것들에 이름을 붙여 정확히 정의할 때 변화가 시작되는 것을 거듭 목격했다. 그렇게 하면 문제를 계속 정당화하고 부인하거나 가볍게 넘기는 대신 진지하게 다룰 가능성이 훨씬 커진다. "나는 내 일이 싫어"라고 말하는 것보다 "내 일은 더 이상 버티기 어려운 문제야"라고 말하면 확실히 다른 느낌을 더해준다. 무언가를 '더 이상 버티기 힘든 문제'라고 명명하는 행동에는 책임감 그리고 궁극적으로 행동이 내

포되어 있다.

고통을 인정하라

더 이상 버티기 힘든 문제가 삶을 어떻게 바꾸는지 가장 잘 보여주는 예시가 있다. 그레이스는 내 내담자가 아니라 내담자의 친구였다. 그녀는 경제적인 이유로 대학을 중퇴하고 전임제 일자리를 얻었다. 그녀는 훌륭한 카피라이터이며, 커리어를 잘 키웠고 그런 삶을 만끽했다. 하지만 대학을 졸업하지 않아 학위가 없다는 사실이 마음에 걸렸다. 수년간 그녀는 이 문제를 그냥 무시하려 했다. 분명 이 문제는 그녀의 생계에 별로 중요하지 않았다. 그녀는 커리어와 삶에서 아주 잘 지내고 있었기 때문이다. 그러다 어느 날 내 내담자가 그레이스에게 '더 이상 버티기 힘든 문제'라는 개념에 대해 말해주었다. 그레이스의 표현을 빌리자면, 그건 큰 깨달음이었다. 이 개념에 대해 알게 되자마자 그녀는 대학 중퇴가 그녀에게 '더 이상 버티기 힘든 문제'라는 것을 알게 되었다. 그렇게 문제를 인식하자 대학 졸업장이 '대학을 졸업했으면 좋았을 텐데'라는 막연한 아쉬움이 아니라 더 이상 무시할 수 없는 최우선 과제가 되었다. '더 이상 버티기 힘든 문제'라는 라벨이 붙자 그 문제를 해결해야 할 의무가 생겼다. 막연한 생각을 분명한 이름으로 부르는 것만으로도 힘이 생겼으며 의지에 불이 붙었다. 곧 그녀는 실제로 학위를 마칠 계획을 세웠고, 일단 계획을 세우자 굉장히 가볍고 자유롭고 자기답다는 느낌을 받았다고 했다. 그녀는 내게 그전까지 그 문제가 얼마나 큰 마음의 짐이었는지 깨닫지 못했다고 했다.

버지니아는 어떻게 그렇게 오랫동안 통증을 무시하고 살 수 있었을까? 그레이스는 대학 학위를 받고 싶은 욕구를 왜 무시했을까? 이 문제는 내가 어떻게 구글에서의 고통을 견뎌낼 수 있었는지와 같다. 목적지향적 경로에 머물기 위해 사포로 문지르는 고통과 불편함을 참아야 하는 삶, 책임감 있는 어른이 되기 위해서는 '성공'과 타인의 인정을 얻기 위해 온갖 쓰레기 같은 문제를 애써 받아들이고 자신의 진정한 바람과 욕구와 편안함은 희생시켜야한다는 믿음을 따르는 삶. 이는 공허한 과잉성취자들의 뇌리에 너무도 깊이 새겨져서 그들은 어떤 종류의 고통에도 대응할 가치도, 필요도 느끼지 못하게 된다. 고통이라는 신호가 가치 있는 정보로 인식되지 않는 것이다.

더 이상 버티기 힘든 문제는 우리가 의식적으로 또는 무의식적으로 자기 자신에게 하는 거짓말이다. 문제를 없애기 위해선 그 거짓말을 낱낱이 밝혀야 한다. 애초에 우리의 자아와 조화롭지 않은 일을 계속하면서 진정한 자아에게 맞출 수 없다. '더 이상 버티기 힘든 문제'를 유지하면서 오래된 목적지향적 삶의 패턴을 해체할 수는 없다. 우리는 대체로 자기 자신에게 진실되지 않다는 것을 알지 못하기 때문에 그렇게 하는 법을 배워야 한다. 놀랍게도 우리는 이런 가르침을 받지 못했다. 요컨대 더 이상 버티기 힘든 문제를 파악하는 일, 그리고 공허한 과잉성취자의 회복 과정 전체는 실제로 삶에 대한 진실을 스스로에게 말하는 훈련이다.

더 이상 버티기 힘든 문제를 견뎌낸다고 생각할 때 무엇이 떠오르는가? 구글은 내게 가장 큰 더 이상 버티기 힘든 문제였지만 분명 그게 전부는 아니었다. 샌프란시스코에 사는 것도 더 이상 버티기 힘든 문제였다. 게다가 더 이상 버티기 힘든 문제가 되어 버린 관계에서 벗어나지 못하고 있었다. 팀에 맞지 않는 사람들을 고용하는 바람에 그들도 내게 더 이상 버티기 힘든 문제가 되어 버렸다. 운동 루틴도 굉장히 성실하게 지켰는데, 그것 역시 더 이상 버티기 힘든 문제가 되어 버렸다.

원치 않는 기조연설을 수락하든, 기분이 좋지 않은 관계를 유지하든, 내적 불안을 유발하는 커리어를 추구하든 모두 당신이 만든 부조화와 진정한 자아를 무시하는 일에 동참하는 것이다. 그 결과는 늘 같다. 충만함을 느끼지 못한다. 인생이 더 이상 버티기 힘든 문제로 가득 차 버리면 충만하고 진실된, 방향을 따르는 삶을 살 수 없다.

그러므로 더 이상 버티기 힘든 문제를 해결하는 방법은 삶에서 더는 원치 않는 것을 제거하여 원하는 것을 위한 공간을 확보하는 것이다. 모든 일에는 기회비용이 따른다. 더 이상 버티기 힘든 문제는 특히 많은 공간을 잡아먹는다. 더 이상 버티기 힘든 문제를 받아들이면 방향에 비추어 옳은 길로 갈 기회를 잃는 것이다. 더 이상 버티기 힘든 문제는 충만함과 진정한 자기와의 조화를 방해하는 요소다. 그 자체로 문제일 뿐만 아니라 우리가 더 큰 무언가, 방향에 비추어 옳은 다양한 일들을 하는 것을 불가능하게 막는다.

이 단계에서 해야 할 것은 진정한 자아와의 조화나 충만함을 찾는 일보다 그것들에 도달하지 못하게 막는 것들을 해결하는 것이다. 달리 말해 삶을 더 이상 버티기 힘든 문제에서 벗어나게 해야 한다. 오직 그럴 때만 방향을 따르는 삶을 위한 충분한 공간을 확보할 수 있다.

'더 이상 버티기 힘든 문제'의 해결 과정

더 이상 버티기 힘든 문제의 해결 과정은 봄맞이 대청소와 같다. 옷장을 정리할 때와 같이 인생을 정리한다. 이 과정은 3단계로 이루어진다. (1) 없애야 할 것 파악하기, (2) 분류하기, (3) 제거하기. 곤도 마리에의 《정리의 기술》을 읽어본 적이 있거나 넷플릭스 프로그램 〈곤도 마리에: 설레지 않으면 버려라〉를 본 적이 있다면 이미 이 과정이 어떻게 진행되는지 알 것이다. 첫 단계에서는 곤도와 같은 방식으로 당신 인생의 '옷장' 안에 있는 모든 물건을 꺼낸다. 옷걸이의 옷들을 빼내어 모두 펼쳐놓는다. 하나하나 '입어보고' "이것은 조화로운가 아니면 더 이상 버티기 힘든 문제인가?" 하고 묻는다(이 질문은 곤도의 "이것이 즐거움을 주는가?"에 해당된다). 조화로우면 다시 인생의 옷장에 넣을 수 있다. 그렇지 않으면 더 이상 버티기 힘든 문제

더미로 직행한다. '정말 좋아' 또는 '정말 싫어'로 분류하는 것이다.

더 이상 버티기 힘든 문제를 파악할 때는 당신에게 잘 맞춰진 내면의 길안내 시스템에 의존한다. 더 이상 버티기 힘든 문제를 입고 있으면, 스펙트럼에서 '차갑고', 방향에 비추어 옳지 않고, 어렵고 무거운 두려워하는 자아 쪽에 있는 것처럼 느껴진다. 반면 진정한 자아와 조화로운 것을 입으면, 예상할 수 있듯이 '따뜻하고', 방향에 비추어 옳고, 가볍고 옳은 진정한 자아 쪽에 있는 것처럼 느껴진다. 늘 당신의 길안내 시스템의 표시를 확인하라. 하지만 일단 우리는 지금 원하는 상태로 나아가는 게 아니라 무엇이 그 상태로 가지 못하게 막는지 파악하는 법을 배우고 있다.

우선 일정표부터 시작하자. 다음 달 일정표를 꼼꼼히 살피고 모든 항목을 적었다고 상상해 보라. 가령 내담자와의 미팅, 매달 10일에 있는 전체 회의, 팀 회의, 팀과의 점심 데이트, 매주 월요일과 목요일의 필라테스 수업, 지역 커뮤니티 활동 회의, 재무상담사와의 상담 약속, 콘서트, 조카의 댄스 발표회, 약국에서 조제약 받아오기 등등이 있다. 주말 스키 여행을 간다고 생각해 보자. 마음속으로 스키 타기를 입어보고 그것이 진정한 자아와 잘 어울린다고 생각되면 그 일정은 휴가가 된다. 하지만 '조화로운' 느낌을 기대하며 스키 여행을 몸에 걸쳐봤을 때 실제 느낌은 **우웩, 어렵고 무거움, 불안, 긴장**과 같을 수 있다. 그렇다면 스키 여행은 더 이상 버티기 힘든 문제다.

문제를 직접 입어보기 전까지는 사실 당신이 이 여행을 원치 않았다는 사실을 알지 못했을 수 있다. 그런데 곰곰이 생각해 보니 사실 당신은 다른 사람들과 숙소를 공유하는 것도 싫어하고 심지어 스키 타는 것조차 좋아하지 않는다는 것을 깨달을 수도 있다. 게다가 생각보다 많은 돈을 써야 하기까지 하다. 차라리 해변에 가고 싶다. 스키 여행과 관련된 모든 게 그저 피곤하게만 들린다.

이제 어떤가? 공허한 과잉성취자로서 당신은 그동안 이런 나쁜 느낌들을 무시하고, 대부분의 일들에 대해 '조화로워야 하기' 때문에 조화로운 척하고, 그것들이 불편해도 인생의 옷장에 얌전히 다시 넣어두었을 것이다. **"아무도 모를 거야, 그렇겠지? 대단한 일이 아니잖아. 뭐 얼마나 나쁘겠어? 나는 진통제로 버텨볼 거야"**와 무척 흡사하게 들린다. 하지만 나쁜 느낌을 무시하지 않는 게 대단히 중요하다. 자기 자신에게 솔직해져라.

당신이 솔직해지지 못하는 많은 이유가 있다. 타인의 비위를 맞추려는 욕구를 가지고 있기 때문에, 모두의 계획을 틀어지게 할 때 우리는 죄책감을 느낀다. **'친구들과 연인이 무척 실망할 거야'** 하고 생각할 수 있다. 징징대거나 투덜거리는 사람이 아닌, 둥글둥글하고 쿨한 사람으로 보이길 원할 수도 있다. 특권 의식이 있거나 감사할 줄 모르는 사람으로 보이고 싶지 않을 것이다. 공허한 과잉성취자들은 둥글둥글하고 '유연한' 것―다른 모든 사람의 욕구와 선호를 자신의 것보다 앞세우는 것―이 너그럽고, '옳은' 일이며, 사랑받기 위한 전제 조건이라고 믿는 경향이 있다. '쿨'하고 '무엇이든 받아들이는' 태도는 훼방꾼으로 여겨질 수 있는 태도보다 훨씬 안전하게 느껴진다. 타인에 반대하는 태도는 당신에게 소중한 관계를 위험에 빠뜨릴 거라 생각한다.

더 이상 버티기 힘든 문제를 제거하면 메꿀 수 없는 구멍이 나게 될 거라는 두려움이 더러 있다. **만일 내가 그 주말에 다른 계획을 세우지 못하면 어쩌지? 뭘 해야 할까? 집에 앉아서 기분 나쁜 뉴스만 계속 들여다보게 되면 어쩌지?** 만일 스키 여행을 가지 않는다면, 이번 겨울엔 휴가를 아예 가지 못할 가능성도 있다. 혹은 더 이상 버티기 힘든 문제라는 이유로 관계를 끊으면, 영원히 혼자가 되어 외로울까 봐 걱정할 수도 있다. 나를 괴롭게 하는 일을 그만뒀는데 아무도 나를 채용하지 않아서 평생 실업자로 남게 되면 어쩌지? (이것은 결핍 중심적 사고로, 두려워하는 자아의 전형적인 전술이다.) 두려워하는 자아는 변화보다 현상 유지를 원하기 때문에 항상 확실한 현재의 것을 불확실한 미래의 것보다 중시하는 논리를 택한다. '아는 고통이 모르는 가능성보다 낫다'고 생각하기 때문이다.

당신에게 묻고 싶다. 왜 원치 않은 여행에 시간과 돈과 휴가를 쓰려 하는가? 그런 여행은 재충전이 되기보다 더 지치지 않을까? 무엇을 위해 그렇게 하는가? 몇 안 되는 사람들을 실망시키지 않기 위해? 이런 식으로 조목조목 따져보다 보면, 우리가 원치 않는 일을 하도록 자기 자신을 설득하기 위해 얼마나 복잡한 변명을 하고 있었는지 분명하게 알 수 있다.

타인을 실망시키고, 분위기를 망치는 존재가 되고, 메꿀 수 없는 구멍이 생기는 것에 대한 모든 걱정은 더 이상 버티기 힘든 문제를 인정하기 두려운 마음에서 비롯된다. 하지만 더 이상 버티기 힘든 문제의 파악을 어렵게 하는 가장 큰 장애물은 그것을 제대로 파악하려면 해결책을 정확히 알아야 한다고 믿는 것이다. 우리는 문제를 제대로 명명하기도 전에 그것을 '해결하는' 단계로 건너뛰는 경향이 있다. 문제의 해법을 지금 알아야만 그것을 더 이상 버티기 힘든 문제로 정의할 수 있다고 생각한다. 이것이 바로 목적지향적인 사고다.

문제를 발견한 뒤에 그것에 대해 아무것도 **하지** 않아도 된다는 것을 알게 되면 문제에 대한 평가가 훨씬 솔직해진다. 지금 이것은 문제 해결 훈련이 아니다. 예/아니오 객관식 훈련이다. '이 스키 여행은 더 이상 버티기 힘든 문제인가? 그렇다.' 이후에 무엇을 할 것인지, 인정한 결과로 어떤 사건이 벌어질지 아닐지, 어떤 대화가 발생할지 아닐지, 그 밖에 미래에 벌어질 일들은 지금 단계에서 고려사항이 아니다.

자기 자신에게 솔직해지기 위해선 문제를 파악하는 것과 제거하는 것을 분리하는 것이 핵심이다. 이것은 타당한 이유에서 두 가지 단계로 구성된다. **이것이 진정한 자아와 조화로운가 아니면 더 이상 버티기 힘든 문제인가?** 지금으로서는 이것만이 당신이 알아야 할 전부이니 이 질문을 계속 되뇌어라. 더 이상 버티기 힘든 문제를 인정하고 파악하는 것만으로도 놀라울 정도로 많은 문제가 해결이 된다. 설령 구멍이 생긴다 해도 의미 있는 전환으로 이어질 수 있다. 자기 자신을 속이며 모두에게 스키 여행을 정말 가고 싶다고 말하느니 "이번 스키 여행은 더 이상 버티기 힘든 문제야. 그래도 어쨌든 나는 갈 거야"라고 말하는 게 낫다. 더 이상 버티기 힘든 문제는 그냥 놔둘수록 점점 악화되기 때문에 우리는 그것을 정확하고 신속하게 명명하는 습관을 들여야 한다.

스키 여행뿐만 아니라 주말여행, 커리어, 결혼, 교우관계, 학업, 중독과 같은 문제들 모두 정확히 똑같은 메커니즘과 패턴을 가지고 있다. 무언가를 더 이상 버티기 힘든 문제로 정의하는 것은 간단하다. "이것은 방향에 비추어 옳게 느껴지지 않아"라고 말하기만 하면 된다. 그리고 이렇게 덧붙이길 바란다.

"나는 더 이상 이런 상태로 버티며 살지 않을 거야."

일정표 대청소

일정표는 당신이 삶에서 선택한 사람, 장소, 사물의 '영수증'을 모아 놓은 훌륭한 카탈로그다. 따라서 당신 인생의 '옷장' 정리를 시작하기에 완벽한 장소다. 일정표에 적힌 모든 항목, 사적인 것과 업무와 관련된 것 모두 옷장 속의 옷으로 취급한다. 차 마시는 약속, 회의, 식사, 업무 프로젝트, 사교 모임 하나하나를 마음속으로 '입어본다.' **이것이 나의 진정한 자아와 조화로운가? 아니면 더 이상 버티기 힘든 문제인가?**

약속 장소에 있다고 상상하거나 아침에 일어나서 그런 일정이 있다는 것을 깨달았을 때 어떤 느낌일지 상상해 본다. '우웩' 반응이 나타날 때마다 눈여겨본다. 일정이 있는 당일까지 문제를 회피하려고 하는가? 메스껍거나 가슴이나 목이 답답하다면 '차갑고' '어렵고 무거운' 느낌이 분명하다. 그렇다면 그 일은 더 이상 버티기 힘든 문제다.

다음의 세 가지를 명심하라.

1. 너무 중요하거나 너무 사소한 일은 없다. 당신이 일하는 분야 전체든 일상의 일이든 모두 더 이상 버티기 힘든 문제가 될 수 있다. 모두가 좋아하는 것처럼 보이지만 당신에겐 거슬리는 피트니스 강사도 더 이상 버티기 힘든 문제가 될 수 있다. 무언가가 당신 내면의 길안내 시스템과 맞지 않으면, 그것이 바로 더 이상 버티기 힘든 문제다. 당신 인생의 근간이 되는 모든 것이 더 이상 버티기 힘든 문제일 수도 있다. 내 경우엔 그랬다. 내 관계, 직업, 사무실, 내가 살고 있는 도시 — 이 모든 게 한때 더 이상 버티기 힘든 문제였다. 명심하라. 더 이상 버티기 힘든 문제라고 선언하기 위해서 해결 방법을 꼭 알아야 할 필요는 없다.

2. 정당화는 용납되지 않는다. 열여섯 살에 입었던 드레스는 이제 너무 작아 입을 수 없다. **'수선해서 입으면 혹은 휴가를 가면 입을 수 있을 거야'** 따위는 없다. 혹은 **'이번 주말만이야'** 혹은 **'돈을 쉽게 벌 수 있고 이력서에 넣기도 좋잖아'** 이런 생각도 받아들여질 수 없다. 더 이상 버티기 힘든 문제는 '정말

좋아' 아니면 '정말 싫어'로 해결한다. 한 내담자는 내게 그녀가 더 이상 버티기 힘든 문제에서 벗어난 과정을 설명할 때 하이디 클룸이 〈프로젝트 런웨이〉에서 특유의 스타카토 화법으로 한 말—"남거나 퇴출되거나 둘 중 하나야."—이 들린다고 했다.

3. 더 이상 버티기 힘든 문제는 주관적이다. 무엇이 더 이상 버티기 힘든 문제이고 아닌지에 대한 절대적인 기준은 없다. 판단의 절대적인 기준이 있는 양 말하는 것은 목적지향적 삶과 객관성이라는 조짐에 해당된다. 옳은 것도 그른 것도 없다. 여기에는 어떠한 판단도 적용되지 않는다. 더 이상 버티기 힘든 문제의 해결은 다른 사람과는 무관한, 전적으로 개인적인 과정이다. 내담자 가운데는 사랑을 찾는 일이 더 이상 버티기 힘든 문제인 사람들도 있었다. 또한 정반대의 더 이상 버티기 힘든 문제로 힘들어하는, 즉 짝이 있지만 싱글이 되길 간절히 원하는 내담자들도 있었다.

'더 이상 버티기 힘든 문제' 해결하기

1단계: 더 이상 버티기 힘든 문제를 파악한다.

1. 일정표를 꺼내어 최소한 지난 30일과 향후 30일 동안의 업무

와 개인적인 약속을 꼼꼼히 살펴본다. 모든 항목을 목록으로 작성한다.

2. 항목을 하나씩 '입어본다.' 그것이 조화로운지 아니면 더 이상 버티기 힘든 문제인지 판단한다.

3. 목록에서 따뜻하고 조화로운 모든 항목 옆에 V 표시를 한다. '차갑고' 더 이상 버티기 힘든 문제인 모든 항목 옆에 × 표시를 한다.

축하한다. 이렇게 당신은 더 이상 버티기 힘든 문제의 목록을 작성하기 시작했다. 이 단계에서는 문제를 파악하는 것 외에는 어떤 것도 걱정하지 마라. 그리고 더 이상 버티기 힘든 문제를 가진 것이 옳은지/잘못인지 혹은 좋은지/나쁜지 역시 생각하지 마라.

일정표에서 더 이상 버티기 힘든 문제가 될 수 있는 항목들의 예가 여기 있다. 가령 지난달에 참석한 베가스에서의 회의, 애증 관계인 친구와의 커피 타임, 아침 8시 전의 모든 회의. 그 내담자와의 모든 세션, 그 부사장님과의 모든 프로젝트, 점심 휴식 시간이 없는 모든 날, 모든 화요일, 디너파티, 토요일의 옷차림, 출퇴근, 줌 회의, 아이디어 회의가 될 수 있다.

2단계: 더 이상 버티기 힘든 문제들을 분류한다.

2단계에서는 당신이 파악한 더 이상 버티기 힘든 문제 더미를 가지고 제거 단계로 가기 전 준비를 한다. 이를 위해 실제로 옷장 정리를 할 때처럼 세 가지 기준으로 구분한다.

1. 버릴 것/기부할 것
2. 유보/생각해 볼 것
3. 어쨌든 유지할 것

각각의 더 이상 버티기 힘든 문제가 어느 기준에 부합하는지 바로바로 완벽하게 파악하고 방출할 수 있을 거라 기대하지 마라. 문제를 알아차렸으니 이제 제거하면 그만이지만 우리는 인간이고 (공허한 과잉성취자들에겐 충격적인 소식이다) 목적지향적 방식이 남긴 유산에 저항하고 있는 중이다. 모든 문제가 바로 해결될 거라는 기대는 두려워하는 자아를 활성화하며, 작업을 어렵고 감정적으로 만든다. 우리에게는 앞으로의 삶에 기반이 될 실질적인 해법이 필요하다. 시간을 들여 더 이상 버티기 힘든 문제를 다뤄라. 앞의 세 가지 기준은 더 이상 버티기 힘든 문제의 파악과 제거 사이에 약간의 여유를 만들어 준다. 그렇게 되면 압박감도 줄어들고 더 이상 버티기 힘든 문제를 더 효과적으로 해결할 수 있다.

첫 번째 기준인 버릴 것/기부할 것으로 최대한 많은 문제를 해결한다. 우리가 더 이상 버티기 힘든 문제라고 매우 확신하는 것들이다. 당신은 이것들을 끝장낼 만큼 충분히 준비가 되어 있다. 오늘 이후로 이 기준에 맞춰 처리한 문제들은 다시는 생각하지 않을 것이다.

특히 이러한 문제들을 다른 누군가에게 기부한다고 생각하면 좋다. 당신에게 더 이상 버티기 힘든 문제인 일을 그만두는 것은 실제로 그 일이 오랜 꿈이고 진정으로 잘 맞는 사람에게 일을 넘겨 주는 것이나 다름없다. 인간관계에서도 마찬가지다. 더 이상 버티기 힘든 문제인 사람을 놓아주면 그와 당신 모두 '정말 좋아'인 다른 누군가와 관계를 맺을 수 있다.

두 번째 기준인 유보는 '**전에는 몰랐는데 이제 보니 버려야 할 이유를 알겠네. 어떻게 해야 할지 모르겠어. 아직 버릴 마음의 준비가 된 건지 잘 모르겠어. 고민 좀 해봐야 해. 이 생각에 적응할 시간이 좀 필요해**' 같은 생각이 드는 대상이다. 당신이 사는 아파트가 유보 대상일 수도 있다. 당신이 사는 아파트를 좋아하려고 억지로 애쓰고 있다면, 유보 끝에 결국 이런 말을 하게 될지도 다.

"이 아파트는 내게 더 이상 맞지 않아. 나는 더 좋은 동네에 있는 더 넓은 집을 원해. 지하철에 가깝지 않아도 돼. 이제 주로 재택근무를 하니."

물론 지금으로선 이 생각을 받아들이기 힘들 수 있다. 이사는 큰일이다. 한 번에 결정을 내리고서 "좋아. 이사 갈 거야" 하고 말하기는 쉽지 않다. 언제 이사가 가능한지, 실제로 이사가 가능한지 생각하며 처리할 시간이 필요하다.

마지막 기준인 유지는 가장 작은 더미가 되길 바란다. 우리는 여기에 속한 문제들을 당분간 유지할 것이다. 하지만 이 더미에 여전히 더 이상 버티기 힘든 문제가 포함되어 있는 사실을 잊어선 안

된다. 우리에게 도움이 되지 않는다는 것을 우리도 **알지만** 어떤 이유에서든 (아직!) 제거하는 것은 상상조차 할 수 없는 것들이다. 이러한 문제들은 보통 뿌리가 아주 깊다. 가령 나는 구글을 몇 년 동안 세 번째 기준에 두고 고민했다. 물론 나는 그 당시 구글이 내게 얼마나 버티기 힘든 문제인지 인식하지 못했지만, 나를 채워주지 못한다는 것은 알고 있었다. 하지만 구글을 내 삶에서 제거하거나 다른 누군가에게 기부할 생각은 전혀 하지 못했다. 버려질 더미로 분류할 용기가 없었다.

문제들을 이런 방식으로 처리하는 것을 부끄러워하지 않아도 된다. 다시 말하지만, 더 이상 버티기 힘든 문제가 아닌 척하는 것보다 '고통스럽지만 견뎌내기로 선택한 더 이상 버티기 힘든 문제'(농담이지만, 사실 농담이 아니다)라고 이름을 붙이고 끌어안고 사는 게 낫다. 더 이상 버티기 힘든 문제를 외면하고 회피하는 건 그것을 인정하고 계속 안고 사는 것보다 방향을 따르는 삶에 훨씬 더 큰 위협이 된다.

3단계: 제거한다 혹은 더 이상 버티기 힘든 문제를 해결한다.

세 가지 목록에 있는 더 이상 버티기 힘든 문제들을 모두 해결했다고 상상해 보기.

모든 문제가 사라졌다고 생각해 보자. 어떻게 그런 일이 벌어질 수 있는지 걱정 마라. 그저 목록을 훑어보고 이 모든 문제가 당신의 인생에서 사라지면 어떤 기분일지 생각하고 그 기분을 만끽하라. 더 이상 버티기 힘든 문제가 전혀 없는 삶은 어떤 기분일까? 더 이상 버티기 힘든 문제가 없으면 삶이 얼마나 달라질지, 즉 얼마나 더 가볍고, 훨씬 더 여유롭고, 훨씬 덜 부담스러울지 상상해보라.

삶에서 불필요하거나 무의식적으로 견디고 있는 게 전혀 없는 상태를 상상해 보라. 감당하기 어려울 만큼 많은 내담자의 수, 주말에 상사가 보낸 문자, 자녀들의 극심한 편식, 부상으로 인해 생긴 만성 허리 통증, 지하철 출퇴근, 여성 혐오가 담긴 태도나 말, 보이지 않는 노동과 한쪽으로 치우친 가사노동, 허슬 컬처….

일, 관계 혹은 일상생활이 더 이상 버티기 힘든 문제가 아니게 된 세상을 그려보라. 일정표를 볼 때 그 어떤 항목에도 두려움이 생기지 않는다. 오히려 참석하면 신이 나는 일정으로 꽉 차 있다. 당신의 삶에 짐이 줄어들기 시작한다. 앞으로 펼쳐지는 모든 일에 기꺼이 참여하고 싶고 호기심이 생긴다. **조화가 내게 무엇을 가져다줄까? 어떤 새로운 경험들이 나의 방향에 비추어 옳은 경로에서 펼쳐질까?** 당신을 '당위'와 목적지향적 태도에 묶어두는 더 이상 버티기 힘든 문제가 전혀 없을 때, 당신 내면의 길안내 시스템에 잡음이 사라지고, 방향에 비추어 옳은 경로가 뚜렷해진다. 지금으로서는 동화 같은 소리로 들리겠지만, 과장이 아니다. 나는 우리가 함께 하는 작업이 끝날 때 당신이 이런 결말을 기대해도 좋다고 보장한다.

더 이상 버티기 힘든 문제가 전혀 없는 삶이란 비현실적이지만—특히 가장 버티기 힘든 문제들의 일부가 시스템과 구조에서 비롯된 세상에서는—다음의 내용을 명심한다면 우리가 원하는 만큼 충분한 자유를 누리는 것은 가능하다. 더 이상 버티기 힘든 문제들을 안고 살아간다 해도 전혀 실패한 것이 아니다. 문제를 해결하려는 노력에 착수한 것만으로도 가치가 있다. 사실 이런 노력은 공허한 과잉성취자의 회복에 필수적이다.

물론 더 이상 버티기 힘든 문제는 그냥 사라지지 않는다(슬프게도 그렇다). 문제를 없애기 위해서는 노력이 필요하다. 이제 우리는 버릴 준비가 되어 있는 더 이상 버티기 힘든 문제를 해결하는 법을 알아갈 것이다. 두려워하지 마라. 한 번에 다 하지 않아도 된다. 이 책의 뒷부분에 도움이 될 만한 전략들을 추가해놨다.

더 이상 버티기 힘든 문제를 해결하는 방법은 바로 경로를 조정하는 것이다. 어느 지점에서인가 우리는 진정한 자아와 조화로운 옳은 경로에서 벗어났으므로 경로를 재탐색하는 과정이 필요하다. 우리는 언제든 '가장 따뜻한' 길을 찾아 방향에 비추어 옳고 진정한 자아와 조화로운 상태로 돌아갈 것이다. 그러므로 더 이상 버티기 힘든 문제를 해결하는 일은 문제를 안고 살아가는 것보다 항상 더 '따뜻하게' 느껴진다. '따뜻한 곳으로 가라'라는 말이 우리를 이끈다. 마법 같은 질문—**자유는 어디에 있는가? 안도감이 느껴지는가?**—이 당신을 안내한다. 이것만 묻는 게 아니다. 더불어 **자유와 안도감을 찾기 위해 내가 취할 수 있는 가장 작은 행동은 무엇인가?** 도 묻는다.

문제 제거의 첫 번째이자 아주 중요한 단계는 더 이상 버티기 힘든 문제를 정확하게 정의하는 것이었다. 당신은 문제들을 필요 이상으로 혹은 그보다 덜 제거하지 않길 바랄 것이다. 모든 걸 날려버리는 게 아니라 정말 해결해야 하는 문제만 해결하길 바랄 것이다. 관계에 더 이상 버티기 힘든 문제의 요소가 있다고 해서 관계 전체가 더 이상 버티기 힘든 문제가 되는 게 아니기 때문이다. 반드시 직장을 그만두고, 이혼을 하고, 집을 팔아야 하는 게 아니다. 덜 극단적인 결정으로도 특정 고객과의 계약을 끝내고, 집안일에 대한 책임을 새로이 분담하고, 가구를 재배치하여 '더 이상 버티기 힘든 문제'를 충분히 해결할 수 있다. 반면 더 이상 버티기 힘든 문제가 생각보다 더 심각하다면, 직장 생활과 가족 관계와 가구를 조금 바꾸는 것으로 만족하지 않을 것이다.

스키 여행의 사례로 잠시 돌아가 보자. 처음에 당신은 이 여행이 더 이상 버티기 힘든 문제여서 생각하기도 싫었다. 하지만 곰곰이 생각해 보니 단순히 스키를 타는 행위 자체가 더 이상 버티기 힘든 문제라면 무리해서 여행 전체를 취소하고 싶지 않을 수 있다. 가령 친구들과의 휴가 여행은 방향에 비추어 옳은 것으로 느껴질 수 있다. 스키를 타는 대신 산장에서 뜨거운 음료를 마시거나 눈밭을 돌아다니며 시간을 보내길 원할 수도 있다. 반면 만일 이 모임 자체가 더 이상 버티기 힘든 문제이며 그들과 어울리지 않는 것이 조화로운 행동이라면, 앞으로 이들과 보내는 또 다른 휴가는 계획하지 않을 것이다. 그렇다면 이 관계는 끝이다. 정확히 무엇이 어떤 것을 더 이상 버티기 힘든 문제로 만드는가를 최대한 구체적으로 파악하는 게 아주 중요한 이유다.

작성한 목록들을 훑어보고 당신의 일에서 무언가 더 이상 버티기 힘든 문제가 존재한다는 것을 알지만, 그냥 '일'이라고 적을 수도 있다. 당신은 그 부분을 집중적으로 파고들어 구체적으로 정의해야 한다. 직업 자체가 문제인가? 아니면 당신이 다니는 특정 회사의 문제인가(가령 좀 더 당신에게 맞는 사내 문화를 가진 다른 회사에서 유사한 역할을 맡는다면 더 이상 버티기 힘든 문제에서 벗어날 수 있을까)? 아니면 같은 회사에서 새로운 역할, 새로운 팀, 새로운 관리자로 전환하는 게 더 '따뜻한' 해법일까?

집단 상담을 진행하는 유명한 심리치료사가 내담자로 나를 찾아온 적이 있었다. 상담 일은 그녀가 오랫동안 품어온 꿈이었지만 왠지 불행했다. 그녀는 심리치료계를 아예 떠날 작정으로 나를 찾아왔다. 그녀가 맡고 있는 상담을 동료에게 넘기고 새로운 커리어를 찾는 힘든 과정을 시작할 계획도 세웠다. 하지만 함께 문제를 파고들자 그녀의 더 이상 버티기 힘든 문제는 심리치료사라는 직업이 아니었다. 신이 나지 않는 치료 영역에서 일하는 게 문제였다. 그녀는 이제 막 엄마가 된 내담자들을 치료하는 데 열정을 느꼈지만, 실제로는 대상과 주제를 가리지 않고 상담을 하고 있었다. 그녀의 경우 가장 신이 나고 벅찬 분야로 일을 꾸리자 문제에서 벗어날 수 있었다. 간혹 소소해 보이지만 욕구를 충족해주는 행동이 삶을 크게 변화시킬 수 있다. 이럴 때 필요한 건 극단적인 행동이 아니다. 다시 말하지만 이런 변화는 자기 자신에게 정말 솔직해져야 가능하다. 당신의 더 이상 버티기 힘든 문제를 당신만큼 정확히 아는 사람은 없다.

때로 구체적으로 정의하기에 충분한 정보를 갖고 있지 않을 수도 있다. 그래도 괜찮다. 예를 들어 100퍼센트 재택근무가 '따뜻하고' 일에 대한 당신의 생각을 의미 있게 변화시킬지 보기 위해 테스트를 해야 할 수도 있다. 친구와의 만남 빈도 수를 조절하는 것만으로 충분한지 아니면 그 친구와 정말 완전히 거리를 둬야 하는지 알려면 시간이 필요할 수 있다. 그리고 당연히 당신은 당신의 모든 더 이상 버티기 힘든 문제를 방향에 비추어 탐색할 수 있다. 여기서 시험하고 배워라. 호기심을 갖고 조사하라. 약간의 안도감과 '따뜻함'을 주는 가장 소소한 행동부터 시작하라. 심리 상담에서 자신이 절실히 원하는 새로운 내담자를 받고, 일을 그만두는 대신 휴가를 조정하고, 사내에서 팀을 옮기는 시도를 할 수 있다. 그리고 난 뒤에 문제를 정확히 파악하려고 해도 늦지 않다.

이제 다시 기준에 맞춰 문제를 살펴보자. 모든 문제를 한 번에 해결하는 건 불가능하다. 버리는 옷/기부할 옷 더미에서 묵을 대로 묵은 문제 다섯 개를 최대한 빨리 제거하기로 다짐한다. 예를 들어 읽지도 않고 쌓이기만 하는 〈뉴요커〉지 정기 구독을 중단하는 일, 싫어하는 고강도 인터벌 트레이닝 수업을 중단하는 일, 식기세척기를 수리하는 일, 정말 가고 싶지 않은 행사에 '못 갑니다'라고 답장하는 일이 될 수 있다. 한 번 문제를 해결하기 시작하면 흐름을 타게 되고 추진력이 생긴다. 안도감과 여유를 느끼기 시작하는 게 가장 중요하다. 이것이야말로 문제 해결을 계속하게 만드는 가장 큰 동기가 된다.

아울러 두 번째 기준인 유보에서도 문제 다섯 개를 고를 수 있다. 이미 놓아버릴 마음의 준비가 되어 있지만 분류하기 위해 조금 더 시간이 필요했던 것들이다. 한두 달 안엔 이 문제들을 제거하기로 다짐한다. 일단 문제들의 기한을 일정표에 입력한다. 이렇게 하는 것만으로 문제가 해결될 수도 있다(이 책 마지막에 제시한 전략들을 참고하라).

아래 당신이 선택한 더 이상 버티기 힘든 문제를 적어보자. 문제를 최대한 정확하게 정의한 뒤, 방향에 비추어 가장 조화로운 해결 방법을 떠올려 본다. 마지막으로 당신이 다짐한 문제 해결 방법 목록을 작성한다.

1) 더 이상 버티기 힘든 문제

1.

2.

3.

4.

5.

2) 더 이상 버티기 힘든 문제 해결 방법

1.

2.

3.

4.

5.

앞으로 다시는 문제를 쌓아만 두지 않길 바란다. 우리의 목표는 방향을 따르는 삶에 맞는, 몸에 잘 맞는 새로운 옷가지만 옷장에 더하는 것이다. 시간이 흐르며 더 이상 버티기 힘든 문제의 유산을 모두 제거할 때까지 목록들을 계속 살피는 게 좋다. 그렇게 해서 점차 방향에 비추어 옳은 방향으로 이동하면, 추가되는 더 이상 버티기 힘든 문제의 수가 점점 줄어들 것이다. 그러다 보면 과거에는 더 이상 버티기 힘든 문제가 아니었던 것들이 현재 더 이상 버티기 힘든 문제가 될 때, 당신은 재빨리 그것들을 인식하고 해결할 수 있을 것이다. 삶이 점점 방향에 비추어 옳은 쪽으로 갈수록 더 이상 버티기 힘든 문제의 수는 줄어든다. 더 이상 버티기 힘든 문제를 인식하는 능력이 커질수록 문제가 당신의 삶에 자리 잡기 전에 해결할 수 있다. 그렇게 되면 더 이상 버티기 힘든 문제를 제거하기 위한 대청소를 반복할 필요가 없다. 더 이상 버티기 힘든 문제의 수가 적을수록 그것을 버틸 일은 줄어들고, 제거하는 능력은 커질 것이다. 얼마나 즐거운 문제 해결인가!

7장

4단계
: 방향 설정하기

PHASE IV: ORIENT

만일 지금까지의 과정이 불편하고 두려움까지 느껴진다 해도 괜찮다. 당신은 잘못하고 있지 않다. 당신은 이제 막 목적지향적 삶에서 방향을 따르는 삶으로 전환하는 결정적인 순간에 도달했다. 한때 존재했던 것이 더는 존재하지 않지만, 새로운 무언가가 만들어지기 전이거나 상상조차 되지 않는 상태다. 지금이 동트기 전 가장 어두운 때로, 문제가 해소는 되었지만 전환은 아직 오지 않은 상태다. 목적지향의 해묵은 사고와 태도에서 벗어나면서 구멍이 벌어지는 듯한 허전한 느낌이 들 수 있다. 다음에 무엇이 올지, 그 구멍을 어떻게 메울지 전혀 모를 수 있다. 이 불확실한 순간이 두렵거나 길을 잃은 것처럼 느껴져서 슬플 수도 있다. 하지만 계속 전진하라. 우리는 지금 잠재력, 즉 자유에 흠뻑 젖어 있다.

'위기가 곧 돌파구다'라는 말이 있다. 많은 공허한 과잉성취자가 이 단계에서 겪는 느낌을 이보다 더 잘 표현한 말은 없을 것이다. 대부분의 공허한 과잉성취자들에게 무능하고 불완전한 모습, 무너지고 방향을 잃은 모습은 '위기'처럼 느껴진다. 우리는 평생 이런 모습이 되지 않으려고 노력해왔기 때문이다. 하지만 우리가 위기와 연관 짓는 이러한 불편함과 두려움, 심지어 암울한 감정은 대개 **돌파구**가 주는 느낌과 비슷하다. 충만함이 가득한, 방향을 따르는 새로운 삶이라는 돌파구는 목적지향적인 삶의 해체라는 위기 없이 얻을 수 없다.

앞으로 당신이 무엇을 할 수 있을지, 진정한 자아와 온전히 조화를 이루고 진정한 자아를 따라 살 때 당신이 무엇을 이루고 만들 수 있는지 상상해 보라. '일'처럼 느껴지지 않는 일을 찾고, 더는 휴가만 기다리며 살지 않고, 월요일이 마치 금요일처럼 기다려지며, 매일 아침(대부분의 아침으로 하자) 눈을 떴을 때 '**내가 하고 싶은 일만 할 거야**' 하고 생각하는 게 어떤 느낌일지 상상해 보라. 당신이 삶의 모든 면에서 내리는 결정이 당신 인생 스토리의 흥미진진한 플롯처럼 느껴진다면 어떨지 상상해보라. 그런 결정들을 수월하고 명료하게 할 수 있다면 어떤 기분일지 상상해 보라. 더 이상 내가 나를 속이는 사기꾼처럼 느끼지 않고 충만통이 사라지는 것을 느낀다면 얼마나 큰 안도감이 들겠는가? 이러한 것들이 바로 위기가 끝난 후의 당신을 기다리고 있다.

큰 방향

이제 당신은 방향을 따르는 자동차 여행을 시작할 것이다. 내면의 길안내 시스템을 이용해서 여정의 각 단계마다 조화로운 행동을 취할 것이다. 그렇게 하면서 내가 큰 방향Big Direction이라고 부르는 목표를 향해 점진적으로 조정해 나갈 것이다.

다음에 따라올 단계를 한 번에 하나씩만 비추는 헤드라이트를 따라 여행을 하고 있다고 해도, 대략적인 큰 그림, 높은 차원의 큰 방향이 있다면 유독 짙은 어둠이 찾아와도 큰 어려움은 없을 것이다. 이번 단계에서는 바로 이 큰 방향을 찾아볼 것이다.

큰 방향은 목적지와 비슷하게 느껴질 수 있다. 큰 방향과 목적지의 차이는 가령 서쪽과 서부 해안의 차이와 같다. **지향**하는 대상과 집착하는 대상의 차이다. 봉화와 목표의 차이다. 목적지는 우리가 도달하기로 결심한 곳이다. 전체 여행의 핵심이다. 만일 목적지가 서부 해안이면, 서부 해안이 아닌 곳은 어디라도 잘못된 곳이 된다. 만일 서부 해안을 목적지로 삼았는데 어느 날 고개를 들어보니 콜로라도에 도착해 있다면 짜증이 나고 혼란스러울 것이다. 그때부터 당신은 어디서부터 잘못 왔는지, 어쩌다 여행을 그토록 심하게 망쳐버렸는지 골똘히 생각할 것이다. 여행을 대실패로 여길 것이다. 하지만 원하는 **방향**이 서부 혹은 서부 해안이라면, 뉴욕에서 출발해서 콜로라도에 도착한 것을 아주 흡족해할 것이다. 서쪽으로 가겠다는 목적을 완벽하게 달성한 것이기 때문이다. 당신은 이 여행을 큰 성공으로 여길 것이다!

　예를 들자면, 알렉스의 큰 방향은 공익 서비스였고 하원 의원이 되는 것은 그 과정에서 방향에 비추어 옳은 행보였다(그녀가 다음 방향을 어디로 조정할지 지켜보자). 공익 서비스도 하원 의원도 의도된 목적지가 아니었다. 나 역시, 나의 큰 방향은 일종의 상담이었지만, 코치가 되는 일은 그 큰 방향을 나에게 맞게 조정한 것이었다. 이 책을 쓰는 일 역시 나에게 맞게 조정한 방향이다. 다시 말하지만, 이러한 것들—상담, 코칭, 혹은 집필 가운데 어떤 것도 사전에 정해놓은 목적지가 아니었다.

　큰 방향이라는 개념이 여전히 '헤드라이트'라는 개념과 모순되는 것처럼 보인다면, 내 말을 끝까지 듣길 바란다. 큰 방향은 우리가 방향을 따르는 삶을 통해 하게 될 일과 방황의 중요한 차이다. 물론 방황은 잘못이 아니다. 나는 방황하는 것도 좋다고 생각한다. 우리는 살면서 충분한 방황을 하지 않는다. 때로 방황은 우리가 무슨 일을 시작할 때 할 수 있는 가장 좋은 혹은 유일한 행동 방침이다. 또한 나는 당신이 내면의 길안내 시스템을 따르는 한, 결국에는 방황을 한다 해도 가려는 곳에 도달하게 될 거라 믿는다. 하지만 굳이 그럴 필요는 없다. 방향을 따르는 삶을 살면 영원히 방황하는 일은 일어나지 않는다.

　방향을 따르는 삶을 인생을 위한 과학적 방법에 비유하면, 당신의 큰 방향은 가설과 같다. 큰 방향을 지향하는 것과 방황의 차이는 가설을 가지고 과학 실험을 하는 것과 가설 없이 실험하는 것의 차이와 같다. 가설 없이 실험을 하다가도 우연히 페니실린을 발견할 수 있다. 하지만 시험할 수 있는 가설이라는 원칙을 가지고 있다면 성공 가능성과 효율성과 신뢰성이 더 높아질 것이다. 우리는 보통 우리가 무엇을 찾고 있는지 어느 정도 알고 있다. 대부분의 과학자들은 막연한 무언가를 발견하기 위해 막연한 실험을 시작하지 않는다. 그들이 구체적으로 관심을 가지고 있는 블랙홀이나 암 유전자, 흡혈 오징어의 번식 습성에 대한 실험을 한다. 범위가 아무리 광범위하다고 해도 초점을 맞추는 분야가 있기 마련이다.

닥터로가 소설 집필에 대해 한 말을 다시 살펴보자. 당신은 서로 무관한 장면들을 쓰면서 소설쓰기를 시작할 수 있다. 하지만 설령 이 책의 플롯이 정확히 어떻게 펼쳐질지 모른다 해도, 십중팔구 어느 시점에선가 이 책이 무엇에 관한 것인지, 어떤 등장인물들이 나오는지, 장르가 SF인지 로맨스인지, 혹은 화자가 남작 부인인지 고양이인지 모양이 드러나기 시작한다. 분명 책의 내용에 대한 당신의 가설이 글을 쓰는 과정에서 자연스럽게 발생한다. 그 가설은 글쓰기를 끝날 때까지 검은 상자 속에 미스터리로 남아 있지 않는다.

그렇다면 큰 방향은 왜 설정하는가? 첫 번째 이유는 호기심이 당장은 아니더라도, 결국에 어떤 주제를 중심으로 수렴되는 경향이 있기 때문이다. 이런 현상은 자연스럽게 발생하는데, 이러한 패턴이 발생할 때 무심코 지나가서는 안 된다. 이러한 패턴이 삶의 불확실성을 더 잘 견뎌내는 데 도움이 되기 때문이다. 우리는 단지 이러한 패턴을 어떻게 유지할지만 신경 쓰면 된다. 크게 보면 이것은 우리가 집착하는 목적지처럼 엄격하지 않고, 우리를 인도하는, 방향을 따른다는 가설과 흡사하다.

큰 방향을 설정하는 두 번째 이유는 우리 공허한 과잉성취자들에게는 삶에 대한 어떤 체계, 즉 자신의 이야기를 설명할 수 있는 어떤 도구를 갖는 것이 아주 큰 도움이 되기 때문이다. 오류 없는 인생 계획을 역설계하기 위해 필요하다고 해서, 정해진 목적지가 없는 불확실성을 안고 사는 것은 공허한 과잉성취자에게는 지나치게 큰 모험이다. '내가 어디로 가는 건지 모르겠어'와 '정확한 목적지는 없어도 내가 어디로 가고 있는지 알 것 같아'의 차이는 아주 미묘해 보여도, 실제로는 아주 큰 차이가 있다. 그러니 우리는 이 패턴을 최대한 이용하는 게 좋다.

마지막으로, 우리는 '목적'이 충만함을 얻기 위해 반드시 있어야 하는 초석임을 알고 있다. 심리학 연구에 따르면 자기 자신보다 '더 큰 무언가'―해야 할 일보다 '더 큰 무언가'―가 있는 것은 심리적 안정과 회복탄력성과 연관이 있다. 더 큰 무언가가 의미 있고 충만한 삶을 사는 **열쇠**는 아닐지라도 구성 요소인 것은 변함없다. 방향을 따르는 삶에서 당신의 큰 방향은 '삶의 목적'과 유사한 기능을 수행한다. 하지만 구분해야 할 중요한 차이가 있다. '목적'은 우리 공허한 과잉성취자들을 너무나 심하게 혼란스럽게 하고 우리에게 해를 끼치는 방식으로 사용되어서 우리가 '목적의식'을 느끼지 못하게 되는 결과까지 초래했다. 심지어 **목적**이라는 단어만 봐도 몸이 움츠러든다. 만일 내가 당신에게 삶의 목적을 당장 정의해야 한다고 말한다면 어떤 일이 벌어질까? 당신은 이 질문에 고무되고 동기가 부여되고 기운이 넘칠까? 아마도 그렇지 않을 것이다. 겁이 나고 스트레스를 받을 것이다. 대부분의 공허한 과잉성취자들처럼 서둘러 당신 삶의 목적에 대해 생각하기 시작할 것이다. 패닉이되어 존재하지도 않는 답을 찾으려고 애를 쓰다가 화가 날 것이다. 아무런 생각이 나지 않을 수도 있다. 그 결과로 당신은 아무것도 하지 않거나 반대로 마구잡이로 아무거나 만들어낼 수도 있다. 얼마나 효과적이지 못한 짓인가! 당신에게 동기를 부여해야 할 일이 바로 당신을 방해하고 있다. 그러니 목적 따위는 잊어라.

목적지향적인 세상의 질서에서 우리는 거창한 '삶의 목적'이라는 왜곡된 이상을 갖도록 세뇌당한다. 뭔가 달성해야 할 것, 체크 표시를 해야 할 또 다른 빈칸, 우리의 가치를 증명하기 위한 또 다른 도구가 바로 목적이다. 목적지향적 사고는 우리가 **진정으로** 삶을 시작하려면 목적부터 정하는 것이 신성하고 유일한 의무라고 가르친다. 그러고 나서 당연하게도 우리가 못하는 또 다른 일을 요구한다. 결국 우리는 목적을 찾는 일에 실패하고, 전진하지 못한다. '삶의 목적'을 찾을 때까지 우리는 정체된 상태로 제자리걸음을 하고, 정신이 분산된 채로 계속 실체 없는 목적을 찾는다. '삶의 목적'은 목적지 도달이라는 전형적인 전략을 멋지고 감동적으로 그럴 듯하게 포장한 것이다. 구닥다리 성공 서사를 운명으로 둔갑시킨다. '삶의 목적'이라는 서사에 따르면, 그렇게 하지 않으면 시간과 인생을 낭비하고 있는 것처럼 겁을 주면서 말이다.

이것은 진실이 아니라 공허한 과잉성취자들을 노리는 덫이라는 것을 깨달아야 한다. 우리의 진정한 목적은 목적지가 아니다. 목표나 직책, 도달해야 할 장소가 아니다. 한 번 '찾으면' 끝나는, 고정되고 유한한 것이 아니며, 잃지 않기 위해 열심히 매달려야 하는 대상도 아니다. 목적은 마치 소유물처럼 '가질 수'도 없고, 획득하거나 획득하지 않을 수 없는 존재다. 아울러 지구에서 당신의 존재를 정당화하기 위해 다른 사람들에게 해명해야 할 것도 분명 아니다.

그렇다. 예상했겠지만, 올바른 목적은 목적지가 아니라 방향이다. 진정한 자아를 통해 내면에서부터 느끼는 것이지, 관찰할 수 있는 결과를 원하는 맹목적인 야심이 아니다. 당신은 목적을 **달성**할 수 없다. 그것을 **향해** 나아갈 뿐이다. 목적은 지도에 나오는 특정 지점이 아니다. 당신이 진정한 자아와 조화를 이루며, **목적에 맞게** 존재하는 방식이다. 목적은 동사와 같다. 당신이 있는 장소나 당신의 상태라기보다 당신이 되어가는 무언가다. 목적은 언제 떨어질지 모르는 팽팽한 줄 위를 걷는 것처럼 협소하거나 위태롭지 않다. 자유롭고 활동적이다.

목적이라는 용어는 목적지향주의의 성취 서사에 지나치게 많이 인용되며 이 단어가 갖고 있던 효과를 잃어버렸다. 대부분의 공허한 과잉성취자들은 목적을 목적지향적 삶과 구분하지 못한다. 그 결과 나는 웬만하면 목적이라는 단어를 사용하지 않게 되었다. 대신 나는 큰 **방향**과 더 큰 **무언가**라는 용어를 사용해서 **방향에 따른**

'목적'을 지칭한다. 당신의 더 큰 무언가는 당신의 방향에 비추어 가장 옳고, 진정한 자아와 조화를 이루는 큰 방향이다. 이것은 당신의 북극성을 뜻하는데, 당신 내면의 길안내 시스템의 길잡이라는 뜻이다.

나는 이러한 용어들을 좋아한다. 느슨하고 구체적이지 않고, 우리를 틀에 가두지 않고 여지를 많이 주기 때문이다. **더 큰 무언가**와 **큰 방향**은 우리가 목적이 없다고 느끼지 않으면서도 유연한 선택을 할 수 있게 한다. 딱 필요한 만큼만 길잡이의 역할을 한다.

큰 방향 가설을 통해 우리는 삶의 한 측면 안에서 가장 진실되고 가장 조화로운 경로가 무엇인지 최선을 다하여 추적하고, 그에 대한 광범위한 이론을 찾을 것이다. 핵심은 결과를 '정확히' 맞히거나 예측하는 게 아니다. 경로를 **방향에 비추어** 옳게 설정하기만 하면 된다. 이렇게 하면 경로를 찾는 부담이 훨씬 덜하다. 당신에게는 잘 조정된 내면의 길안내 시스템과 경로를 비추는 '헤드라이트'가 있다. 이것들을 사용해서 구체적이며 조화로운 결정을 내리면 된다. 이제 당신은 당신만의 큰 방향 가설에 필요한 정보를 얻을 수 있다. 또 다른 따뜻해-차가워 놀이이자 당신의 호기심을 따르는 게임일 뿐이다.

이 장이 끝날 무렵이면 당신은 당신만의 더 큰 무언가 가설을 향하고 있을 것이다. 아울러 시험하고 배우며 직접 겪은 경험을 통해 데이터를 수집하고, 앞으로 나아가는 과정에서 그 큰 방향을 계속 조정하고 다듬을 준비가 되어 있을 것이다. 당신과 세상이 바뀌고 발전하는 만큼 당신의 더 큰 무언가의 방향도 그렇게 될 것이다.

목적은 답이 될 수 없다

"제 목적을 잃었어요."

　　새로운 내담자인 라일라가 첫 만남에서 우리 둘뿐인데도 창피해하며 속삭였다.

　　"애초에 목적이 있기나 했는지 모르겠어요."

　　라일라는 커뮤니티 전문가였다. 오프라인이든 온라인이든 커뮤니티를 구축하고 키우는 일을 아주 잘했다. 공유 오피스, 기업, 온라인 커뮤니티, 교육 서비스, 정당, 비영리단체, 사회운동단체를 위해 커뮤니티를 만들고 키웠다. 뛰어난 직관으로 모든 일을 어떻게 하면 되는지 이미 알고 있었다. 일례로 고교 시절, 그녀는 학급 회장으로서 학생들이 학교에 바라는 것을 '주도적으로 실행하기'에 대한 담론을 열었다. 당시로서는 굉장히 앞서나간 의견이었지만, 조금씩 바뀌어가는 것들이 있었다. 대학에서는 영화 학회와 예술 단체부터 사교 클럽과 사회정의를 위한 운동 단체까지 다양한 단체가 라일라의 재능을 알아보고 그녀를 영입하려 했고, 신입 회원을 유치할 때 그녀의 도움을 받았다. 그녀는 부업이 무엇인지 알기 전부터 부업을 해왔다. 예를 들어 스타트업을 위해 온라인과 오프라인으로 커뮤니티를 구축하는 앱을 만들었는데, 이 앱은 큰 성공을 거두고 인수되기까지 했다. 그 후 한 공유 오피스의 초창기 직원으로 채용되었고 커뮤니티장이라는 직위를 제안받았다.

하지만 그녀는 점점 불안을 느끼기 시작했다. 그때 그녀는 자신에게 새로운 도전 과제가 필요한 거라고 생각했다. '성장 기회'가 있을 때 끝까지 충분히 열심히 '몰두하지 않아서' 그런 것일 수도 있다고 생각했다. 그래서 그녀는 조언대로 환경을 '바꿔보기'로 결심하고 몸소 커뮤니티 설계 컨설팅 회사를 만들고 운영하기 시작했다. 한동안은 좋았다. 고객들을 직접 유치하고, 더 많고 다양한 종류의 커뮤니티와 접촉하고, 더 광범위한 영향을 미쳤다. 그녀를 필요로 하는 사람들이 늘어났고, 매주 새로운 팟캐스트에서 인터뷰 요청을 할 정도였다. 그런데도 더 많은 일을 해야 할 것 같다는 생각이 들었다. 결국 라일라는 온라인 강좌 사업도 구축했다. 심지어 뉴욕시의 한 경영대학원에서 '기업의 커뮤니티 구축'에 대한 수업을 위해 그녀를 초빙하자 안 그래도 이미 많이 쌓인 커리어에 '교수'라는 직함까지 더해졌다. 복수의 영리·비영리 단체들의 이사회에도 참여했다. 하루도 같은 날이 없었다. 맡은 일은 다양했고, 커리어는 멈출 줄 모르고 성장하는 것 같았다. 그녀는 그게 삶에서 끝내 이루어야 할 훌륭한 업적이라고 생각했다. 그녀는 이 일을 자신의 사명이라고 여겼다. 심지어 잘했다. 모든 일에 탁월했다. 그러다 '하지만'이 찾아왔다. 전형적인 공허한 과잉성취자의 문장인 "겉으로는 **화려한 삶을 살았지만…**"이 그녀에게 찾아왔다.

라일라는 먼저 만난 내담자들과 다른 새로운 버전의 공허한 과잉성취자였다. 금전적으로나 영향력 면에서나 성공했고, **중요해** 보이는 일을 하고 있기 때문에 겉으로 멋있어 보이는 삶을 사는 사람들에 속했다.

전형적인 공허한 과잉성취자는 '목적'이나 의미에 지나치게 염려하지 않는다. 성공만이 **근본적으로** 의미가 있고 달성하기만 하면 충만함을 줄 거라고 배웠기 때문이다. 그들은 처음부터 "내 목적은 무엇일까?" 하고 묻지 않는다. 충만통이 너무 심해지고 나서야 그들은 자신들에게 '목적' 비슷한 것이 전혀 없다는 사실을 깨닫는다.

라일라와 비슷하게 목적이 없는 공허한 과잉성취자들은 겉으로 화려하지만 속은 점점 망가지는, 심지어 압박감과 '소명'에 대한 의무감에 시달리는 삶을 살다가 나를 찾아왔다. 목적이 없는 공허한 과잉성취자들은 모든 것을 제대로 해냈고 모든 빈 칸에 체크 표시를 했다(빛나는 '삶의 목적 찾기'라는 빈 칸까지 말이다). 하지만 그들은 여전히 비참하고 충만함을 느끼지 못하고 오히려 더 혼란스러워했다. 그들은 비영리단체의 대표, 대학 교수, '기업의 사회적 책임' 및 '다양성·형평성·포용성' 담당 이사, 사회적 기업의 최고 마케팅 책임자, 언론인으로 일하고 있었다. 그런 일들은 그들이 생각하기에 성공뿐만 아니라 의미도 있을 것 같았다. 그들의 일이 세상에 중요해 보이는 한 그들에게도 중요한 일일 거라고 믿었다. **정말 그럴까?**

성취에 '목적'이 더해지면 목적지향적인 성공이 된다.

삶이라는 방정식에 '목적'을 더한다고 결과값이 바뀌지는 않는다. 공허한 과잉성취자는 성과를 쌓는 게 안전한 길이며, 성취가 충만함을 안겨준다고만 프로그래밍 되어 있는 게 아니다. 안전하고 행복한 삶을 살기 위해 추가적으로 '목적을 발견(그리고 달성)'해야 한다고 자신을 자꾸 몰아세운다.

당신이 '중요하고' '의미 있는' 일을 하고 있을 때는 모든 문제의 원인이 **자기 자신**이라고 믿기 더 쉬우며, 더 열심히 일해서 '가치 있는' 것을 더 많이 생산해야만 한다고 더 쉽게 믿게 된다. 우리를 해방시켜줘야 하는 '삶의 목적'이라는 개념이 오히려 공허한 과잉성취자들에게는 또 다른 목적지향의 덫이 된 것이다. 이는 목적을 좇는 많은 공허한 과잉성취자들이 인용하는 "하나뿐인 자유롭고 소중한 삶one wild and precious life"을 만들어 나가는 데 도움이 되지 않는다. 오히려 반대다. 나는 이 말을 남긴 시인 메리 올리버가 그런 뜻으로 말하지 않았을 거라고 생각한다.

라일라는 사회적인 시선으로 봤을 때 '성공'했고 더불어 사람들이 그녀를 향해 모여들었기 때문에 그녀가 하는 일은 목적과 의미가 충만'해야 하는' 것처럼 보였다. 그런 일이 어떻게 충만하지 **않을** 수 있을까? 라일라는 그녀가 목적을 찾았고, 그것을 성공적인 커리어로 성장시켜서 부럽다는 말을 끊임없이 듣는다고 했다. 심지어 팟캐스트와 토크쇼 패널로 자주 초대되어 그녀의 성공적이고 멋진 커리어에 대해 이야기했다.

하지만 우리가 배웠듯이 중요한 무언가를 하는 듯 보이는 것과 **자신에게** 중요한 무언가를 한다고 느끼는 것은 완전히 별개의 일이다. 사람들의 삶을 바꾸는 의미 있는 영향력조차 알고 보면 진정한 자아와 맞지 않는 부조화이자 진정한 자아와의 분리일 수 있다.

나는 라일라에게 이것은 창피해할 일이 전혀 아니며 그녀만 그런 것도 아니라고 안심시켰다. 우선 우리는 그녀가 '삶의 목적'을 찾는 일을 왜 그토록 중요하게 여기는지, 정확히는 '목적을 가졌을 때' 그녀에게 어떤 좋은 일이 있다고 생각하는지 정확히 파악해야 했다.

그녀는 목적을 좇는 거의 모든 공허한 과잉성취자가 그렇듯 혼란스러운 표정으로 대답했다.

"목적이 충만함이 없는 상태에 대한 치료약이 아닌가요?"

'목적을 찾는 것'은 충만함이 없는 상태를 치료하는 약이 아니다. **방향을 따르는 삶**이 치료약이다. 그리고 그것은 당신의 큰 방향에서 시작한다. 그래서 수년 전에 내가 워크숍 참석자들에게 말했듯이, 우리가 해야 할 일은 **목적을 잊는 것**이다. 목적을 가져야 한다는 의무감이라는 속박을 잊어라. 대신 **호기심을 따라라.** 그리고 여기에 한 가지를 더하자면 바로 기쁨이다.

왜 호기심과 기쁨일까? 우리가 배웠듯이, 호기심과 기쁨은 (진정한, 방향을 따르는) 목적을 대체할 수 있는 최고의 도구이다. 호기심과 기쁨은 충만함의 구성 요소이며 진정한 자아를 표현하는 언어이다.

나는 라일라에게 노트를 꺼내라고 했다.

모든 건 가설에서 시작한다

큰 방향 가설을 세울 때 어디서부터 시작해야 하는지 알기 어렵다. 그래서 지금부터 큰 방향 찾기 훈련을 같이 해볼 것이다. 이 훈련은 큰 범위에서 호기심이 당신을 어디로 인도할지 그리고 당신의 진정한 자아가 당신의 더 큰 무언가에 대해 뭐라고 말하는지 알아차리는 데 도움이 되도록 설계되었다. 아울러 당신의 두려워하는 자아가 하는 말을 피해 실제로 진정한 자아가 하는 말을 듣는 데 도움이 되도록 했다.

지금부터 등장할 질문들은 널리 알려진 여러 작품에서 영감과 정보를 얻어 작성된 것이다. 그것들 중에서 내가 볼 때 가장 효과적이고 강력한 질문들과 훈련들을 골라 공허한 과잉성취자에게 맞게 수정했다.

이 과정은 조사와 분석으로 이루어진다. 브레인스토밍이라고 생각하면 좋다. 한번 생각해 보는 것이다. 우리가 찾는 것은 어떤 일을 시작할 때의 '초안'이 가진 기세다. 무엇이 실용적인지 혹은 현실적인지 알아내는 게 **아니라** 당신의 호기심이 어디에 있는지 파악하기 위한 사고 훈련이다. 혹은 궁극적으로 당신이 무엇을 하고 싶은지 파악하는 것이다. 여기서 당신이 내놓는 아이디어를 꼭 실천할 필요는 없다. 이 훈련에서는 다짐이나 약속을 하지 않을 것이다.

당신의 두려워하는 자아가 이 과정에 개입하지 못하도록 하는 게 매우 중요하다. '당위'가 전혀 생각나지 않도록 최선을 다하

라. 모든 두려움과 감정은 타당하다. 하지만 사고 실험 단계에서는 쓸모없다. 무언가를 상상하는 일은 '위험하지 않'다. 하지만 두려워하는 자아는 그런 구분을 할 만큼 예리하지 못하다. 두려워하는 자아는 당신이 내는 아이디어를 왜 실행할 수 없고, 하지 말아야 하며, 하지 않을 것인지 온갖 이유를 갖다 대며 방해할 것이다. 당신의 두려워하는 자아가 무엇을 하든—당신을 순진하다고, 바보 같다고, 경솔하다고, 특권의식에 사로잡혀 있다고, 이기적이라고 부르든— 이 훈련 중에 갑자기 등장할 가능성이 아주 높다. 두려워하는 자아는 두려워하기 마련이다.

명심하라. 당신의 두려워하는 자아는 **모든** 변화에 저항할 것이다. 변화가 무엇이든 상관없다. 두려워하는 자아는 당신에게 무엇이 옳고 무엇이 옳지 않은지 말해주는 믿을 만한 내레이터가 아니다. 만약 우리가 어떤 결정을 내렸더라도 나중에 다시 돌아와 결정을 재평가하고 필요하다면 얼마든지 새로운 아이디어로 다시 시작할 수 있으니 안심하라. 이 과정은 353페이지에서 소개하는 '두려움을 극복하는 기술'을 적용하기에 아주 좋은 때이다. 당신의 자아와 가장 잘 맞는 마음가짐을 얻는 데 도움이 될 것이다.

조사 과정 전체를 끝내고 나면 이제 검토를 해야 한다. 이때는 탐정처럼 추리하고 조사해야 한다. 나는 이 과정을 가장 좋아한다. 우리는 '목적'을 찾는 대신, 내가 '목적의 패턴'이라고 부르는 것이나 당신이 따를 수 있는 한두 가지 큰 방향을 찾을 것이다.

큰 방향을 찾는 과정에서 가장 중요하게 살펴봐야 하는 건 바로 '따뜻한' 느낌이다. 가뿐하고 옳게 느껴지며, 당신을 신이 나게 하고, '정말 좋아!'라고 외치게 하는 그 느낌 말이다. 큰 방향은 에너지가 샘솟게 하고 길을 떠나고 싶게 만든다. 큰 방향은 당신이 할 수 없는 일이 **아니다**.

적어도 지금 당장은 이런 느낌이 전혀 들지 않을 수 있고, 그저 꿈으로만 느껴질 수 있다. 그래도 걱정하지 마라. 많은 사람이 그렇듯이 전에 이 감정을 느낀 적이 없다면, 혹은 과거에 이러한 감정을 무모함으로 치부했다면, 이 감정을 인식하는 것만으로도 대단히 큰 도약을 하는 것일 수 있다. 당신이 진정한 더 큰 무언가로부터 멀리 떨어져 있다면, 다른 것들보다 조금 더 흥미가 생기고 신이 나는 일이 아마 당신의 진정한 더 큰 무언가일 수 있다. 단 1퍼센트라도 당신의 호기심을 건드리는 생각이나 아이디어를 찾아라. 처음에 코칭 강좌를 듣는다는 아이디어가 떠올랐을 때, 나는 너무 기쁘거나 놀라지 않았다. 그 일이 다른 것들보다 조금 더 내 호기심을 끌었을 뿐이었고, 그 아이디어가 (짜증날 정도로) 내 머릿속을 떠나지 않았을 뿐이다. 우리가 찾으려는 것 또한 이 정도로 충분하다.

마지막으로, 초안의 원칙을 기억하자. 지금 당장 당신의 큰 방향을 못박아 두려는 게(그런 건 없다) 아니다. 그저 가설을 세울 뿐이다. 최선을 다해 '따뜻함'이 어디 있을지 찾아보는 것이다. 모든 질문에 최선을 다해 답하며 떠오르는 모든 것을 적어보자. 딱히 대답할 만한 질문이 없을 수도 있다. 괜찮다. 어떤 질문이 당신에게 와

닿지 않는다면 건너뛰고 나중에 다시 대답해도 된다(대답하지 않아도 된다). 그렇게 한다고 훈련의 효과가 떨어지지 않는다. 완벽하게 하려고 혹은 내가 제대로 하고 있는지 궁금해서 되돌아보는 데에 시간을 쓰지 않도록 한다. 두려워하는 자아가 발목을 잡는 것일 수 있다. 만일 진도를 나가지 못하고 있다면, 당신이 지금 가진 호기심과 질문으로 돌아와 다시 시작한다.

답이 반복되어도 괜찮다. 질문마다 완전히 새로운 아이디어로 답하지 않아도 된다. 이 질문들은 같은 것을 다양한 각도에서 바라보도록 하기 위한 것이기 때문에 비슷한 답을 할 수도 있다. 중요한 건 어쨌든 모두 적는 것이다. 대답 사이에 연관성이 없어 보여도 스트레스 받지 마라. 그냥 적어라. 분류는 나중에 할 것이다.

이제 시작하자!

파트 1: 정말 신나는 일

파트1은 당신의 진정한 자아가 느낀 정말 신나는 일을 파악할 수 있는 다섯 가지 질문으로 구성되었다. 이 부분은 신속한 브레인스토밍을 요구한다. 즉 당신의 자아와 가장 잘 맞고 방향에 비추어 옳은 순간과 주제들을 다양한 관점에서 살펴보는 것이다. 진정한 자아의 하이라이트 모음과 같다. 여기서 핵심은 지나치게 심각하게 여기거나 '실용적인' 것 혹은 '가능한' 것만 떠올리지 않는 것이다. 명심하라. 여기서 답으로 나온 일들을 나중에 꼭 해야 하는 게 아니다. 단지 정보를 얻기 위한 사고 훈련일 뿐이다. 우리는 오직 '단서'

를 파악하고 있다. 아직은 '타당하거나' '맞아떨어지지' 않아도 된
다. 이 훈련을 즐겨라!

1. **온전히 살아 있음을 느낀 경험**: 온전히 살아 있다고 느낀 마지
   막이 언제인가? 이를테면 능력이 최대한 발휘되고, 시간 가
   는 줄 모르고, 화장실 가는 것 혹은 휴대폰을 보는 것조차 잊
   을 정도의 경험을 한 적이 언제인가 말이다. 당신의 의도대로
   일이 진행되고, 당신이 있어야 할 곳에 있다는 확신이 든 때
   를 기억하는가? 그때 당신은 무엇을 하고 있었나? (직업과 관
   련된 것일 수도, 개인적인 일일 수도 있다. 가령 프레젠테이션을 하거
   나, 스프레드시트의 데이터를 분석하거나, 후배에게 멘토링을 하거나,
   친구와 저녁밥을 먹거나, 홀로 거리를 걷거나, 비욘세 콘서트에서 춤을
   추거나, 욕조에 앉아 있거나, 쿠키를 먹는 일일 수 있다. 무엇이든 좋다.)
   떠오르는 것을 최대한 많이 적는다. 단, 1~2분 안에 최소 다
   섯 개는 적어야 한다.

1. 온전히 살아 있음을 느낀 경험

라일라의 목록:

- 최근에 유대인 단체와 함께한 커뮤니티 구축 컨설팅 프로젝트. 장시간 가장 몰두했던 일.
- 예전 조수와의 커피 데이트. 나보다 어린 여성들에게 멘토링/후원을 했다.
- 가장 친한 친구의 결혼식에서 사회 보기.
- 최근에 참여한 명상 수련회.
- 매월 참가하는 〈어떻게 지내시나요?〉 모임 활동. 내가 1~2년 전에 시작한 여성 단체로, 이 모임을 하는 날이 한 달 중 최고의 시간이다(이 모임에서 드러내는 취약함과 솔직함, 느낄 수 있는 교감과 지지는 내 인생 다른 어느 곳과도 비교가 되지 않는다).
- '커뮤니티'란 무엇인가 그리고 그것이 나에게 왜 중요한가를 최근에 적은 블로그 글.

당신의 목록:

_____

_____

_____

_____

_____

2. 브라우징 기록: 당신이 '무아지경'으로 빠져드는 콘텐츠의 종류는 무엇인가? 업무를 위해 '봐야 하는 것'이 아니라 당신이 휴식을 취할 때 '오로지 당신을 위해' 찾아보게 되는 종류의 콘텐츠를 말한다. 만일 내가 당신이 나중에 읽기 위해 모아둔 기사의 종류를 본다면, 무엇을 발견할 수 있을까? 구독하는 팟캐스트의 종류는 무엇인가? 만일 내가 '당신을 위한 추천' 팟캐스트를 본다면, 무엇을 알아차릴 수 있을까? 인스타그램(혹은 틱톡이나 엑스, 스레드)에서 무엇에 빠져드는가? 어떤 종류의 계정인가? 만일 내가 당신이 주로 사용하는 소셜 미디어에서 당신의 팔로잉 목록을 따라가 보면, 어떤 주제를 발견할 수 있을까?('싫어하는 목록'을 말하는 게 아니다.) 당신이 매일 아침 보는 뉴스레터는 무엇인가? 당신의 인터넷 기록에서 '따뜻하거나' '가볍고 옳게' 느껴지고 큰 영감을 주거나 호기심을 완전히 자극하는 콘텐츠 주제들이 있는지 살펴보라.

라일라의 목록:

- 텔레비전 토크쇼 〈오프라의 슈퍼 소울 선데이〉에서 볼 수 있는 온갖 종류의 콘텐츠들.

- 인스타그램의 치료사들과 개인의 성장에 관한 콘텐츠.

- 문학잡지의 인스타그램 계정.

- 약초 전문가의 계정.

- 조산사에 관한 콘텐츠들.

- 치료 및 영성학 관련 팟캐스트: 크리스타 티펫의 〈존재에 관하여〉, 에스더 페렐의 팟캐스트, 브레네 브라운, 글렌넌 도일, (한때 잘 나갔던) 팟캐스트 〈친애하는 슈가에게〉.

- 유대교에 대한 팟캐스트: 〈쥬위치스〉, 〈츄팟!〉, 〈언홀리〉, 〈해방된 유대교〉.

- 현재 탭: 타라 브라치가 지도하는 명상 동영상, 〈뉴욕커〉지에 최근에 실린 시, 나만의 약용 식물 정원을 시작하는 방법에 관한 기사.

- 뉴스레터: 〈데일리 스토익〉, 다냐 루텐버그의 〈삶은 신성한 텍스트다〉, 마리아 포포바의 〈더 마지널리언〉, 프리야 파커의 〈모임의 기술〉, 앤 헬런 피터슨의 〈문화 연구〉

당신의 목록:

_____

_____

3. 만일 내가 이 일로 돈을 벌 수 있다면: 이 일로 돈을 벌 수 있으면 좋을 텐데 하는 생각이 드는 주제, 취미, 습관 혹은 활동이 있는가? 일상에서 숨 쉬듯이 하는 일이라 일이라고 느껴지지도 않거나, 매일 해도 지겹지도, 힘들지도 않을 만한 일이 무엇인가? 이런 생각을 과거에 한 적이 있든 없든, 지금 그런 일 한두 가지를 떠올려 보라. 늘 그렇듯 전혀 실용적이지 않은 것일수록 아주 좋다! 그 일로 어떻게 돈을 벌 수 있을지 생각하지 않아도 된다. (두려워하는 자아가 끼어들어 이렇게 말할 것이다. "하지만 그렇게 하면 망하게 되어 있어! '직업'이 되면 더 이상 재미없을 거야!" 그럴 수도 있고, 아닐 수도 있다. 어느 쪽이든 우리는 단지 브레인스토밍을 하는 것이지 그러한 것들을 당장 직업으로 삼으려는 게 아니기 때문에 전혀 문제될 게 없다. 지금은 그저 단서를 찾는 것뿐이다.)

예) 식당에서 외식하기 → 음식 평론가, 미술 작품 감상하기 → 개인 큐레이터, 여행하기 → 여행 작가, 피클볼* 하기 → 후원받는 전문 피클볼 선수, 심각한 기사나 콘텐츠 찾아 읽기 → 문화 비평가?

* pickleball, 배드민턴, 테니스, 탁구를 결합한 스포츠 —옮긴이

라일라의 목록:

- 라일라의 코멘터리: "예전에도 이런 생각을 해봤던 것 같아. 그래서 어렵네! 수년 전이라면 나는 '커뮤니티 구축'이라고 말했을 거야. 나는 내가 그 일을 잘한다고 생각했어! 그런데 그 일을 하고 있는 지금 여전히 행복하지 않아. 도대체 어쩌라는 거야? 그래도 어쨌든 해볼래!"

- 사람들의 고민을 들어주는 일, 심리치료사가 된다.

- 인생의 큰 문제들을 다른 여성/집단 치료사들과 풀어나간다. 코치가 될까? 나만의 토론 모임을 결성할까?

- 약초 정원을 조성해서 약초 추출물을 만든다.

- 영성학과 철학, 개인의 성장에 관한 자료를 읽고/듣고/조사한다. 연구자나 교수나 작가가 될까? 이 가운데 하나가 되기 위해 다시 학교로 돌아가 공부를 할까?

- 상황에 맞는 식당을 추천한다. 식당 추천 검색 엔진을 만들거나 맞춤 서비스를 제공하거나 여행 컨설턴트가 될까?

당신의 목록:

_____

_____

_____

4. **학교로 돌아가 공부하기:** 만일 학교로 돌아가거나 뭔가 새로운 것을 배워야 한다면, 무엇을 배울까? 더 높은 학위를 받는 일이 매력적으로 느껴지지 않는다면 굳이 그럴 필요는 없다. 대신 자격증을 따거나 온라인 강의를 듣거나, 기술을 배우거나, 일일 클래스를 들어볼 수도 있다. 시간이나 돈 걱정은 전혀 하지 말고, 배우고 싶은 게 있다면 무엇이든 배울 수 있다고 생각해 본다. 배운 걸 꼭 직업으로 삼아야 한다는 부담도 갖지 않는다.

5. **어린 시절의 당신:** 여덟 살쯤에 당신은 무엇을 좋아했는가? 무엇을 가장 잘했는가? 그 나이의 당신을 칭찬하는 말은 무엇이었는가? 성장하는 동안 가족들은 당신에 대해 주로 무슨 이야기를 했는가? 어린 시절의 당신이 현재의 당신을 본다면 무엇에 가장 놀랄까? 어린 당신은 무엇에 가장 실망할까? 무엇에 가장 기뻐할까? 무엇을 전적으로 찬성할까?

4. 학교로 돌아가 공부하기

라일라의 목록:

- 신학대학원

- 사회복지학이나 심리학 석사 과정

- 약초학 교육

- 조산학 교육

- 목소리 훈련

당신의 목록:

_____

_____

_____

_____

_____

5. 어린 시절의 당신

라일라의 목록:

- 삶의 의미와 우리의 존재 이유와 죽은 후 무슨 일이 벌어지는지에 대해 궁금했다.
- 동화《베이비 시터즈 클럽Baby-Sitters Club》처럼 '클럽'을 만들고 회장이 되는 것을 무척 좋아했다.
- 돈을 벌고 무언가 팔 것을 만드는 방법에 대해 끊임없이 생각했다. 가령 레모네이드, 책 받침대, 액세서리 만들기, 히피처럼 옷감 염색하기, 야생화로 만든 부케, 음료수 캔 교환 사업 등등.
- 사람들의 비밀을 알고 비밀을 공유하는 대상이 되는 것을 무척 좋아했다.
- 유대교 학교를 무척 좋아했다.
- 노래하는 것을 무척 좋아했다.
- 어린 나는 내가 현재 행복하지 않고 정체되어 있음에 실망할 것이다.
- 어린 나는 내가 '성인 여성 클럽'에 관한 일을 한다는 사실에 기뻐할 것이다.

당신의 목록:

_____

_____

_____

254

파트 2: 질투로 동기부여하기

우리는 질투하는 마음을 품지 않으려고 하고, 질투를 '나쁜' 감정으로 여기곤 한다. 하지만 모든 감정과 마찬가지로 질투는 우리를 설명하는 중요한 정보가 된다. 이 훈련에서는 질투를 단지 '당신이 가진 것을 내 삶에도 포함시키고 싶다'의 의미로 여긴다. 희소성의 관점에서가 아니라 가능성의 관점에서 질투에 접근한다면, 질투는 제로섬 게임이 아니다. 방향을 따르는 세상에서는 질투를 가능성의 관점에서 바라본다. 우리가 원하는 것을 이미 가지고 있는 사람들에게서 그것을 빼앗는 게 아니며, 오히려 누군가가 우리가 원하는 무언가를 먼저 발견했다는 사실은 굉장히 기쁜 소식이다. 왜냐하면 그것이 존재한다는 뜻이며, 만일 남이 가질 수 있다면 우리도 갖지 못할 이유가 없기 때문이다.

이 훈련은 위대한 줄리아 캐머런도 《아티스트 웨이》에서 사용한 방법이다. 오늘 당신은 질투심을 피하는 대신 최대한 많은 '질투'를 끌어모을 것이며, 아래 세 가지 질문을 스스로에게 던질 것이다.

1. 내가 질투를 느낀 대상은 누구인가?: 당신이 질투를 느낀 사람들 혹은 당신이 원하는 것을 가진 사람들의 목록을 모두 작성한다(예. 사라, 부유하고 성공한 사진작가). 우선 열 명을 적는다.
2. 나는 왜 이 사람을 왜 질투하는가? (예. 그녀는 잘나가는 사진작가다.)
3. 내가 질투하는 포인트들을 내 것으로 만들기 위해 할 수 있는 한

라일라의 목록

질투의 대상 (인물)	내가 닮고 싶은 점과 이유	그렇게 되기 위해 할 수 있는 일
심리치료사 친구	그녀는 자신의 일에서 큰 충만함을 느끼고 자신의 가치에 대해 결코 의문을 갖지 않는다. 사람들의 삶을 의미 있는 방식으로 바꾼다. 사업으로서가 아니라 사람들을 돕는다.	더 많은 사람의 멘토가 된다. 개인을 대상으로 일한다. 심리치료사가 된다.
나의 랍비	그녀는 영성에 관해 하루 종일 생각하고 여러 사람과 이야기를 나눈다. 사람들의 삶에서 가장 중요하고 신성한 순간을 함께한다. 사람들을 영적으로 안내한다.	유대인 커뮤니티에 내가 더 참여할 수 있는지 알아본다. 랍비가 된다. 어떤 식으로든 개인의 멘토 활동을 더 하고 동시에 더 많은 모임을 꾸리도록 한다.
크리스타 티펫	그녀는 흥미로운 영적, 철학적 주제에 대해 하루 종일 생각한다. 각종 직업에 종사하는 뛰어난 사람들을 인터뷰한다. 늘 배우고 탐구하고 새로운 관계를 맺는다. 여러 방면으로 사람들에게 도움을 준다.	팟캐스트나 블로그 등 콘텐츠 제작에 대해 알아본다. 내가 흥미로운 주제를 가진 흥미로운 사람들을 인터뷰할 수 있는지 알아본다.
친구 수의 아파트	수는 탁월한 감각을 지닌 인테리어 디자이너다. 나는 그녀의 아파트에 갈 때마다 그곳에 살면 얼마나 좋을지 생각한다.	인테리어 디자이너를 구한다. 수에게 우리 집의 장식을 부탁한다.
조카가 있는 친구들	나는 자식을 원치 않지만, 아이들과 가깝게 지내고 싶다. 조카가 있는 친구들은 그렇게 하고 있다(여름 방학에 혹은 생일에 조카와 함께 시간을 보내거나, 학교 발표회나 졸업식 등에 참석한다). 나는 어린아이들의 삶에서 그들이 신뢰할 수 있는 어른이고 싶다.	아이를 가지라며 내 여동생을 괴롭힌다. 몇몇 친한 친구들에게 좀 더 지속적이고 의미 있는 방식으로 그들과 그들의 자녀들을 지원하고 싶다고 표현한다.
아델	그녀는 가장 아름다운 목소리를 갖고 있으며 직업 가수다.	노래 동아리에 가입할까? 목소리 훈련을 받을까? 재미로 내 노래를 녹음해볼까?

나의 목록

질투의 대상 (인물)	내가 닮고 싶은 점과 이유	그렇게 되기 위해 할 수 있는 일

가지 일은 무엇인가?: 당신이 그렇게 하는 법을 알거나 실제로 할 수 있는지는 상관없다. (예컨대 위의 시나리오에서라면 당신은 사진을 온라인 마켓플레이스 엣시Etsy에 올리는 등 사진으로 돈을 벌기 위한 활동을 시작할 수 있다.)

파트 3: 이 일이 아니라면 하고 있을 일

만일 당신이 현재 하고 있는 일을 하지 않는다면, 어떤 일을 하고 있을까?

평행 우주에서 당신의 다른 직업 또는 삶은 어떤 모습일까? 혹은 인생을 '다시 살 수 있다면' 누구로 살고 싶은가? 이 질문은 이렇게도 표현할 수 있다. 만일 당신의 일, 회사, 직업 전체가 갑자기 사라져 버리면(잠시 상상해 보자. 인공지능이 장악할 수도 있고, 또 다른 팬데믹이 발생할 수도 있다), 당신은 무엇을 할 것 같은가? 열 가지를 써 보자.

명심할 것: 너무 오래 힘들여 생각하지 마라. 타이머를 5분으로 설정한다. 다른 훈련들과 마찬가지로 이 훈련은 당장 밖에 나가 실제로 해야 할 무언가를 찾으려는 게 아니다. 두려워하는 자아는 멀리 치워둔다. 여기서 키워드는 **상상**이다. 우리는 10개년 계획을 세우는 게 아니라 탐색을 하고 있다.

예: 패션 디자이너, 플로리스트, 사진작가, 클린턴 글로벌 이니셔티브의 현장 활동가, 침술사, 식당 주인, 역학전문가, 프레디 머큐리, 음식 평론가, 유치원 교사, 테리 그로스Terry Gross*, 그래픽 디자

이 일이 아니라면 하고 있을 일

라일라의 목록:

1. 〈존재에 관하여〉를 운영하는 크리스타 티펫과 같은 영성학/철학 팟캐스트 호스트

2. 심리학자

3. 신학교

4. 시인

5. 논픽션 작가

6. 조산사

7. 심령술사/영매(나는 저편에 있는 세상의 존재와 대화할 수 있길 원한다.)

8. 약초 전문가

9. 등대에서 사는 등대지기(이유는 모르겠다. 그렇지만 늘 등대지기가 하고 싶었다)

10. 아델

당신의 목록:

1. _____

2. _____

3. _____

⋮ _____

이너, 상원 의원, 글로리아 스타이넘Gloria Steinem**, 다큐멘터리 제작자, 대중문화 교수.

파트 4: 돈과 시간이 충분한 삶

내가 당신에게 깜짝 놀랄 만한 소식을 전한다고 상상해 보라. 여기 당신의 가치를 알아보고 당신과 당신의 삶에 투자하는 익명의 후원자가 있다. 어떠한 조건도 없으며 어떤 결과를 '만들어' 내야 하는 압박도 없다. 시간과 돈을 벌기 위해 노력하지 않아도 된다. 이제 당신에게는 돈과 시간이 충분하다. 이런 상황이라면 당신은 시간을 어떻게 쓸까? 첫 6개월은 무슨 일을 할까? 무엇을 탐색할까? 이런 질문에 대한 답은 어떻게 찾을 수 있을까?

만일 '아무것도 하지 않는다' 혹은 '조기 은퇴한다'라고 대답하고 싶다면, 그래도 좋다. 전적으로 공감한다. 하지만 그래도 당신은 어쨌든 시간을 보내야 한다. 어떤 '레저' 활동을 할 것인가? 구체적으로 답하라. 만일 해먹에서 낮잠 자기, 하와이안 칵테일 마시기, 친구들과 가족과 외출하기, 만화 보기, 석양 바라보기가 떠오른다면 그대로 적어라.

그러고 나서 **그런 후에 무엇을 할 건데?** 하고 스스로에게 묻는다. 무슨 대답이 떠오르는가?

---

*   라디오 진행자이자 저널리스트—편집자
**   페미니스트 저널리스트이자 정치 활동가—편집자

돈과 시간이 충분한 삶

라일라의 목록:

1. 일에서 손을 떼기 위해 안식년을 가며 내가 아는 모든 것을 가르쳐준 내 오른팔에게 일을 맡긴다.

2. 〈어떻게 지내시나요?〉 단체를 다른 여성들과 두세 개 더 만들어 한 주에 하나씩 참여한다.

3. 무엇이 떠오르는지, 무슨 이야기가 하고 싶은지 알기 위해 매일 글을 쓴다.

4. 1부에서 열거한 모든 일을 위해 학교로 돌아가 공부한다(사회복지 석사 학위, 신학대학원, 조산학 학위, 약초약 교육).

5. 약용 식물 정원을 가꾼다.

6. 작곡을 해서 앨범을 제작한다.

7. 출산 과정에 참여한다.

8. 내 랍비를 따라다닌다.

9. 명상 수련회에 장기간 간다.

10. 서핑 캠프에 가서 서핑을 배운다.

당신의 목록:

_____

_____

_____

대부분의 공허한 과잉성취자들은 이 단계를 끝냈을 때, 돈을 더 벌지 않아도 됨에도 불구하고 자신이 여전히 더 큰 무언가를 갈망하고 있다는 사실을 깨닫는다. 심지어 정말 심각하게 번아웃을 겪은 공허한 과잉성취자라도 일을 그만둔지 6~12개월이 지나면 다시금 사회적 영향과 의미를 갈망하게 된다. 의외로 이들을 위한 치료법은 정원 가꾸기, 동물 키우기, 지역 공직에 출마하기, 피아노 배우기, 집 리모델링하기, 손주 보살피기와 같이 단순한 것일 수 있다. 또한 다큐멘터리 제작하기, 재단 출범하기, 벌에 대한 세계 최고의 전문가로서 전문 지식을 널리 알리기 위해 세계 여행하기처럼 뭔가 좀 더 외부로 드러나는 활동일 수도 있다.

파트 5: 친구와 가족의 피드백

이 파트에서는 친구들과 가족들의 이야기를 들어볼 것이다. 이 단계는 전체 과정에서 유용할 뿐만 아니라 가장 의미 있는 단계 중 하나다. 내 내담자들은 이때의 경험이 그들의 가장 소중한 경험들과 맞먹을 정도라고 자주 말한다.

우리 주변 사람들은 우리가 언제 어떤 일을 할 때 가장 빛이 나는지 가장 잘 알고 있다. 이것은 두려워하는 자아를 피해가는 또 다른 훌륭한 방법이다. 왜냐하면 두려워하는 자아는 우리 마음속에만 존재하기 때문이다. 나를 사랑하는 사람들에게 조언을 구하거나 나의 장점에 대한 그들의 의견을 요청할 수 있는 기회는 매우 드물다. 이번에야말로 주변 사람들의 이야기를 들어볼 기회다. 약속하건대 이 단계를 거치는 동안 여러모로 꽤 놀라게 될 것이다. 그러니 마음의 준비를 하라. 물론 피드백은 주관적이어서 그들의 의견이 무조건 '옳다'는 뜻은 아니다. 하지만 이 단계에서 고려해야 할 유용한 정보다.

방법: 당신이 지금껏 살아오는 동안에 알게 된, 당신이 아주 잘 아는 사람들 5~10명을 떠올린다. 당신이 느끼기에 당신을 명료하게 볼 수 있고 통찰력이 뛰어난 것 같은 사람들을 고른다. 꼭 당신과 매우 가까운 사람일 필요는 없다(물론 그럴 수도 있다).

그들에게 이메일이나 문자를 보내어 아래와 같은 질문을 던진다(또는 전화를 걸거나 직접 방문한다. 어떤 식이든 당신이 편한 대로 한다).

- 당신이 생각하기에 내가 가장 잘하거나 가장 자연스럽게 하는 일은 무엇인가요?
- 당신이 생각하는 나의 '특별한 능력'은 무엇이라고 생각하나요?
- 언제 또는 어떤 일을 할 때 내가 떠오르나요? 어떤 생각이든 너무 거창하지도 너무 사소하지도 않으니 괜찮습니다. 만일 마음에 떠오르는 예시가 있다면 말해주세요.

그들에게 모든 것을 포괄하는 답을 하거나 지나치게 고민할 필요는 없으며, 내 '직업'에 국한되어 대답하지 않아도 된다고 안심시켜라. 당신의 특별한 능력은 가장 완벽한 키쉬*를 만드는 것일 수도, 포대기로 아기 싸기일 수도, 아니면 가장 좋은 선물을 고르는 일일 수도 있다. '강력한 리더', '훌륭한 소통가', 그리고 '훌륭한 인사 관리자'도 아주 훌륭한 답이다. 어떤 책에 나온 훈련을 하고 있는 중이라고 배경 설명을 할 수도 있다. 나를 핑계로 이용해도 좋다.

라일라는 아래와 같은 피드백을 가지고 왔다.

- 업무에서 비전과 실행력을 동시에 갖춘 드문 인재다.
- 당연히 커뮤니티 구축자다! 당신은 네트워크를 구축하는 일에 놀라울 정도로 뛰어난 재능을 가지고 있다(말 그대로다). 당신은 모르는 사람이 없는 것처럼 보이고 적재적소에 맞는 사람들을 연결시키는 재주가 뛰어나다. 나는 대체로 누군가 내게 모르는 사람들을 임의로 소개하려고 하면 거절하지만, 당신의 소개는 항상, 항상 수락한다. 왜냐하면 당신이 소개한 관계는 늘 알차고 훌륭하기 때문이다.
- 넌 내 베스트 프렌드야. 누구나 너 같은 친구를 갖길 원해. 나를 묵묵히 응원해 줄 친구가 필요할 때 네가 그렇게 해줬지. 내 문제를 정확히 파악하고 조언이 필요할 때도, 심지어 나의 가장 힘들고 고통스러운 감정을 나누는 것에도 두려워하지 않잖아. 너는 훌륭한 인생 문제 해결사야. 내가 무언가를 필

---

* quiche, 프랑스 달걀 요리—옮긴이

요로 하기 전에 네가 먼저 알고 있는 것 같을 때도 있어. 자신의 약점을 솔직하게 드러낼 줄 알고, 열린 자세로 타인과 소통도 잘하지. 어려운 주제의 대화도 두려워하지 않고. 넌 모든 면에서 훌륭한 인생 파트너야!

- 인생을 함께 고민하기에 가장 재미있는 사람. 상황을 멀리서 바라봐야 하거나 어떤 관점이 필요할 때 혹은 어려운 감정이나 문제로 힘들 때, 나는 라일라에게 전화를 건다.
- 가장 맛있는 초콜릿 칩 쿠키를 만들 줄 안다!
- 특급 비밀: 노래를 정말 잘한다!
- 내가 만난 멘토 중에 내게 가장 힘이 되어준 사람.
- 말을 행동으로 실천하는 사람. 진정성이 뛰어나다.
- 당신이 만든 월간 여성 모임 〈어떻게 지내시나요?〉는 내 인생에 정말 큰 변화를 일으켰습니다. 당신이 이 작은 모임을 통해 일으킨 변화에 무한히 감사합니다.
- 당신은 여성과 여자들의 우정에 대한 나의 생각을 바꾸어 놓았어요. 당신을 만나기 전, 나는 '남성들과 어울리는 것을 선호하는 여성'이었고 여자들을 믿지 않았죠. 하지만 당신이 내 모든 생각을 바꾸었어요. 나는 현재 많은 여성과 진실된 우정을 마음껏 누리고 있으며, 이것은 지금 내 인생에서 가장 중요한 부분이에요.
- 안정적이며 일관되고 신뢰할 만하다.
- 믿기 어려울 정도로 창의적인 아이디어가 끊임없이 나온다.

- 내가 아는 사람 중 공동체 형성에 가장 진심이다.
- 리더십, 진취성, 교감의 전형이다.
- 훌륭한 선생님!
- 나는 당신이 당신의 커뮤니티를 이끄는 모습을 정말 보고 싶다!

당신이 받은 모든 피드백을 하나의 문서나 폴더에 모아 저장하길 바란다. 그리고 이곳에 피드백에서 보이는 핵심 단어나 문구를 한두 개 적는다.

- _____
- _____

목적의 패턴 조사하기

이제 목적의 패턴을 조사할 시간이다. 라일라와 나는 형광펜을 들고 앉아 그녀가 지금까지 작성한 모든 답안을 함께 훑어보며 그녀가 가진 목적의 패턴과 다음에 올 큰 방향 가설의 단서가 될 만한 것들을 찾아보았다.

먼저, 라일라의 인생에서 이미 중요한 역할을 하고 있는 주제들을 형광펜으로 표시했다. 배제하려는 게 아니다. 그보다 그런 주제들이 적어도 그 자체로는 더 큰 무언가가 아님을 알기에 일단은 옆으로 밀어두는 것이다.

패턴 1. 커뮤니티 구축

패턴 2. 기업가 정신/사업

다음으로, 눈에 띄는 뚜렷하고 확실한 주제 한두 가지를 적었다.

패턴 3. 건강과 웰니스

약초학과 조산학(특히 여성 건강). 약초학과 조산학 모두 여러 곳에서 등장했다. 인터넷 기록, 학교로 돌아가 공부하기, 이 일이 아니라면 하고 있을 일, 후원받는 삶에서 모두 등장했다.

패턴 4. 글쓰기

정말 신나는 일

- 온전히 살아 있음을 느낀 경험: '커뮤니티'란 무엇인가 그리고 넓은 의미에서 그것이 내게 왜 중요한가에 대해 최근에 블로그에 올린 글.
- 만일 내가 이 일로 돈을 벌 수 있다면: 영성학과 철학에 대한 글을 쓴다.

이 일이 아니라면 하고 있을 일

- 시인
- 논픽션 작가

돈과 시간이 충분한 삶

- 무엇이 떠오르는지 그리고 내가 하고 싶은 이야기가 무엇인 지 보기 위해 매일 글을 쓴다.

패턴 5. 노래하기

- 질투로 동기부여하기에서 아델, 학교로 돌아가 공부하기에서 목소리 훈련, 파트 4에서 앨범 제작하기, 친구의 피드백("특급 비밀: 노래를 정말 잘한다!")

마지막으로, 우리는 남은 것들을 살펴보고 새로운 가설은 더 없는지 철저히 검토했다.

모든 항목이 하나의 패턴으로 들어맞을 필요는 없다. 예를 들어 서핑 강습은 어떤 패턴에도 해당되지 않는다. 초콜릿 칩 쿠키도 마찬가지다. 이것들은 각각 그 자체로 주제가 될 수 있다. 혹은 즐거움을 주는 이 이야기들은 그녀의 삶에서 무엇이 더 필요한지 보여주는 정보를 담고 있을 수 있다. 가령 베이킹에서 체계와 '규칙'에 대해 배울 수 있고, 서핑을 통해서는 '파도를 타는' 철학과 자연스러운 흐름에 몸을 맡기는 태도를 배울 수 있다. 하지만 라일라에게 그 것들은 '따뜻하게' 느껴지지 않았고, 다른 패턴들처럼 꼭 해야 하는 것으로 느껴지지도 않았다.

패턴 6. 개인 상담/멘토십/심리치료

정말 신나는 일

- **온전히 살아 있음을 느낀 경험:** 예전 조수를 멘토링/후원한다.
- **브라우징 기록:** 심리치료사들의 인스타그램과 개인의 성장에 관해 이야기하는 계정과 팟캐스트.
- **만일 내가 이 일로 돈을 벌 수 있다면:** 사람들에게 고민 상담해 주기, 심리치료사가 되기.
- **학교로 돌아가 공부하기:** 사회복지학으로 석사 학위 취득하기.
- **어린 시절의 당신:** 사람들의 비밀을 알고 싶어 하고 누군가의 비밀 공유 대상이 되는 것을 무척 좋아했다.

질투로 동기부여하기

- 심리치료사, 랍비

이 일이 아니라면 하고 있을 일

- 심리학자

돈과 시간이 충분한 삶

- 사회복지학으로 석사 학위 취득.

친구와 가족의 피드백

- 넌 내 베스트 프렌드야. 누구나 너 같은 친구를 갖길 원해. 나

를 묵묵히 응원해 줄 친구가 필요할 때 네가 그렇게 해줬지. 내 문제를 정확히 파악하고 조언이 필요할 때도, 심지어 나의 가장 힘들고 고통스러운 감정을 나누는 것에도 두려워하지 않잖아. 너는 훌륭한 인생 문제 해결사야. 내가 무언가를 필요로 하기 전에 네가 먼저 알고 있는 것 같을 때도 있어. 자신의 약점을 솔직하게 드러낼 줄 알고, 열린 자세로 타인과 소통도 잘하지. 어려운 주제의 대화도 두려워하지 않고. 넌 모든 면에서 훌륭한 인생 파트너야!

- 인생을 함께 고민하기에 가장 재미있는 사람. 상황을 멀리서 바라봐야 하거나 어떤 관점이 필요할 때 혹은 어려운 감정이나 문제로 힘들 때, 나는 라일라에게 전화를 건다.

- 내가 만난 멘토 중에 내게 가장 힘이 되어준 사람.

패턴 7. 영성학/철학—삶의 의미, 인생에 대한 진지한 질문, 신성한 것/의식/통과의례

이 내용들은 어디서나 뚜렷하게 표면으로 드러났다. 가령 신학대학원에 대한 관심, 소셜 미디어 팔로우 대상, 영성학과 철학에 대해 읽고 연구하며 돈을 벌고 싶은 바람, 혹은 '인생에 관한 진지한 문제들을 해결'하고 싶은 바람을 보면 알 수 있다. 같은 내용이 정말 신나는 일에서도 얼핏 드러났다. 예컨대 유대인 단체를 위한 컨설팅 일을 열심히 하는 것, 가장 친한 친구의 결혼식 사회를 본 것, 어렸을 때 품은 삶의 의미에 대한 강렬한 호기심에서 패턴을 찾을 수 있었다. 명상 수련회도 여러 차례 나왔다.

정말 신나는 일

- 온전히 살아 있음을 느낀 경험: 유대인 단체와의 컨설팅 프로 젝트, 가장 친한 친구의 결혼식 사회보기, 최근에 참여한 명 상 수련회.
- 인터넷 기록: 심리치료 및 영성학 관련 팟캐스트, 유대교에 관한 팟캐스트, 타라 브라치가 지도하는 명상 동영상(현재 탭 에 있다), 철학에 관한 뉴스레터.
- 만일 내가 이 일로 돈을 벌 수 있다면: 다른 여성들과 인생의 진지한 문제들을 함께 풀어가기, 영성학과 철학, 개인의 성장 에 관한 자료 읽기/듣기/조사하기.
- 학교로 돌아가 공부하기: 신학대학원
- 어린 시절의 당신: 삶의 의미와 우리가 왜 이곳에 존재하는 지, 죽은 후에는 어떻게 되는지에 대해 끊임없이 물었다. 유 대교 학교를 아주 좋아했다.

질투로 동기부여하기

- 그녀의 랍비
- 크리스타 티펫(영성학과 철학에 관한 팟캐스트 호스트. 신학 석사 학 위를 가지고 있다.)

이 일이 아니라면 하고 있을 일

- 크리스타 티펫의 〈존재에 관하여〉와 같은 영성학/철학 팟캐스트 호스트
- 신학대학원
- 심령술사/영매

돈과 시간이 충분한 삶

- 신학대학원에 입학하기.
- 나의 랍비 따라다니기.
- 장기 명상 수련회에 장기간 참가하기.

친구와 가족의 피드백

- 인생을 함께 고민하기에 가장 재미있는 사람이다. 상황을 멀리서 바라봐야 하거나 어떤 관점이 필요할 때 혹은 어려운 감정이나 문제로 힘들 때, 나는 라일라에게 전화를 건다.
- 말을 행동으로 실천하는 사람. 진정성이 뛰어나다.

패턴 8. 유대교

유대교는 가령 '유대교 영성학'처럼 위 7번의 하위 항목으로 분류할 수도 있다. 아니면 '유대교 문화 단체'와 같이 그 자체로 큰 방향이 될 수도 있다. 지금으로서는 이것을 목적의 패턴으로 따로 분리해두기로 결정했다.

정말 신나는 일

- 온전히 살아 있음을 느낀 경험: 유대교 단체와의 컨설팅 프로
  젝트.
- 인터넷 기록: 유대교에 관한 팟캐스트, 랍비 다냐 루텐버그의
  팟캐스트 〈삶은 신성한 텍스트다〉.
- 어린 시절의 당신: 유대교 학교를 무척 좋아했다.

질투로 동기부여하기

- 나의 랍비

돈과 시간이 충분한 삶

- 나의 랍비 따라다니기.

패턴 9. 커뮤니티 리더/집단 촉진자/교감 + 취약성 드러내기

정말 신나는 일

- 온전히 살아 있음을 느낀 경험: 월간 여성 모임 〈어떻게 지내
  시나요?〉
- 만일 내가 이 일로 돈을 벌 수 있다면: 다른 여성들과 인생의
  진지한 문제들을 함께 풀어가기.
- 어린 시절의 당신: '클럽' 만들기를 무척 좋아했다.

질투로 동기부여하기

• [나의 랍비]는 흥미로운 영성에 관해 집단과 개인들과 하루종일 생각하고 이야기를 나눈다.

후원받는 삶

• 〈어떻게 지내시나요?〉 모임을 다른 여성들과 함께 두세 개 더 만들어 매주 한 개씩 참석한다.

친구와 가족의 피드백

• 당신이 만든 월간 여성 모임 〈어떻게 지내시나요?〉는 내 인생에 정말 큰 변화를 일으켰습니다. 당신이 이 작은 모임을 통해 일으킨 변화에 무한히 감사합니다.

• 당신은 여성과 여자들의 우정에 대한 나의 생각을 바꾸어 놓았어요. 당신을 만나기 전, 나는 '남성들과 어울리는 것을 선호하는 여성'이었고 여자들을 믿지 않았죠. 하지만 당신이 내 모든 생각을 바꾸었어요. 나는 현재 많은 여성과 진실된 우정을 마음껏 누리고 있으며, 이것은 지금 내 인생에서 가장 중요한 부분이에요.

• 내가 본 사람 중 가장 공동체 형성에 진심이다.

• 리더십, 진취성, 교감의 전형이다.

• 훌륭한 선생님!

• 나는 당신이 당신의 커뮤니티를 이끄는 모습을 정말 보고 싶다!

패턴들을 파악하기 시작하자 라일라는 기운이 나는 듯 보였다. 더 깊이 분석할수록 더욱더 따뜻함이 느껴진다고 했다. 피드백 중에 "나는 당신이 당신의 커뮤니티를 이끄는 모습을 정말 보고 싶다!"가 그녀의 마음속 무언가를 건드렸다. 우리는 그녀가 현재 원하는 것이 **다른 사람들**의 커뮤니티보다 그녀의 커뮤니티를 구축하는 데 집중하는 것인지, **그것이** 그녀의 큰 방향인지 궁금해졌다. 지금까지 해오던 일과 달라보이지만 이것은 과거와의 단절이라기보다 진화라고 할 수 있다.

이로써 우리는 라일라에게 필요한 것은 큰 방향을 업데이트하는 것임을 알게 됐다. 그녀는 더 큰 무언가를 향해 나아가고 있었지만 업데이트를 멈춘 상태였다. 커뮤니티를 구축하고, 상담을 하는 것이 삶의 목적이 아닌 방향임을 잊은 것이다. 그것이 자연스럽게 발전하도록 하지 못한 것이다. '성공'이라고 말하는 것에 도달하자 내면의 길안내 시스템의 전원을 꺼버린 것과 같았다. 그녀는 한때 방향에 비추어 옳고 자기에게 조화로웠던 야심을 목적지로 바꿔버리고 여정에서 하나의 정류장에 불과한 곳으로 이동한 후 정착해버렸다. 더 큰 무언가를 향해 나아가는 과정은 내면의 길안내 시스템을 처음으로 켜는 것일 수도, 아니면 시그널을 다시 찾는 것일 수도 있다. 어느 쪽이든 이 과정에서 조정할 수 있다.

라일라의 사례에서 우리는 방향이 될 만한 것들을 많이 발견했다. 보통은 한 개 내지 네 개를 발견한다. 방향이 많다고 해서 반드시 더 좋은 건 아니다. 확실한 방향 단 하나만 있어도 된다. 당신에게 큰 방향 가설이 여러 개가 아니라고 해도 잘못이 아니다. 가령 알렉스에겐 서너 개의 가설이 있었고, 그 가운데 오직 하나만이 그 당시 따라야 할 것으로 밝혀졌다.

우리는 이 과정의 마지막 단계를 준비하기 위해 목적의 패턴들을 하나의 목록으로 작성했다. 어떤 큰 방향을 따라야 할지 결정하기 위해서였다.

1. 커뮤니티 구축

2. 기업가 정신/사업

3. 건강과 웰니스: 약초학과 조산학(특히 여성의 건강)

4. 글쓰기

5. 노래하기

6. 개인 상담/멘토링/심리치료

7. 영성학/철학

8. 유대교

9. 커뮤니티 지도자 ─ 교감/취약성 인정하기

선택지를 좁혀 나가기 위해 우리가 신뢰하는 '조화로운 선택지 찾기' 과정을 진행했다. 어떤 항목이 가장 따뜻한지 보기 위해 큰 방향 후보들을 하나씩 '입어보는' 것이다. 그중에서 가장 신이 나고 가장 호기심이 생기는 항목들을 찾는 것이다. 다시 말하지만 항목에 적은 것들은 무조건 해야 하는 일이 아니다. **가설**을 찾을 뿐이다.

우리는 다음과 같이 질문할 수 있다. 더 이상 살펴보지 않으면, 아쉬울 것 같은 항목은 무엇인가? 혹은 라일라처럼 호기심이 가는 패턴이 많을 때, 이 목록이 사라지지 않을 것이며 나중에라도 다른 항목이 더 궁금해지면 언제든 돌아와 가능성을 살펴볼 수 있다는 전제하에 무엇을 **가장 먼저** 알아보고 싶은가?

아울러 당장은 알 수 없다고 해도 이러한 큰 방향들이 나중에 하나로 수렴될 수 있음을 명심해야 한다. 목록을 볼 때, 나는 합칠 수 있는 패턴들이 있는지 먼저 살펴보기 시작한다. 가령 라일라는 유대교 영성을 중심으로 한 카운슬링 커뮤니티를 이끌면서 이 주제에 대해 글을 쓰고 노래를 할 수도 있다. 아니면 약초학과 조산사 활동을 바탕으로 한 여성 정신 및 신체 건강을 위한 커뮤니티 센터를 만들고 그곳에서 개인 상담과 집단 상담을 서비스로 제공할 수도 있다. 나는 내 패턴들 가운데 여러 개(카운슬링/조언/심리치료, 글쓰기, 사업/기업가 정신)를 결합해서 코칭 방법론을 만들고, 관련 사업을 시작하고, 글을 썼다. 이런 식으로 조합할 수 있는 방법은 끝이 없다. 우리는 '가설을 궁리'해내거나 조합 가능한 경로의 수를 늘리려는 게 아니다. 하나의 경로를 택하기 위해 다른 모든 경로를 포기할 필요도 없다. 핵심은 아이디어를 해방시키는 것이다. 우리가 할 일은 오직 '따뜻한 곳으로 가고', 에너지를 가장 많이 느끼고 탐색 욕구가 가장 많이 생기는 방향(들)을 택하는 것이다.

나는 라일라에게 각 항목을 입어보고 내면의 길안내 시스템으로부터 받은 안내를 알려달라고 했다. 라일라는 가장 따뜻하고, 진정한 자아와 조화롭고, 가볍고 옳으며, 선택하지 않으면 가장 슬플 것 같은 패턴으로 마지막 서너 개의 항목들을 골랐다(라일라는 지금으로써는 유대교를 영성학과 결합하는 게 옳다고 느껴져서 그렇게 하기로 했다).

- 개인 카운슬링/멘토링/심리치료
- 영성학/철학(유대교 포함)
- 커뮤니티 리더/집단 촉진자

라일라는 눈앞에 펼쳐진 모든 가능성을 상상하자 기분이 좋아졌다고 했다. 우리는 어디서부터 시작하면 좋을지에 대해 얘기를 나눴다. 그녀의 전반적인 분위기—에너지, 정서, 보디랭귀지, 말하는 방식, 참여도—는 목적을 잃었다고 슬퍼하며 나를 찾아왔던 때와 전혀 달랐다. 이런 변화를 보면 그녀가 진정한 자아와 조화로운 상태로 돌아와 더 큰 무언가를 향해 나아가고 있음을 알 수 있다.

당신도 이제 우리가 찾는 것이 뚜렷한 직함도 확실한 계획도 아님을 알아차렸을 것이다. '밴쿠버'와 같은 확실한 목적지도 아니고 그랜드 스트리트 123번가처럼 구체적인 주소도 아니다. 북쪽과 같이 그저 큰 방향일 뿐이다. 삶의 가설은 '개' 혹은 '개 훈련' 혹은 '개 미용'과 같은 것일 수 있다. 하지만 '전국 애완견 박람회 테리어 그룹 심사위원장'과 같은 것은 아니다. 나는 당신의 큰 방향이 넓고

278

여유로워서 당신이 움직일 수 있는 여지가 많길 바란다. 큰 방향은 딱히 행동으로 옮길 수 없지만(아직은), 의도된 바다. 행동가능성은 다음에 발생한다. 방향을 따르는 삶의 가설 한두 가지로 무장을 했으니 이제 어둠을 뚫고 운전을 시작할 수 있다.

당신만의 패턴 찾기

당신은 이미 큰 방향을 찾기 위한 작업 대부분을 끝냈다. 잠시 쉬자. 잠시 치워두자. 괜찮다고 느껴진다면 353페이지에 소개된 두려움을 없애는 훈련법 가운데 하나를 실시한다.

5분이든 하루든 일주일이든 준비가 되면 다시 돌아와 앞에서 실시한 큰 방향 찾기 5단계를 하나씩 다시 살펴본다. 어떤 패턴, 반복되는 주제나 트렌드가 있는지 찾는다. 다양한 색깔의 형광펜이나 펜을 사용해서 주제별로 구분하면 좋다.

라일라의 과정을 참조해서 영감을 얻고 그것을 안내책자로 삼으면 좋을 것이다.

만일 막혔다고 느끼거나 어떤 패턴도 찾지 못한다면, 억지로 찾으려고 하지 말고, 한동안 그냥 덮어두고 다른 날 새로운 시선으로 다시 살펴본다. 장담하건대 다른 날 다시 보면 패턴이 보일 것이다.

당신이 믿고 의지하는 친구와 함께 찾아보는 것도 도움이 될 수 있다. 때로 나를 제일 모르는 건 나다. 하지만 다른 사람의 눈에는 패턴이 뚜렷이 보인다.

답이 꼭 목록에 쓴 그대로일 필요는 없다는 것을 명심하라. 추리력을 활용하라. 가령 자기계발서 《신경 끄기의 기술》의 저자 마크 맨슨은 무슨 일을 해야 할지 처음 생각했을 때, 자신이 좋아하는 일이라곤 비디오 게임밖에 없음을 알게 되었다고 한다. 내 방식대로 설명하자면, 비디오 게임은 그에게 '정말 신나는 일'이었다. 하지만 그렇다고 해서 그가 프로게이머가 되어야 한다는 뜻은 아니다. 그일은 그에게 '따뜻하게' 느껴지지 않았다. 만일 '단서'를 표면적인 의미에서만 찾았다면, 그는 게임에서 얻은 교훈을 고려하지 않았을 것이다. 그가 게임에 대한 사랑에서 발견한 것은 개선, 발전, 경쟁에 대한 욕구였다. 관점에서 그의 흥미에 접근하기 시작하자 그의 큰 방향이 되었고, 그 주제에 대해 연구하고 이야기하기 시작해서 결국 많은 책을 출간하기까지 했다. 게임을 정말 신나는 일로 생각하는 사람은 많지만, 게임에 몰입하게 된 이유는 각자 다르다. 맨슨이 게임이 보여주는 환상적인 세계에 몰입했다면, 누군가는 그래픽 디자인에 호기심이 있을 수도 있다. 같은 단서라도 사람에 따라 전혀 다른 큰 방향으로 인도될 수 있다.

만일 어떤 것도 찾아내기 어렵다면 다음과 같은 질문을 던져 더 깊은 차원으로 들어가 본다. **이것이 따뜻하게 느껴지면 어떨까? 구체적으로 이것의 어떤 부분이 내 호기심을 건드리거나 즐거움을 유발하는 걸까?**

큰 방향을 찾는 과정에서 적은 내용들을 토대로 당신이 찾아
낸 패턴들을 이곳에 적어 보자.

1. _____

2. _____

3. _____

4. _____

5. _____

8장

5단계
: 점진적으로
개선하기

PHASE V: ITERATE

지금까지 방향에 비추어 생각하는 법을 배웠다. 이제 당신은 **진정한 자아와 조화로운 행동**을 실행해서 방향을 따르는 삶을 살기 시작할 것이다. 이 단계는 목적지향적 삶으로부터 입은 상처를 회복하고 앞으로 방향을 따르는 삶을 살아가는 데 가장 중요하다. 이를 위해 우리는 앞에서 발견한 큰 방향 가설들을 다듬어 개선할 것이다.

이 단계에서는 지금까지 해온 모든 것을 테스트하고, 익히고, 실행하고 반복할 것이다. 이제 당신은 잘 조절된 내면의 길안내 시스템(조화로운 선택지 찾기)의 안내에 따라 모든 부조화를 제거(문제 놓아버리기)하고, 더 큰 무언가의 방향으로(방향 설정하기) 나아가기 위해 조화로운 행동을 취하기(점진적으로 개선하기) 시작할 것이다.

방향을 따르는 삶이 이제 현실이 되고, 지금껏 내면세계에서 찾은 것들이 실질적인 삶으로 드러나기 시작할 것이다. 이제부터는 브레인스토밍과 가설에서 벗어나 구체적인 변화를 경험하기 시작할 것이다. 우리가 원하는 것을 현실로 만들어 보는 것이다.

얼른 실행하고 싶어 안달이 난 행동파 과잉성취자들에게 좋은 소식이 있다. 드디어 앞으로 나아갈 시간이다. 하지만 예전에 당신이 행하던 '계획 실천'과는 다르게 느껴질 것이다.

어떻게 하면 목적지향적 행동을 방향을 따르는 행동으로 바꿀 수 있을까? 먼저, 인생에서 무언가 '이룬다'는 것을 생각하지 마라. 보통 공허한 과잉성취자들은 '해내기' 위해 의지력을 쏟아붓고, 모든 경우의 수를 살피며, 자꾸 노력하고, 무언가를 바꾸려고 하고, 광적으로 열심히 하려고 한다. 반면 방향을 따르는 삶은 당신의 인생과 계속해서 대화하는 것이다. 주변과 협력하여 실시간으로 삶을 어떤 식으로 펼쳐나갈지 함께 만들어간다. 피드백을 주고받으며 함께 나아가는 것이다.

방향을 따르는 삶의 진짜 방법은 대화를 잘하는 방법과 같이 공동 창작하는 마음으로 임하는 것이다. 특별한 의도 없이 온전히 주의를 기울이고 현재에 오롯이 마음을 쓰고 반응하는 것이지, 당신이 말할 차례를 기다리는 게 아니다. 그동안 당신은 당신이 대화의 주제(당신의 큰 방향)를 잘 알고 있고, 대화를 완전히 장악하고 있다고 생각했을 것이다. 하지만 대화는 당신 혼자 하는 것도 아니며, 당신이 원하는 대로 좌지우지할 수도 없다. 두 사람 사이의 대화든 당신과 당신 인생 사이의 대화든 주변과 협력하여 나아가려는 태도가 중요하며, 그런 태도는 마치 마법처럼 새로운 이해의 차원으로 우리를 이끈다. 그 세계는 당신이 홀로 상상할 수 있는 것보다 더 아름답고 감동적이며 끝없이 펼쳐져 있다.

공동 창작 과정을 우주와 테니스를 치는 것에 빗댈 수 있다. 점수를 매기지 않는 편안한 놀이, 그저 재미로 주고받기를 한다고 생각해 보라. 공이 언제 어디서 어떻게 돌아올지는 아무도 알 수 없다. 돌아오는 공을 제어하기 위해 네트의 반대편으로 달려갈 수도 없다. 당신이 아무리 애를 써도 네트의 양쪽을 오가며 경기를 할 수도 없다. 우리는 코트 전체가 아니라 네트 한쪽만 책임지면 된다. 얼마나 다행인가!

공허한 과잉성취자들은 경기 전체를 통제하려고 애를 쓰는 경향이 있는데, 문제는 스스로 이런 사실을 인식조차 못 한다. 왜냐하면 목적지향적 삶이 그럴듯한 속임수를 써서 우리가 벽에 대고 공을 치며 혼자 경기를 하고 있다고 믿게 만들기 때문이다. 반면 방향을 따르는 삶은 당신 혼자 경기를 하고 있는 게 아님을 알려준다. 삶은 나 말고 아무것도 없는 진공 상태가 아니다. 공동 창작은 방향을 따르는 역동적인 협동 과정으로, 우리가 세상을 딱딱하게 보지 않고 변화하는 환경에 내적으로나 외적으로 (항상) 유연하게 대처할 수 있게 한다. 또 우리가 세상과 소통하며 그 안에서 능동적이고 활발한 관계를 맺게 한다. 즉, 공동 창작은 통제의 반대말이다.

이 접근법에는 겸손과 인내가 필요하다. 내가 **아직** 앞으로 벌어질 일들을 알지 못한다는 사실을 인정하고 견뎌내야 한다. 나는 이런 태도를 가리키는 선불교식 명칭을 무척 좋아한다. 아름답고 간단한 용어다. 바로 '모르는 마음'이다. 방향을 따르는 행동이 가진 에너지는 강제하거나 통제하는 게 아니라 어떤 과정이 **조작 없이** 펼쳐지도록 필요한 시간과 공간을 충분히 갖는 데서 나온다. 여기서 핵심은 '조작하지 않는 것'인데, 공허한 과잉성취자들에게는 아주 어려운 일이다. 방향을 따르는 삶에서 우리가 할 일은 목적지로 향하는 길을 강제로 만드는 게 아니라 방향을 따르는 길을 **수용**하는 것이다. 이제 당신은 네트의 한 편에 머물며 무엇이 돌아오든 그대로 수용하기를 의도적으로 선택할 것이다.

연잎 건너기

방향을 따르는 삶에서는 한 번에 오직 두 가지만을 염두에 둔다. 하나는 우리를 먼 곳까지 안내하는 큰 방향 가설이고, 다른 하나는 눈앞에 있는 단 하나의 조화로운 행동이다. 이 둘 사이에 무슨 일이 벌어지든 그건 신경 쓸 바가 아니다.

방향을 따르는 삶이라는 비디오 게임을 하고 있다고 상상해보라. 이 게임에서 당신의 캐릭터는 거대한 강 건너편으로 가기 위해 강둑에 앉아 있다. 반대편에 무엇이 있는지 혹은 구체적으로 어느 곳에 도달할지 정확히 모를 수 있다. 하지만 전진하기 위해 이 강을 건너야 한다는 것은 알고 있다. 그때 쉽게 닿을 거리에 있는 연잎 하나를 발견한다. 하지만 이 연잎을 타고 어디로 갈지 알지 못한다. 그래서 당신은 강을 건너려는 시도가 실패하지 않도록 캐릭터가 할 수 있는 모든 방법을 시도해볼 것이다.

결국 화가 난 당신은 앞에 보이는 연잎에 발을 디딘다. 놀랍게도 연잎은 캐릭터의 무게를 지탱할 뿐만 아니라 올라타자마자 두 번째 연잎이 나타난다. 캐릭터가 두 번째 잎에 올라타자 세 번째 잎이 나타나고, 같은 방식으로 연잎들이 계속 나타난다. 여기서 문제는 한 번에 오직 하나의 연잎만 확인할 수 있다는 것이다. 출발하기 전에 전체 연잎 길을 확인할 수는 없다. 한 걸음씩 디뎌 다음 연잎이 나타나게 **해야 한다**. 그러기 위해서는 보이지는 않지만 사실 강을 가로지르는 연잎 길이 있다고 믿어야 한다. 모르는 마음을 실천해야 한다. 우리가 모른다 해도 게임을 주관하는 저 높은 곳에 있는 존재는 강을 무사히 건널 수 있는 길을 알고 있음을 명심하는 게 중요하다.

나는 이것을 연잎 건너기라고 부른다. 한 걸음씩 나아가며 결과를 그저 지켜보는 것이다. 페르시아의 시인이자 신비주의 철학자인 루미Rumi가 말했듯이 "길을 걷기 시작하면, 길이 나타난다." 이것이 어떻게 가능할까? 당신 내면의 길안내 시스템에 귀를 기울일수록, 당신에게 무엇이 조화로운지 더 빨리 알게 되고 신뢰할 수 있다. 조화는 더 많은 조화를 낳는 반면 부조화는 더 많은 부조화를 낳는다. '따뜻한' 행동은 더 많은 '따뜻한' 행동을 낳고, '차가운' 행동은 더 많은 '차가운' 행동을 낳는다. 방향에 비추어 옳은 행동은 방향에 비추어 옳은 결과를 낳는다. 당신이 조화로운 야심을 추구하길 원한다면, 조화로운 행동을 취해야 한다. 반대로 맹목적인(목적지향적인) 야심은 맹목적인 야심만을 낳는다. 여기서 핵심은 단지 "이것이 방향에 비추어 옳은가?"만 물으며 눈앞에 있는 하나의 연잎에만 집중하는 것이다. 방향에 비추어 옳은 행동은 **항상** 방향에 비추어 옳은 결과를 낳기 때문이다.

라일라의 연잎

큰 방향을 활성화하려면 첫걸음만 시작하면 된다. 첫 번째로 할 일은 앞 챕터에서 파악한 당신의 큰 방향 가설 가운데 하나(혹은 전부)를 위한 첫 번째 연잎, 즉 단 하나의 '따뜻하고' 조화로운 행동을 찾는 것이다.

라일라와 나는 그녀의 큰 방향일 수 있는 것들을 다시 살펴보고 각 방향을 위한 첫 번째 연잎을 찾기 위해 브레인스토밍을 시작했다.

여기서 '완벽'하거나 '옳은' 행동을 취하는 데 너무 집착하지 않는 게 중요하다. 방향에 비추어 옳고 따뜻한 행동은 무엇이든—얼마나 따뜻하든—훌륭하다. '따뜻하다면', 호기심이나 즐거움이나 열의를 자극한다면 틀릴 수가 없다. 지금 우리는 내면의 길안내 시스템을 위해 필요한 정보를 더 많이 수집하기만 하면 된다. 그렇게 하면 첫 번째 연잎이 무엇인지 단서를 얻게 되고 계속 나아갈 추진력을 얻게 될 것이다. 목표는 단지 플롯을 전개해 나가는 것이다. 우

큰 방향 가설	첫 번째 연잎

1. 개인 카운슬링/
   멘토링/
   심리치료

→
_____
_____
_____
_____
_____

2. 영성학/철학
   (유대교 포함)

→
_____
_____
_____
_____
_____
_____

3. 커뮤니티 리더/
   집단 촉진자

→
_____
_____
_____
_____
_____
_____
_____

290

리는 여기서 위험부담이 적고 수월한 행동을 찾고 있다. 가령 심리학 과정을 알아보거나 심리치료사인 친구와 대화할 수 있다(석사 과정에 당장 등록하거나 직장을 그만두거나 다른 나라로 이주하는 것과 같은 행동이 아니다). 이 단계를 '점진적으로 개선하기'라고 부르는 이유가 있다. 우리는 이 단계에서 실험 정신을 키울 것이다. 일단 시작하고 조금씩 개선해 나아가겠다는 마음가짐이다.

때로 가설이 너무 쉽게 첫 번째 연잎으로 이어지고, 조화로운 행동을 찾는 일이 뻔하게 느껴질 수 있다. 그렇다면 일단 적어만 두고 연잎으로 발을 내디뎌라. 너무 복잡하게 생각하지 말자. 빨리 혹은 쉽게 되지 않는다 해도 걱정하지 마라. 우리에게는 그런 경우를 위한 해법도 있다.

라일라에게 처음 두 연잎은 대학원에 대해 알아보는 것과 관련이 있었다. 앞으로 어떤 공부를 할 수 있는지 알아보기 위해서였다. 둘 다 사회복지학과 심리학 과정, 신학대학원과 관련이 있었다. 세 번째 연잎은 그녀가 '재미'로 시작해서 이미 하고 있는 〈어떻게 지내시나요?〉 모임에서 파생될 두 번째 커뮤니티 모임의 가능성을 탐색하는 일이었다. 이 모임의 목표, 얼마나 많은 사람이 참여할지, 언제 어디서 만날지 등과 같은 내용을 정하는 것이었다. 첫 번째 모임를 운영하며 터득한 것을 토대로, 두 번째 모임은 어떤 차별점이 있을 수 있을까? 어떤 공통점이 있을 수 있을까?

라일라의 초기 연잎에는 이런 것들만 있는 게 아니었다. 그녀가 내디딜 수 있는 첫걸음은 무수히 많았다. 가령 문의해볼 사람들,

큰 방향 가설	첫 번째 연잎
1. 개인 카운슬링/ 멘토링/ 심리치료	→ 사회복지학/심리학 과정 알아보기
2. 영성학/철학 (유대교 포함)	→ 신학대학원 알아보기
3. 커뮤니티 리더/ 집단 촉진자	→ 두 번째 여성 단체를 만드는 일에 대해 탐색하기

읽어볼 책, 들어볼 팟캐스트도 있었다. 하지만 위에서 언급한 것들이 바로 라일라가 가장 궁금해하는 것들로, 그 순간 '가장 가볍고 옳게' 느껴지는 것들이었다.

첫 번째 연잎

이러한 연잎들을 하나씩 밟아 나가보자. 그리고 느껴라. 연잎을 찾는 데서 그치면 안 된다. 아울러 새로운 가능성을 하나씩 살펴보면서 내면에서 변화가 나타나는지 주목해야 한다. 연잎 건너기 게임에서 우리가 얻는 가장 중요한 정보는 지원 마감일이나 석사 과정 요건과 같은 구체적이고 실무적인 사항이 아니다. 그보다 새로운 정보에 노출되었을 때 당신의 길안내 시스템이 보인 반응(느낌)에 주목해야 한다. 이 학교에 다닌다고 생각하니 어떤 느낌이 드는가?

큰 방향 가설	첫 번째 연잎
(281페이지에서 얻은 것)	

_____ _____

_____ _____

_____ _____

_____ _____

_____ _____

이 단체를 만든다고 생각하니 어떤 느낌이 드는가? (어떤 느낌인지 묻는 질문은 어떤 맥락에도 적용할 수 있다. 이 데이트에 가는 것에 대해, 비건 다이어트를 하는 것에 대해, 그 도시로 여행가는 것에 대해, 발언 기회를 수락한 것에 대해, 그 사람을 채용한 것에 대해, 그 클럽에 참여한 것에 대해 어떤 느낌이 드는가?) 각각의 연잎은 길안내 시스템에게 새로운 데이터를 주고 시스템은 데이터를 바탕으로 다음에 내디딜 가장 조화로운 걸음에 대한 보다 정확한 길을 안내한다. 이렇게 물을 수도 있다. **이 학교에 대한 자료를 읽을 때 기분이 좋지만 다른 학교에 대한 자료를 읽을 때는 기분이 별로인가? 어떤 종류의 석사 과정은 '따뜻하고' 어떤 것은 '차가운가'?** 설령 '차갑다'고 느낀다 해도 이것은 연잎에서 얻을 수 있는 값진 정보다. 특히 더 그렇게 느껴질수록 더욱 그렇다.

대학원을 탐색하기 시작했는데 지루하고 마음을 울리는 것이 없다면, 그 자체가 바로 아주 중요한 피드백이다. 그런 정보를 무시하지 마라. 그것은 뚜렷한 '차가움'이며, 대학원 안내 책자를 보며 흥분해서 밤을 샐 때와는 전혀 다른 발걸음으로 이어질 것이다.

네트의 한 편에서만 경기를 할 수 있음을 명심하라. 우리는 지금 결과에 대한 모든 예상을 버리고 어떠한 간섭도 없이 경기를 함께 만들어가는 중이다. 그렇게 하기로 약속했다. 이때 조화로운 행동은 공을 받아쳐서 네트를 넘기는 행위다. 그러면 당신의 몫을 한 것이다. 무엇이 되돌아올지 당신이 결정하지 않는다. 그럴 필요도 없다. 한 사람이 동시에 네트의 양쪽을 오가며 경기를 할 수는 없다. 그건 선을 넘는 행동이다. 당신이 해야 할 일은 결과를 관리하는 게 (목적지향) **아니라** 진정한 자아에게 맞는 조화로운 행동을 취하는 것이다. 이것이 바로 진짜로 과정을 중시하는 것이다. 결과 중심적 행동 숙적인 네 가지 조짐과 달리, 과정이 자연스럽게 펼쳐지도록 허용하는 것이다.

현실에서 결과 중심적이 된다는 것은 라일라가 대학원 과정을 탐색하기 싫어서 자기가 생각하는 **당위**에 맞추기 위해 결과를 왜곡한다는 뜻이다. 결과 중심적인 사람은 대학원 진학이 해법이라고 생각해서 영혼을 찾는 이 복잡한 과정을 빨리 끝내려고 한다. 또는 자신이 생각하기에 **다른 사람들**에게 가장 쉽게 설명할 수 있는 특정 대학원 과정에 집착하는 일도 흔하다. 연잎 건너기는 "나는 대학원에 가야 해. 그러니 가장 효율적인 길을 찾아보자"라고 선언하고서 졸업을 위해 필요한 학점 수를 계산하는 게 아니다. (이제 당신도 공허한 과잉성취자스러움이 무엇인지 보일 것이다) 대신, 훨씬 더 정성 가득하고, 훨씬 더 개인적인 탐색을 위한 질문을 해보자. 예를 들면 이렇다. **대학원 진학을 진지하게 고려하는 게 내 몸 안에서 어떻게 느껴지는가?**

게다가 라일라는 그녀가 생각하기에 무엇이 가장 빨리 길을 찾게 해줄지 혹은 돈을 가장 많이 벌어다줄지 상상하며 〈어떻게 지내시나요?〉 커뮤니티에 대한 비전 브레인스토밍을 하려는 게 아니다. 그런 행동은 우리를 목적지향으로 내몬다. 그녀는 '**이 사업 아이디어가 타당하다고 이미 검증되었으니, 이걸 어떻게 더 키울 수 있을까?**'를 탐색하는 게 아니다. 그보다 '**어떻게 하면 이 프로젝트가 사람들에게 도움이 되면서 내게도 영감을 줄 수 있을까? 나는 이 아이디어와 함께하는 미래가 어떻게 전개될지 궁금한가?**' 하고 묻는 것이다.

이러한 종류의 질문들에 답을 하는 과정에서 라일라는 신학대학원(혹은 이에 근접한 무언가)이 방향에 비추어 가장 옳다고 느꼈다. 심리학과 사회복지학 과정은 다소 힘들게 느껴졌다. 하지만 신학교를 찾아볼 때는 호기심이 반짝이고 영감이 쏟아졌다. 조사를 하면 할수록 더 많이 알고 싶었다. 이 새로운 가능성을 상상만 해도 '가볍고 옳고' 즐겁게 느껴졌다.

또한 라일라는 새로운 〈어떻게 지내시나요?〉 모임에 대한 아이디어를 내게 빨리 말하고 싶어 안달이 났다. 그녀에게 떠오른 생각은 하나의 모임이 아닌 여러 모임의 네트워크, 즉 커뮤니티였다.

이것은 커뮤니티를 구축하는 그녀의 직업이 자연스럽게 연장된 것이며, 단지 그동안의 일과 차이점은 방향 설정하기 단계의 피드백 훈련에서 그녀의 친구가 제안한 대로 다른 사람의 커뮤니티에 대한 컨설팅을 제공하는 게 아니라 그녀의 커뮤니티를 직접 만들고 이끄는 것이었다. 그녀는 이미 충분한 역량과 전문성을 갖추고 있었다. 또한 각 단체의 체계를 어떻게 잡을지, 언제 어디서 만날지, 모임들이 더 큰 커뮤니티 네트워크 안에서 어떻게 모이게 될지 이미 상당히 많은 노트를 작성해 둔 상태였다.

그녀는 심지어 도메인 이름을 구매하여 두 번째 연잎으로 넘어간 상태였다. 이것을 나는 '현실화' 단계라고 부른다. 가설에서부터 만들어낸 무언가를 실제로 현실화하는, 작고 위험 부담이 적지만 때로는 상징적인 행동이다. 이 도메인을 실제로 사용할지 여부는 중요하지 않다. 그녀의 뇌와 길안내 시스템이 이 과정을 **현실**로 인식하도록 막연한 아이디어를 구체적인 무언가로 전환시켜 '현실화'한 것이다.

이 시점에서 라일라와 나는 그녀의 큰 방향 가설들을 두 개의 아주 뚜렷한 새로운 가설로 정교하게 다듬었다.

가설 1: 영성학-신학대학원

1. 대학원들을 조사한다.
2. (아직 드러나지 않은 연잎)
3. (아직 드러나지 않은 연잎)

가설 2: 〈어떻게 지내시나요?〉 커뮤니티/사업 구축하기 + 여성 단체 촉진하기

    1. 두 번째 모임의 비전을 브레인스토밍한다.

    2. 도메인 이름을 구매한다.

    3. (아직 드러나지 않은 연잎)

    4. (아직 드러나지 않은 연잎)

이 과정의 다음 부분은 어떤 새로운 연잎들이 출현할지 관찰하고 질문하는 것이었다. 우리는 앞선 조화로운 행동에서 얻은 정보를 통합하고 그것을 바탕으로 다음에 디딜 따뜻하고 방향에 비추어 옳은 발걸음을 정했다. 핵심은 **어떤** 행동이든 행동을 계속 취하는 것이었다.

호기심은 당신을 어디로 이끌고 있는가? 어떤 방향이 더 따뜻한가? 어떤 행동이 더 많은 정보를 얻고 싶게 하는가?

다시 말하지만, 우리가 택할 수 있는 옳은 행동은 하나만 있는 게 아니다. 이 지점에서 공허한 과잉성취자들이 자주 정체되는데, 완벽주의에 의한 마비가 작용하기 때문이다. 공허한 과잉성취자들은 절대적으로 최고인, 가장 완벽한 다음 행동을 찾고 절대적으로 이상적인 연잎을 택하려 한다. 그렇게 해야 한두 개의 연잎들을 건너뛰고 바로 신학대학원에 도달하고 잘나가는 거대한 커뮤니티를 시작할 수 있다고 생각하기 때문이다. 그러나 당신의 뇌가 아무리 크고 뛰어나다 해도, 연잎을 건너는 일은 머리가 하는 일이 **아니다.**

내면의 길안내 시스템의 일이다. 당신의 머리는 이 일에 대한 정답을 갖고 있지 않으니 머리가 선택을 좌지우지하게 놔두지 마라. 거듭 말하지만 방향을 따르며 살기 위해서는 상황 전개의 결과가 아니라 과정에 주목해야 한다.

그러니 첫째, **어떤** 행동이든 행동을 취하는 것이 먼저임을 명심하라. 만일 이 행동이 당신에게 필요한 정보를 주지 않는다 해도 그 자체로 정보다. 게임을 진행하며 경로를 개선할 수 있는 정보다. 연잎 건너기는 여전히 이어진다.

둘째, 당신의 오래된 목적지향적 사고와 두려워하는 자아는 변화와 불확실성을 보자마자 바로 당신을 붙들어 두려고 달려들 것임을 알아야 한다. 당신은 불편함을 느낄 것이다. 연잎에서 벗어나 단단하고 예측할 수 있는 땅 위로 올라가고 싶을 것이다. 이해한다. 하지만 훨씬 더 좋고, 손쉽고 즐거운 접근법은 연잎 위에서 편안해지는 것이다. 연잎을 벗어나는 건 충만함을 벗어나는 것이다.

신학대학원 연잎에 올라탄 라일라의 다음 단계는 그녀가 고려 중인 여러 학교와 과정들을 정리한 후 일정표에 입학설명회를 포함시키는 것이었다. 그녀가 할 일은 단지 입학설명회에 가서 다음 연잎이 출현하는지 살펴보는 것이었다.

라일라의 두 번째 가설인 〈어떻게 지내시나요?〉 커뮤니티는 조금 달랐다. 방향을 따라 사업을 시작하는 일—무엇이든 시작하는 일—은 목적지향적으로 사업을 시작하는 것과 상당히 다른 노력이 필요하다. 공허한 과잉성취자들은 웹사이트, 기억에 남을 만한 태그라인, 로고, 브랜딩, 멋진 프로필 사진, 완벽한 사업 계획을 가장 먼저 해야 한다고 생각한다. 하지만 거의 대부분의 경우 최소 기능 제품MVP 혹은 제품의 가장 초기 단계의 방향을 따르는 버전을 '소프트 론칭'*하는 것이 더 효과적이다. IT/기술 업계에서는 이것을 알파 테스트** 혹은 베타 테스트***라고 부른다. 그들은 기술이 아직 미완성이기 때문에 당연히 제품에 오류가 있을 거라 예상한다. 한마디로 완성형이 아니라 진행형인 작업이다. 우리 삶에서도 알파 테스트와 소프트 론칭을 할 수 있다.

나는 공허한 과잉성취자들이 목표로 하는 일 자체를 개선해나가는 대신 그것을 둘러싼 인프라를 구축하는 데 수개월 혹은 심지어 수년을 보내는 것을 보았다. 완벽주의가 초래한 지연과 목적지 향적인 두려워하는 자아가 영리하게 드러난 경우다. 내가 처음 코칭 상담소를 열려고 했을 때, 나는 내가 누구인지, 무슨 일을 하는지 정확히 설명하려 했고, 실제로 첫 내담자를 받기 전에 '나의 이상적인 내담자'와 직접 소통하는 창구로서 멋진 웹사이트를 구축하는 데 많은 돈을 투자해야 한다고 생각했다. 하지만 내가 가장 코칭하

---

* soft-launching, 정식 출시하기 전에 제한된 수의 사용자에게 미리 선보이는 것—옮긴이
** alpha testing, 개발 초기 단계에서 내무 개발자나 테스터들이 실시하는 테스트—옮긴이
*** beta testing, 개발 후기 단계에서 일반 사용자들이 직접 참여하여 피드백을 주는 테스트—옮긴이

고 싶은 내담자의 유형과 내가 하고자 하는 코칭의 성격이 무엇인지 가장 정확하게 설명하는 데 도움이 된 것은 실제로 내담자와 함께한 작업이었다. 그렇게 해서 내 웹사이트에 실릴 훨씬 더 좋고 명료하며 공감이 가는 메시지가 탄생했다.

우리가 만나기 전에, 라일라가 실천할 수 있는 범위가 어느 정도인지 알지 못했을 때, 그녀는 걸음마 단계의 여성 모임과 사업을 이미 시작한 상태였다. 그래서 그녀가 다음에 디딜 연잎은 두 번째 모임을 '소프트 론칭'해서 그녀가 첫 모임에서 얻은 경험을 비교, 정리하는 일이었다. 물론 그녀는 이메일을 사용해 소규모 모임에 참가한 사람들과 소통하는 방법으로 이 일을 할 수 있었지만, 그 대신 그녀와 모임의 성격을 소개할 아주 기초적인 웹사이트를 구축했다. 각 단계는 최대한 쉽고 간단했다.

가설 1: 영성학-신학대학원

1. 대학원들을 조사한다.
2. 가장 좋은 학교 명단을 작성한다. + 입학설명회에 참석한다.
3. (아직 드러나지 않은 연잎)
4. (아직 드러나지 않은 연잎)

가설 2: 〈어떻게 지내시나요?〉 커뮤니티/사업 구축하기 + 여성 단체 촉진하기

1. 두 번째 모임의 비전을 브레인스토밍한다.

2. 도메인 이름을 구매한다.

3. 두 번째 모임을 '소프트 론칭'한다. 이를테면 정보만 제시하는 아주 기초적인 임시 웹사이트를 만들고 초대 링크를 공유한다.

4. (아직 드러나지 않은 연잎)

방향이 보이지 않을 때

그런데 만일 아직 어떠한 연잎도 볼 수 없다면 어떻게 해야 할까?

때론 그 자체가 새로운 힌트다. 첫 번째 연잎이 전혀 뚜렷하지 않거나 바로 나타나지 않으면 이 과정을 뛰어넘고 시작해야 한다. 이것은 좋은 것도, 나쁜 것도 아니며, 당신이 세운 가설의 타당성에 대한 어떤 의미를 나타내지 않는다. 해결책은 당황스러울 정도로 쉽고 뻔하다. 우리는 종종 크고 어렵고 복잡한 답을 선호하기 때문에 앞으로 나아가지 못한다. 하지만 다음의 해결책이 막힌 연잎을 모두 제거해줄 것이다.

여기 조화로운 행동을 찾아주는 5단계 공식이 있다. 이 공식은 절대로 실패하지 않는다.

1. 당신 마음의 스크린샷을 찍는다.

2. 바람을 정확하게 설명한다(큰 소리로 말한다).

3. 바람에 관한 조사를 실시한다(구글로 검색한다).

4. 대화를 나눈다.

5. 어떤 행동이든 취하고 결과를 기다려본다.

1. 당신 마음의 스크린샷을 찍는다.

모든 행동은 어떤 아이디어의 '스크린샷'을 찍으면서 시작한다. 아이디어를 포착하기 위해서는 충분한 주의를 기울여야 한다. 이것이 아이디어를 활성화하는 유일한 방법이다. 두려워하는 자아는 거의 항상 아이디어를 낚아채고, 우리가 제대로 생각해 보기도 전에 파격적인 변화를 가져올 수 있는 새로운 아이디어는 무조건 거부한다. 파격적이라고 해서 세상을 구하고 삶을 바꾸는, 유례없는 아이디어를 말하는 게 아니다. 반복해서 떠오른 '따뜻한' 생각이라면 무엇이든 될수 있다. 가령 저녁식사로 먹고 싶은 것, 해보고 싶은 헤어스타일, 방문하고 싶은 장소, 시작하고 싶은 사업, 더 알아보고 싶은 산업, 혹은 당신의 더 큰 무언가에 대한 막연한 느낌일 수도 있다.

내가 '스크린샷'이라는 비유를 사용하는 이유는 그것이 방향을 따르는 삶의 세계에서 아이디어를 펼치고 싶을 때 보이는 능동적이고 적극적인 방식을 드러내기 때문이다. 어떤 아이디어의 스크린샷을 찍는 건 그 생각을 적극적으로 알아보려는 방식인 반면 단순히 아이디어를 '가진' 것은 훨씬 더 수동적이다. 스크린샷을 찍으려면—어떤 버튼이든 누르려면—우리 내면에서 키우고 싶은 자세와 능력에 오롯이 집중해야 한다. 아이디어에 대한 스크린샷이 없다면 우리는 이 공식에 적용할 게 없으며, 활성화하고 개선할 것도 없다. 그러니 속마음을 알아차리고 스크린샷을 찍는 연습을 하는 일, 즉 당신 자신과 당신의 아이디어를 진지하게 다루는 일은 매우 중요하다.

기쁜 소식은 당신이 이미 방법을 알고 있다는 것이다. 포착하기는 큰 방향을 탐색하는 과정에서 실시한 작업의 큰 부분을 차지한다. 즉 가장 이상하거나 중요하지 않아 보이는 아이디어들까지 진지하게 다루기 위해 스크린샷을 찍고 두려워하는 자아를 우회하는 것이다. 이것은 4단계: 방향 설정하기의 마지막 부분에 바로 연결된다. 현재로서는 당신의 더 큰 무언가 가설이 훌륭한 스크린샷이 될 수 있다. 반드시 지난 단계에서 소개한 광범위한 큰 방향 찾기 과정에서 도출된 아이디어가 아니어도 된다. 크든 작든 당신이 탐색하고 싶은 어떠한 아이디어나 가설에도 적용할 수 있다.

라일리가 큰 방향 찾기 과정에서 가졌던 다른 '따뜻한' 아이디어들 가운데 하나인 팟캐스트 시작하기에서 마음의 스크린샷 찍기를 어떻게 할 수 있는지 살펴보자.

라일라가 한동안 계속해서 같은 생각을 했다고 상상해 보라. '내가 운영하는 팟캐스트를 갖는다면 정말 재미있을 거야.' 한동안 그녀는 두려워하는 자아에 휘둘려 이 아이디어를 거부한다. '말도 안 되는 생각이야. 재미없는 내 팟캐스트에 관심 갖는 사람이 없을 거야. 전혀 독창적일 게 없잖아. 너무 뻔한 생각이야. 게다가 이미 커리어도 잘나가고 너에게 의지하는 사람들도 있잖아. 다른 뭔가를 할 시간이 없다고. 게다가 팟캐스트 운영에 대해 아는 게 없잖

아. 네가 잘하는 일이 아니라고.' 이런 식으로 몇 초 만에 팟캐스트에 대한 아이디어는 빛을 보지 못하고 금세 죽어버린다. 불쌍한 팟캐스트!

하지만 이제 라일라는 진정한 자아가 가진 생각들에 귀를 기울이기 때문에 다음에 팟캐스트에 대한 생각이 떠오르면 자신의 호기심을 인정하고 스크린샷을 찍는다. '내가 운영하는 팟캐스트를 갖는다면 정말 재미있을 거야.'

- 라일라의 아이디어: 팟캐스트를 시작한다.

2. 바람을 정확하게 설명한다.

이제 라일라는 자신의 바람을 큰 소리로 말하거나 적어서(둘 다 해도 좋다) 먼저 자기 자신에게 자세히 설명한다. 다음으로, 그 내용을 그녀를 진심으로 아끼는 사람에게 말한다(그녀의 심리치료사나 사랑하는 코치도 포함된다). 당연히 그녀가 현재 활동하는 〈어떻게 지내시나요?〉 모임에도 말할 것이다. 만일 말로 하기 쑥스럽다면 유머를 사용하거나 쿨한 척할 수 있다. "팟캐스트를 시작하겠다는 이상한 생각이 머릿속을 떠나지 않아요. 정말 뜬금없죠?" 하지만 말로 표현했으니 이제 세상 밖으로 나와 버렸다. 와우!

3. 바람에 관한 조사를 실시한다.

오늘날 조사는 검색을 뜻한다. 부정할 수 없다. 도서관에 직접 가서 찾아보거나 도서 목록을 뒤져보는 일이 아니다(이런 방식을 먼저 떠올릴 정도로 나이 지긋한 독자들을 위해 하는 말이다). 라일라는 저녁식사를 하고 귀가하는 지하철 안에서 '팟캐스트 시작하는 법'을 검색했다. 검색 결과를 읽으며 넘쳐나는 정보의 바다에 빠질 수 있었다.

물론 당신은 신뢰할 만한 출처의 정보를 원할 것이다. 이렇게 검색했다고 해서 알아야 할 모든 정보를 완벽하게 수집했다고 할 수 없다. 그렇지만 새로운 아이디어와 생각해볼 방법, 물어야 할 질문들이 떠오를 것이다.

조사에서 얻은 핵심 정보

- 팟캐스트를 시작하는 과정을 단계별로 가르치는 강좌들이 있다.
- 필요한 장비와 기술들을 목록으로 작성했다.

4. 대화를 나눈다.

다음으로, 이 주제에 대해 필요한 정보를 아주 조금이라도 줄 수 있는 사람을 떠올린다. 라일라는 팟캐스트 운영자 한두 명을 알며, 언젠가 팟캐스트 편집자를 만난 적이 있었다. 한두 개의 팟캐스트를 듣고 있으니 호스트에게 이메일을 보낼 수도 있다. 연락해보자. 일정표에 미팅을 추가하자.

직접 아는 사람이나 확실한 인맥이 없을 수 있다. 그럴 땐 친구의 생일파티에서 만난 음향 기술자를 수소문해서 연락할 수도 있다. 아니면 당신의 친구가 3년 전 한 번 팟캐스트 인터뷰를 한 적이 있을 수 있다. 당신의 지인 가운데 팟캐스트 운영자가 고객인 에이전트나 브랜드 전략가가 있을 수도 있다.

5. 어떤 행동이든 실행에 옮긴다.

드디어 가설을 행동으로 옮길 때가 됐다. 어떤 행동이든 하기만 하면 된다. '바람을 정확하게 설명하기'부터 '대화를 나누기'까지의 과정은 결국 행동으로 이어지도록 설계되어 있다. 큰 소리로 말하고, 조사를 하고, 관련된 대화를 한두 차례 나누고 나면, 어느새 시작했을 때보다 더 많은 정보를 가지고 있을 것이다. 이제 당신이 하고 싶으면서 신이 나고, 부담없이 시도할 수 있는 작은 행동엔 무엇이 있을지 살펴볼 차례다. 알다시피 완벽한 행동은 없다. 일단은 시작하고 모자라거나 아쉬운 건 나중에 다시 하면 된다. 지금은 따뜻하고 방향에 비추어 옳고 조화로운 행동 하나를 골라 시작한다. 영감을 많이 받아 더 고르고 싶은 마음을 막을 규칙은 없지만, 하나로도 충분하다.

라일라가 다음에 고려해야 할 조화로운 행동의 선택지들은 다음과 같다.

- 자신의 팟캐스트에서 무엇을 말할지, 그것을 어떻게 구성하고 싶은지 영감과 아이디어를 얻기 위해 다양한 팟캐스트를 청취한다.

- 팟캐스트 제작에 관한 강좌를 듣는다.
- 읽을/시청할 관련 자료들의 목록을 작성한다.
- 가장 좋아하는 팟캐스트 진행자에게 DM이나 이메일을 보내어 인터뷰할 수 있는지 묻는다(답장을 못 받아도 괜찮다. 아마 답이 올 테지만, 설령 오지 않는다 해도 행동을 했다는 게 가장 중요하다).
- 필요한 장비를 구입하고 사용법을 익힌다.
- 자신의 목소리를 녹음한다. 혼자 듣기 위한 것이니 부담 갖지 말자. 녹음한 것을 듣고 어떻게 느껴지는지 확인한다.

위험 부담이 적으면서도 실천하기 좋은 기본 행동들은 다음과 같다. 책 읽기, 팟캐스트 청취하기, 관련 강좌 수강하기, 관련 장소 현장 방문하기, 이 프로젝트를 위해 필요한 물품 구매하기, 스크린 샷이 오랫동안 마음에 머물도록 상징적인 물건 만들기, 일정에 포함시킬 수 있는 간단한 관련 행동 택하기다. 명심하라. 돈이 전혀 들지 않는 방법도 많다. 그러니 두려워하는 자아가 돈이 없다는 핑계를 대도록 방치하지 마라.

라일라는 그녀가 가장 좋아하는 호스트가 진행하는 팟캐스트 제작 관련 온라인 워크숍에 등록하는 선택지를 고를 수도 있다. 잊지 말자. 그녀는 조금 전까지 이 워크숍이 존재하는지조차 몰랐다.

다음으로, 방향에 비추어 옳은 새로운 아이디어를 찾는다. 가령 워크숍을 들으면서 자신의 아이디어를 후원해줄 기업을 찾아야 겠다는 생각이 들 수도 있다. **후원사에게 아이디어를 알린다는 생**

각을 마음속에 스크린샷으로 찍어둔 다음 바람을 정확히 설명하고, 조사하고, 대화하고, 다음에 오는 조화로운 행동을 취한다. 이렇게 계속 반복하는 것이다.

이 과정은 한 번 하고 끝나지 않는다. 박스에 확인 표시를 하고, 목적지에 도달하는 게 아니다. (왜냐하면 우리에겐 더 이상 목적지가 없기 때문이다!) 이 활성화 주기들은 **방향을 따라가며** 서로의 토대가 된다. 각 활성화 주기는 책의 한 챕터를 구성하는 한 단락과 같다. 그 자체로도 중요하고 의미가 있지만, 전체 맥락에서 볼 때 가장 강력하다.

이것들을 실천하는 데에는 많은 시간이 들거나 노력이 필요하지 않다. 이미 진정한 자아가 당신의 방향에 맞게 잘 조정되어 있기 때문이다. 과정을 반복하는 게 익숙해지면 과정 전체를 **아침 9시 전**에 끝낼 만큼 빠르게 처리할 수도 있다. (며칠이나 몇 주가 걸린다고 해도 잘못하고 있는 게 아니다.)

5번 공식까지 모두 거치고 나면 무엇을 해야 할까? 바로 1번 공식으로 돌아가 **다음 아이디어의 스크린샷을 찍는 것이다. 두 번째 아이디어는 2~4번 공식을 거치면서 점점 형체를 갖추다가 5번 공식이 끝날 무렵 떠오를 것이다. 그러면 이 새로운 아이디어의 스크린샷을 찍기 위해 1번 공식으로 돌아간다.

조화로운 행동 찾기 공식

1. 당신 마음의 스크린샷을 찍는다.

- 아이디어: _____

  (전 단계에서 파악한 큰 방향 가설을 입력한다.)

2. 바람을 정확히 설명한다.

- 말할 대상: _____

3. 바람에 대해 조사를 한다.

- 조사에서 얻은 핵심 정보: _____

4. 대화를 나눈다.

- 대화 상대: _____

5. 어떤 행동이든 실행에 옮긴다.

- 다음에 올 조화로운 행동: _____

전문 비서

공허한 과잉성취자들은 '통제하는 마음을 내려놓고' 어떤 결과도 기대하지 않는 것을 가장 어려워한다. 나도 그렇고, 내 내담자들 대부분도 마찬가지다. 수십 년간 우리는 통제력, 즉 열 단계 앞서 계획과 전략을 수립하고 결과를 예측해서 미래까지 원하는 대로 하는 것이 나를 증명하는 특별한 능력이며, 동시에 우리를 지켜줄 안전망이라고 믿었다. 이것이 바로 우리가 성공하려는 **이유**였다.

많은 영적 지도자가 우리에게 '항복하고' '놓아버리라'고 말한다. 하지만 그게 도대체 무슨 뜻이란 말인가? 항복은 무섭게, 심지어 무책임하게 들린다. 놓아버리는 건 마치 책임감의 반대말처럼 들린다. 누가 그런 식으로 무능해지고 싶겠는가? 통제하지 않고 흘러가는 대로 놔두는 게 어떻게 충만한 결과를 더 많이, 더 잘 만들 수 있단 말인가?

나는 숱하게 들어온 이 조언과 수년간 씨름한 끝에 마침내 깨달았다. 놓는다는 건 **위임**한다는 것이다. 회사 생활을 하면서 위임에 익숙해졌기 때문에 개념을 직관적으로 이해할 수 있었다. 위임은 일과 사람을 효과적으로 관리할 수 있는 방법이자, 리더십에서 빠질 수 없는 기술이다. 위임은 수동적인 게 아니다. 어떤 일을 더 잘할 수 있는 적임자에게 권한을 넘겨주는 적극적인 결정이다. 책임을 버리는 게 아니라 책임을 분산하는 행위다. 이처럼 위임은 '소홀한 게 아니라' 모든 일을 자신의 통제권에 놓으려는 욕망을 놓아버리는 것이다. 무릎을 꿇고 드러눕는 백기 투항이 아니다. 이는 **능동적인** 항복이며, **수용**하는 스탠스를 취하는 전략적인 선택이다. '나는 이 일을 다른 누군가에게 맡겼어' 하는 생각과, '이 일은 누군가가 맡았으니 나는 손 떼고 잊을래' 혹은 '나는 이 일을 더 이상 관리하지 않을 거야' 하는 생각에는 큰 차이가 있다.

물론 당신은 당신의 선택을 아무에게나 위임하지 않을 것이다. 정말 뛰어난 전문 비서executive assistant가 있다고 상상해보라. 당신이 무척 신뢰해서 무슨 일이든 전적으로 맡길 수 있으며, 그가 뛰어난 능력으로 철두철미하게 일을 처리할 거라는 데 일말의 의심도 없고, 당신이 직접 하는 것보다 **훨씬 더 잘**할 게 분명한 사람이다. 만일 이런 능력을 갖춘 인간을 상상하기 어렵다면, 맞춤 인공지능 비서를 상상해보라.

신뢰할 만한 전문 비서는 더 큰 무언가를 구성하는 세세한 일들을 어떻게 위임할지 고민할 때 도움이 된다. 당신은 '우주'나 '지혜', '초월적 존재', '초자연적 존재' 혹은 당신에게 와닿는 어떤 개념에게도 위임할 수 있으며, 만일 이렇게 부르는 게 이해하는 데에 효과적이라고 느껴진다면 그렇게 하면 된다. 하지만 그런 말들은 너무 추상적으로 느껴지기 때문에 구체적인 것을 추구하는 공허한 과잉성취자들은 이해할 수 없다. 목적지향적인 삶을 살 때 나는 나의 통제권을 '넘겨줄' 초월적 존재를 전혀 떠올릴 수 없었다. 그런 말들은 사기꾼들이 하는 말처럼 느껴졌다. 하지만 이제는 가상의 존재인 '전문 비서'에게 통제권을 '넘겨주는 게' 억지스럽게 들린다

해도 받아들일 수 있게 되었다. 의외로 이 방법이 많은 공허한 과잉 성취자를 통제 강박에서 벗어나게 했고, 나 역시도 그랬다.

방금 당신만의 전문 비서를 고용했다고 상상해 보라. 당신의 전문 비서가 인간의 모습을 한, 우주에서 내려온 대리인이라고 생각하라. 두려워하는 자아와 진정한 자아를 인격을 가진 주체로 상상하면 뇌가 개념을 구체화하는 데 도움이 되듯이, 전문 비서도 그런 식으로 생각하면 훨씬 쉽게 받아들일 수 있다. 원한다면 당신의 전문 비서에게 이름을 붙여줘도 좋다. 당신만을 위한 전문 비서의 이미지를 만들어라. 이 전문 비서는 다른 누구도 아닌 바로 **당신**을 지지하고 지원하기 위해 존재한다. 당신이 맡기는 일은 무엇이든 한다. 당신의 큰 방향과, 조화로운 야심과, 방향에 비추어 옳은 행동들과 더불어 모든 걱정, 불안, '더 이상 버틸 수 없는 문제'와 관련해서 당신의 파트너이자 옹호자이다. 전문 비서에게 시킬 수 없는 일은 없다.

전문 비서를 구체적으로 떠올리는 일이 어렵다면, 그에게 직접 일을 시키는 상상을 해보라. 만일 당신에게 실제로 풀타임 비서가 있다면, 무엇을 시킬 것인가? 아마 비서에게 당신의 인생에서 벌어지는 모든 일의 현황에 대해 매일 간략히 보고하라고 지시하고 비서가 매일 해야 할 일 목록을 넘겨줄 수도 있다. 그렇지 않은가?

나는 공허한 과잉성취자들이 통제를 놓아버리고 능동적인 항복을 받아들이는 데 웬만한 일은 모두 전문 비서에게 위임한다는 이메일을 작성하는 것이 꽤 효과적이라는 걸 발견했다. 실제로

MyEA@gmail.com처럼 진짜 이메일 주소를 만들고 아침마다 그날의 업무와 요청을 적은 이메일을 보내보면 정말로 효과가 있다는 걸 깨닫게 된다. (농담이 아니다.) 이 방법 말고도 당신의 전문 비서와 소통할 방법은 많다. 이것저것 재미있게 해보며 창의력을 발휘해보라.

매일 현황을 보고할 때, 전문 비서가 당신이 모르는 정보를 가지고 있다고 가정한다(마치 비디오 게임에서 앞으로 나타날 모든 연잎을 알고 있는 전능한 존재처럼 말이다). 전문 비서에게 도움을 청하라. 당신의 스트레스를 유발하고, 당신이 해법을 모르는 문제, 의문이 드는 것은 **무엇**이든 다 처리하라고 말하라. 사생활이나 직업과 관련된 문제일 수도 있고, 다음 연잎을 찾는 방법일 수도 있다. 다음에 어떤 행동을 해야 할지 또는 누구와 대화를 해야 할지 모르겠다면 그 또한 전문 비서에게 물어라. 특정 선택지가 얼마나 따뜻할지 혹은 차가울지 평가할 때, 특정한 '더 이상 버틸 수 없는 문제'를 해결하는 방법이 궁금할 때도 당신의 전문 비서에게 물어라.

세세한 사항까지 일일이 참견하는 관리자보다 최악은 없다는 것을 명심하라. 이 과정에서 가장 중요한 부분은 일단 일을 위임했으면 일이 처리되고 있다고 믿고 간섭하지 않는 것이다.

라일라가 자신의 전문 비서에게 보낸 일일 보고 이메일을 같이 살펴보자.

To: MyEA@gmail.com

Subject: 업무 요청 사항 전달

친애하는 나의 전문 비서에게,

1. 두 번째 모임을 시작할 때 필요한 모든 세부 사항을 정리해줄래? 장소는 어디가 적당할까? 모임 정원은 몇 명으로 하는 게 좋을까? 어떤 사람들을 대상으로 할까? 모임 기간은 얼마나 되어야 할까?

2. 얘기가 나와서 말인데, 나는 새로 만들 단체의 참가비를 얼마로 책정해야 할지 정말 모르겠어. 네가 적정 금액은 얼마인지 조사하고, 금액을 고객들에게 설득시킬 좋은 방법 좀 알려줄래?

3. 나는 〈어떻게 지내시나요?〉 모임에 대한 내 비전을 계속 키우고 싶어. 그러기 위해서 내가 하면 가장 좋을 활동이 무엇일지 내가 찾아볼 수 있도록 도와줄래?

4. 나는 신학대학원에 대해서도 알고 싶어. 신학대학원 진학이 내가 가고자 하는 방향이 맞는지 평가하는 것을 도와줄래? 만일 옳다면 어느 학교를 가야 할까? 다음에 밟아야 할 단계는 무엇일까?

5. 내가 현재 운영하는 컨설팅 사업을 칼리에게 넘겨야 할까? 아니면 그냥 내 업무량을 조금씩 줄일까? 아니면 파트타임으로 일해야 할까?

6. 급한 일은 아닌데, 나는 쭉 노래를 잘하고 싶어 했고 큰 방향 찾기 훈련

을 한 이후로 내가 얼마나 노래하고 싶어 하는지 알게 되었어. 괜찮다면 노래 강습에 대해 알아봐줄래?

7. 매일 글쓰기 연습을 해볼까 해. 하지만 시간을 내기가 어려워. 내 일정표를 보고 내가 연습할 시간을 찾아내고, 적절한 루틴을 짜줄래? 루틴을 짜는 데에 어려움이 있다면 그것도 알려줬으면 해. 나는 이 일을 최우선에 두고 싶어.

8. 3단계 작업에서 내가 적었던 모든 '더 이상 버티기 힘든 문제들' 가운데 여전히 해결책을 찾지 못한 문제들이 있어. 이 문제들을 같이 해결해줄래? 아울러 내가 놓친 '더 이상 버티기 힘든 문제들'이 있다면 알려줘.

9. 오빠가 요새 굉장히 힘들어해. 도와주고 싶어. 하지만 방법을 모르겠어. 내가 도움이 될 수 있을지조차 모르겠어. 하지만 오빠가 힘들어하는 모습을 지켜보는 게 정말 마음이 아파. 나를 위해 오빠의 상태를 알아봐 줄 수 있어? '오빠'의 전문 비서에게 물어보고 내가 놓치고 있지만 도울 수 있는 일이 있는지 알아봐줄래?

업데이트할 내용이나 단서가 있다면 내게 알려줘!

라일라

전문 비서 사용법이 효과가 있는 이유는 우리가 놓아버림을 수용하고 일을 누구에게 위임을 해야 할지, 즉 당신이 해야 할 일을 맡길 장소를 알려주기 때문이다. 전문 비서 사용법은 앞에서 얘기한 공동 창작을 어떻게 하는 것인지 알게 하고, 그 결과에 연연해하지 않는 것이 실제로 어떤 느낌일지 체험하게 한다. 이 체험을 통해 우리의 뇌는 능동적 항복, 수용의 개념을 보다 쉽게 받아들인다. 전문 비서에게 위임하는 것을 통제권을 놓아버린다고(그 결과로 두려운 불확실성의 심연으로 빠져든다고) 여기기보다, 현명하고 매우 효율적인 선택을 했다고 생각하게 되는 것이다. 상황은 여전히 '통제되고' 있다. 당신이 모든 순간의 책임자가 아닐 뿐이다. 이렇게 하면 두려워하는 자아도 상황을 훨씬 쉽게 받아들인다.

전문 비서 훈련은 우리가 '마음 놓고' 통제권을 내려놓고 방향을 따르는 삶을 살게 돕는다. 할 일이 적힌 이메일을 실제로 받거나 답장하는 사람이 없다는 건 중요하지 않다. 당신에게 상처 준 사람에게 보내지 않을 것임에도 그를 향한 분노의 이메일을 작성하는 게 심적으론 효과가 있는 것처럼, 이 훈련을 꾸준히 하면 에너지의 흐름이 바뀐다. 뇌는 우리가 실제로 업무를 위임할 때와 그렇게 하는 척할 때를 구분하지 못한다. 그러니 우리는 전문 비서 훈련을 통해 이제 문제들은 내 손을 떠났고, 그럼에도 '통제되고' 있으니 결과를 예측하고 미래에 발생할 사건의 모든 경우의 수에 매달리는 짓을 멈추라는 메시지를 뇌에 보내는 것이다. 뇌에게 놓아버려도 안전하다고 말하는 것이다. 그러고 나면 우리는 결과에 연연하지 않는 것이 실제로 그토록 두려운 일이 아니며 결과를 통제하려는 노력을 중단하는 게 깊은 위안이 될 수 있음을 깨닫게 된다.

여기서 핵심은 물론 실제로 답장을 받는 게 아니다. 핵심은 '준비된 자세'로 기다리는 연습을 하는 것이다. 즉 공동 창작을 하고, 결과에 연연하지 않고, 네트의 한 편에 머무르는 것 말이다. 대화를 하고 요청을 하는 과정을 통해 이것이 혼자 하는 경기가 아닌 둘이 주고받으며 하는 경기임을 기억하는 것이다.

하지만 여전히 궁금할 수 있다. **전문 비서에게 무언가를 위임한 후 무슨 일이 벌어질까? 실제로 전문 비서가 내 문제를 해결하는 건 아니잖아?**

인간 또는 실제 인공지능 비서라면 당신에게 이제 당신이 공을 칠 차례임을 알리는 이메일이나 쪽지를 보내겠지만, 우리의 전문 비서에게서는 잘 정리된 답장을 받지 못할 것이다. 하지만 그래도 **답은 올 것이다.** 새로운 아이디어, 새로운 정보, 내면의 신호, 그리고 사람들이 말하는 '내려받기download'* 혹은 '직관적으로 얻은 통찰'의 형태로 답을 받을 것이다. 당신 내면의 길안내 시스템이 새로운 좌표와 방향을 당신에게 알려줄 것이다.

잊지 마라. 일을 위임하고 나서 두 번 다시 관여하지 않는 게 아니다. 인생의 모든 것에 대한 집요한 통제를 의식적으로 놓아버리는 훈련을 하고, 더 나아가 당신이 아무리 뛰어나고 재능이 많아

---

* 영감을 얻거나 아이디어가 떠오르는 것—옮긴이

도, 아무리 열심히 노력한다 해도 애초에 당신이 통제할 수 없는 것들이 있으며, 세상의 대부분의 일이 그렇다는 것을 아는 것이 중요하다. 그리고 통제하지 않아도 당신은 여전히 안전하다는 것을 깨닫는 훈련을 하는 것이다. 당신의 전문 비서에게 다음에 디딜 걸음을 맡긴 후 나중에 다시 관여해야 할 '차례'가 돌아왔을 때 당신이 할 일을 하면 된다. 나는 당신에게 매일 아침 당신의 전문 비서와 그 전날에서 넘어온 '결정하지 못한 일들'을 파악하고 스크린샷을 찍을 새로운 정보나 새로운 아이디어가 있는지 살펴보라고 제안하고 싶다. 모든 일을 세세히 관리하는 게 아니라 그저 진행 상황을 지켜보며 점검하는 것이다.

예를 들어 라일라는 자신의 전문 비서에게 이메일을 보낸 직후, 이러한 질문들에 대한 곱씹기를 중단했다. 대신에 그녀는 집 근처 꽃집에서 열린 언뜻 보기에 그녀와 무관해 보이는 네트워킹 행사에 참여했다. 꽃집에 들어서자마자 그녀가 만들 단체들을 위한 완벽한 장소라는 것을 깨달았다. 라일라는 꽃집 대관료를 물어보았고, 대관료를 알게 되자 모임의 정원을 몇 명으로 할지, 참가비는 얼마로 책정할지가 자연스럽게 떠올랐다.

며칠 후, 다음 모임에 대한 감을 잡고 초대장을 보내는 동안 한 친구가 라일라에게 아주 잘 맞을 사람이라며 한 여성을 소개해 주었다. 여성은 스피치 강사로 일하고 있었다. 라일라와 그녀는 서로의 능력을 교환하기로 했다. 그녀를 두 번째 〈어떻게 지내시나요?〉 모임의 구성원으로 받는 대신 개인 스피치 과외를 받기로 한 것이다. 또 다른 답이 자연스럽게 나타난 것이다.

한편 수개월간 라일라는 오빠의 정신적 고통을 해소하는 데 도움이 되고자 책, 기사, 조언이 될 문장들을 찾아 보냈다. 하지만 어떤 것도 오빠의 상황을 나아지게 하는 데에 효과가 없었다. 상황은 더 악화되는 것처럼 보였다. 이 문제를 전문 비서에게 위임한 후, 라일라는 더 이상 애쓰지 않고 다른 아이디어가 떠오를 때까지 기다렸다. 얼마 지나지 않아 라일라는 나와 이 문제에 대해 대화를 해야겠다는 생각이 떠올랐다고 한다. 조화로운 행동 찾기 공식에서 4단계에 해당된다. 나는 그녀가 오빠를 돕기 위해 할 수 있는 최선은 오빠의 '문제를 해결'하는 데 집중하기보다 이러한 상황에서 **그녀 자신**을 돌보는 데 더 집중하는 것이라고 조언했다. 나는 고통받는 당사자가 아닌 그 가족들에게 초점을 맞춘 모임 가운데 그녀가 참가할 만한 곳을 찾아 여러 자료와 함께 전달했다. 그 후 오빠와 그녀의 관계는 변하기 시작했다.

이것은 물이 포도주가 되거나, 물리학의 법칙을 거스르는 기적이 아니다. 물론 행동을 취한 것은 라일라 자신이다. 꽃집을 대관하고, 스피치 강사와 서로의 능력을 맞교환하고, 내게 찾아와 속사정을 이야기하고, 내가 제공한 자료를 활용한 것 모두 라일라였다. 아이디어를 '현실화'한 장본인은 바로 그녀 자신이다. 그녀가 설령 전문 비서와 협업하지 않았다 해도 이 모든 일이 일어났을까? 그랬을 수도 있다. 하지만 전문 비서를 사용하기 전 그녀라면 혼란과 두려움과 시급함에 떠밀려 좋긴 하지만 너무 비싸고 이상적이지 않은 장소를 고르는 등 행사 장소를 섭외하는 데 집착하고, 조언을 얻기 위해 모든 아는 사람과 접촉하고, 상황과 맞지 않는 결정을 내렸을 가능성이 더 크다. 달리 말해 주변 상황을 통제하고 결과가 발생하도록 '강제하기' 위해 애를 썼을 것이고, 그렇게 하는 과정에서 조화롭고 방향에 비추어 옳은 곳에 도달하지 못했을 수 있다.

인간 혹은 인공지능 비서가 이런 일을 해준다고 생각하면, "두 번째 단체가 모일 공간으로 이 꽃집은 어때요? 둘러보시고, 가게 주인과 대화하고, 당신의 생각을 살펴보세요!"라는 메시지를 보내는 거라고 할 수 있다. 아니면 "훌륭한 음성 코치가 될 수 있는 사람을 찾았습니다. 큰돈이나 대단한 약속이 필요하지 않습니다"라는 내용의 이메일을 링크와 연락처와 함께 보낸 것일 수 있다. 그것이 바로 방향을 따르는 삶의 경험이 주는 느낌이다. 우리는 완전히 손을 떼고 물러나는 게 아니라 전문 비서와의 대화를 통해 계속 공동 창작을 하고 '주고받는' 경기를 한다. 물론 현실에서 행동을 하는 주체는 우리지만, 전문 비서가 새로운 정보, 다운로드 자료, 질문을 가지고 우리에게 돌아왔을 때만 행동하는 것이다.

눈앞의 빈 공간을 바라보며 연잎이 있어야만 한다고 생각하며 잎이 나타나길 마냥 바라는 일(대부분이 평생을 이런 애를 쓰며 보낸다. 물론 대개 소용없다)을 멈출 때 우리는 비로소 그 기약 없는 기대에서 해방되며, 연잎들이 스스로 모습을 드러낼 것이다. 우리는 잎이 나타나는 바로 그때 발을 내디디면 된다.

나는 당신이 전문 비서에게 맡기는 일 하나하나에 대해 결과를 바로 얻을 수 있을 거라는 허황된 약속을 하고 싶지 않다. 다시 말하지만 이것은 마법도 기적도 아니며 막연한 희망도 아니다. 현실이 되려면 수년이 걸리는 일도 있고, 당신이 생각하는 방식과 전혀 다르게 벌어지는 일들도 있을 것이다. 이전에 하던 일들이 당신의 방향에 비추어 옳지 않음을 받아들이려면 연습을 해야 한다. 우리가 성공에 대한 집착에서 벗어나도록 스스로를 믿고 지지하여 우리를 가장 조화롭고 방향에 비추어 옳은 삶의 방식으로 나아갈 수 있도록 해야 한다.

전문 비서 훈련을 하려면 내면의 성장이 조금 필요하다는 것을 나도 안다. 하지만 전문 비서는 내담자들뿐만 아니라 나도 큰 효과를 본 훈련이다. 그리고 방향을 따르는 삶이라는 역동적인 삶의 방식을 개념화하는 방법이기도 하다. 모든 훈련이 모두에게 효과 있는 것은 아니다. 그러니 당신에게 맞지 않는다고 해도 걱정하지 마라! '허락하기'와 '상황의 전개를 신뢰하기'는 아주 쉬울 테니 이런 것은 필요 없다. 다만, 전문 비서 방법을 시도해 본 사람 중에 변화를 겪지 않은 사람은 없었다.

모든 선택이 방향이 되는 마법

라일라는 여러 신학대학원의 입학설명회에 갔다. 분명 '따뜻한' 느낌을 받았고 신학 공부가 그녀의 길이기를 간절히 원했지만, 막상 실제로 대학원에 지원하는 일은 방향에 비추어 옳은 다음 발걸음으로 느껴지지 않았다, 그녀는 실망했다. 왜 신학대학원 진학이 '정말 좋아'로 느껴지지 않는지 이해할 수 없었다. 길을 잃은 것 같았고, 다음에 밟을 연잎이 보이지 않았다. 그래서 이 문제에 대해 큰 소리로 말하고, 전문 비서에게 메일을 쓰고, 조사와 대화를 더 많이 했다.

라일라가 큰 방향 찾기 과정에서 가까이서 따르고 싶은 대상으로 언급한 적이 있는 랍비를 기억할 것이다. 라일라의 다음 연잎은 그 랍비와 대화를 나눈 뒤에 나타났다. 랍비 학교에 진학하는 것이었다. 이것은 라일라에게 충격적인 사건이었다. 왜냐하면 그녀가 예상했던 경로와 전혀 다르고 '세상'이 인식하는 그녀와 거리가 멀기 때문이었다. 그녀는 이 방향에 대해 다소 비판적으로 생각했고 거부감도 느꼈다. 그렇지만 이것이 다음에 디딜, 방향에 비추어 옳은 발걸음이고 더 큰 무언가에 이르는 길이라는 것에는 조금의 의심도 없었다. 그래서 랍비 학교에 진학했다.

랍비 학교에 입학하기로 결심한 라일라의 눈에는 다음에 디딜 연잎들이 너무도 선명하게 보였다. 우리는 그녀가 실시한 훈련들을 다시 살펴보고 그녀의 더 큰 무언가 가설들이 모두 랍비 학교에 맞닿아 있음을 깨달았다. 영성학/철학, 카운슬링/멘토링, 커뮤니티 구축은 모두 랍비 학교로 귀결되었다. 이제 그녀는 매일을 영성학과 신학을 공부하고 사람들과 토론하며 보낸다. 그녀의 커뮤니티 역시 이끌고 있다. 또 개인 상담도 하고 있다. 의례의 진행자 역할도 한다. 심지어 그녀가 맡은 일의 일환으로 노래도 부른다. 이 모든 일은 그녀가 두려워했던 것처럼 맨땅에서 다시 시작하는 게 아니었다. 이전에 했던 모든 일이, 이를테면 커뮤니티를 구축하고 개발하며 했던 과거의 모든 일이 새 인생을 시작하기 위한 준비 과정이었다.

〈어떻게 지내고 계시나요?〉 모임은 어떻게 되었을까? 라일라는 두 번째, 세 번째 모임을 만들고 이후에 열 번째 모임까지 만들었다. 커리큘럼을 개발하고 다른 진행자들을 교육했다. 〈어떻게 지내고 계시나요?〉는 이제 그녀가 무척 아끼는 수백 명의 여성들에게 도움을 주는 잘나가는 사업이자 커뮤니티가 되었다. 그녀는 학교에 다니면서도 이 모임을 계속 운영해서 등록금에 보탰다. 그녀는 이 활동이 그녀의 공부에도 도움이 되는 창의적인 일로 느껴졌다. 모임들을 인수하겠다는 제안을 받았고 고민해 봤지만, 어떤 제안도 방향에 비추어 옳다는 느낌을 **아직** 받지 못했다.

많은 공허한 과잉성취자가 여정 끝에 이와 같은 순간을 경험한다. 일이 척척 맞아떨어지는 것처럼 느껴져 마치 단추가 잠길 때나는 '똑딱' 소리가 들리는 것 같을 정도다. 순탄하지 않은 때가 있긴 했었나 믿기 힘들 정도다. 당신이 내딛는 발걸음은, 그게 무엇이든, 설령 '논리적으로' 말이 되지 않고 어디를 향해 나아가는지 볼수 없다 해도, 당신이 하지 않으면 **안 되는** 일처럼 느껴진다. 이런 느낌은 너무도 진실되고 명확하고 진짜 같고 **확실하게** 느껴져서 이미 알고 있던 미래처럼 느껴진다. 그리고 어떤 면에서는 그게 진실이다. 당신은 이미 진정한 자아, 조화로움, 개인적인 더 큰 무언가에 대해 알고 있었고, 우리는 단지 그 기억을 불러온 것이다.

　그것이 바로 연잎 건너기의 특징이다. 큰 도약으로 다음 연잎에 도달한 것 같지만, 돌아보면 생각보다 작은 도약이었음을 알게 된다. 방향을 따르는 삶에는 절벽을 뛰어넘는 일은 없다. 대학원 진학, 평생직장인 줄 알았던 일 그만두기, 결혼, 집 장만과 같은 큰 도약이든, 설명회 참석, 이력서 업데이트, 첫 데이트, 오픈 하우스 구경과 같은 소소한 도약이든, 도약하는 거리는 거의 항상 같을 것이다. 다시 말해 감당할 만한 길이다. 어떤 일이든 그저 다음에 행할 가장 조화로운 행동일 뿐이다.

　당신에게 가장 잘 맞는 조화로운 결과에 연연하지 마라. 지금까지 방향을 따르라고 해놓고 이게 무슨 말이냐고? 가장 충만한 삶은 통제를 하는 게 아니라 하지 않을 때 온다. 더 많이 놓아주고 덜 집착하라. 당신의 의도를 덜 강요할수록 삶은 더 조화롭고 당신에게 잘 맞게 될 것이다. 결과에 덜 집착할수록 과정과 결과는 더 충만할 것이다.

　처음에는 받아들이기 힘들고 이상하게 느껴질 것이다. 당연하다. 하지만 답이 정해지지 않은 질문이 아닌 답을 정해놓고 하는 유도 질문을 하면 진실한 대답을 얻을 가능성이 줄어든다. 유도 질문은 삶에 대한 과학적 방법론에서 가설에 대한 실험 결과가 자유롭게 나오도록 놔두는 대신 가설이 옳음을 증명하고자 실험을 조작하는 것과 같다. 실험을 조작하면 계획한 결과를 얻어낼 수 있지만, 그렇게 하면 진정한 통찰을 얻을 수 없다.

결과적으로 통제에 대한 마음가짐, 즉 우리가 우리의 상황을 완벽히 통제할 수 있다고 생각하고, 실제로 삶을 통제하려고 얼마나 애를 쓰는지에 따라 우리의 삶이 목적지향적이 될지 방향을 따르게 될지, 충만함을 얻을지 얻지 못할지가 결정된다. 공허한 과잉 성취자에게는 다음과 같은 문제가 주어진다. 당신은 충만함과 의미와 목적 그리고 진정으로 **당신**의 삶처럼 느껴지는 삶을 얼마나 간절히 원하는가? 자유를 얼마나 간절히 원하는가? 안도는? 평화는? 편안함은? 기쁨은? 이 모든 것은 삶을 통제하겠다는 욕망을 버려야만 가질 수 있다. 아이러니한 점은 우리가 애초에 실제로 가진 적도 없는 것을 놓아버리기 두려워한다는 것이다. 내 삶을 원하는 대로 통제할 수 있다는 생각은 언제나 그렇듯이 환상이다. 라일라는 현재 랍비 학교를 거의 마쳤다. 이제 졸업 후에는 또 다른 갈림길에 맞닥뜨릴 것이다. 그녀는 교회 랍비가 되길 원하는가 아니면 배운 것과 전문성을 다른 방식으로 쓰길 원하는가? 나는 그녀에게 가장 조화로운 야심이 무엇인지, 진화하는 큰 방향에 대한 새 가설이 아직 나타나지 않았는지 물었다. 그녀는 이렇게 대답했다.

"아직은 나타나지 않았어요. 하지만 저는 기쁘고, 전과 달리 모든 일에 대해 스트레스를 받지 않고 있어요."

그러더니 미소를 지으며 이렇게 덧붙였다.

"결국 저는 제 눈앞의 헤드라이트가 비추는 만큼만 보면 되니까요. 그런 식으로도 여행을 모두 끝마칠 수 있잖아요."

9장

방향 따라 살기
운동

The Directional Living
Movement

오늘로부터 1년 후 당신을 상상해 보라. 조화로운 야심을 좇으며 방향에 비추어 전적으로 옳은 진정한 나 자신으로 오롯이 살고 있다고 상상해 보라. 어떤 모습인가? 마치 제3자의 눈으로 당신을 바라본다고 상상해 보라. 당신이 전적으로 자신에게 잘 맞게 살고 있다면 어떤 조언을 주겠는가?

감정을 스캔해서 당신이 내면에서 무엇을 느끼고 있는지 알려주는 놀라운 적외선 신기술이 있다고 치자. 여기서 잠시 멈춘다. 당신이 인생에서 온전히 살아 있음을 느끼며 응당 있어야 할 곳에 있음을 보여주는 내적·외적 지표들에 주목하라. 당신은 이를 통해 대해 무엇을 알 수 있는가? (두려워하는 자아가 이것을 방해하려 하니 주의하라!)

응당 있어야 할 바로 그곳에 존재하는 느낌, 하려고 한 바로 그 일을 하는 느낌, 편안하고 목적의식이 뚜렷하고 현재에 오롯이 집중하며 즐겁고 진정성이 느껴지는 이상적인 상태. 그것이 바로 완전한 상태이자 진정한 자아와 조화를 이루는 진짜 나의 모습으로, 꾸준히 방향을 따르는 삶을 선택할 때 얻을 수 있는 결과다. 충만통 따위는 없다. 이것이 바로 충만함이다. 당신이 되찾은 이 느낌을 잘 살펴보라. 그리고 언제든 다시 참조할 수 있도록 잘 보관해두길 바란다.

완전함은 완벽과 다르다. 모든 것을 다 갖췄다는 느낌이지만 영원히 '끝난 게' 아니다. 방향에 비추어 완전하다는 것이다. 즉 더 큰 방향에 따라 발전한다는 맥락에서 당신이 어디에 있든 완전하다는 뜻이다. 모든 혼란과 복잡함과 모순에도 불구하고 진정한 나로 온전히 사는 경험, 현재의 당신과 미래의 당신으로 온전히 사는 경험이다. 온전한 인간다움을 누리며 존재하는 것이다.

공허한 과잉성취자들이 원하는 완벽이란 실제로는 완전하다는 느낌에서 오는 명료함이다. 완전함은 '완벽'이 목적지향에서 비롯된 것이 아니라 방향에 따른 것에서 비롯될 때 보이는 모습이다. 완벽은 고정된 것으로, 당신을 옭아맨다. 하지만 완전함은 확장적이어서 당신을 발전하게 한다.

또한 완전함은 늘 행복하거나 기분이 좋은 것과 다르다. 방향에 비추어 옳은 뜻을 따르다 보면 때때로 당신을 고통스럽게 하는 것들과 마주칠 수밖에 없다. 그러나 그러한 순간에도(특히 그러한 순간에) 당신은 완전하다.

완전함은 종종 한 번에 두 가지 모습으로 존재한다. 하지만 둘 다 완전함임을 잊지 말자. 두려워하는 자아가 난동을 부리는 동안에도 당신은 완전할 수 있다. 완전하지만 '더 이상 버티기 힘든 문제들'을 겪고 있을 수 있다. 방향을 따라 점진적으로 개선하는 여러 과정을 한창 진행하는 중에도 당신은 완전할 수 있다. 나는 당신이 완전한 상태에 머물기를 바란다. 그러한 상태들은 당신이 계속 방향에 따라 살며, 앞으로 전진하며 개선하고, 적응하고, 발전하고 있다는 증거다. 완전함은 방향을 따르는 과정을 거치면서 얻는 결과다. 이런 말을 하고 싶지 않지만, 이 과정은 한 번에 끝나지 않는다. 이 프로그램을 여러 번 하는 게 나쁜 것도 아니고, 나 역시 해마다 그렇게 하고 있긴 하지만, 꼭 그렇게 해야 한다는 뜻도 아니다. 필요에 따라 이 책에서 소개한 훈련 중에서 한 가지만 혹은 한 단락만 다시 해볼 수 있다. 앞으로 이 책의 내용을 얼마나 활용하기로 결심하든, 방향을 따르는 삶 속에서 각각의 단계들을 훨씬 더 많이 탐색해봐야 한다.

당신이 물려받은 오래된 목적지향적인 패턴에서 더 발견할 것이 남아 있다. 어느 지점에선가 당신은 충만함 테스트를 실시하고 1단계 문제 인식하기에 있는 네 가지 조짐에 비추어 당신의 결정을 확인해보고 싶을 수 있다. 때로 거대한 자석이 나타나 내면의 길안내 시스템의 나침반을 방해할 것이며, 당신은 진정한 자아를 리부트하고 싶을 것이다. 그럴 때 바로 2단계 조화로운 선택지 찾기에서 소개한 도구들이 당신을 안내할 것이다.

'더 이상 버티기 힘든 문제' 해결하기는 앞으로도 계속 해야 하는 일이지만, 주기적으로 청소를 한다면 문제 해결을 위한 대청소를 자주(또는 다시) 할 필요는 없을 것이다. 하지만 당신에게 더 이상 맞지 않는 무언가를 놓아버리기 위해 더 많은 용기가 필요한 때가 올 것이다. 그때 우리가 해온 훈련들이 도움을 줄 것이다.

다른 길로 돌아갈 수도 있다. 맹목적인 야심의 덫에 다시 빠질 수도 있다. 그래서 4단계에서 했듯이 다시 큰 방향을 따라야 할 것이다. 때로 조바심이 날 것이며 결과에 연연하지 말라는 소리에 질리게 될 것이다. 다시 혹독한 전술로 돌아가 상황을 당신 뜻대로 만들려고 애를 쓸 테지만 효과는 없을 것이다. 왜냐하면 그런 방식은 늘 효과가 없었기 때문이다. 그래서 당신은 5단계 점진적으로 개선하기로 돌아가 연잎과 조화로운 행동 찾기 공식에 몰두할 것이다.

당신을 더 많은 콘텐츠에 노출시키라는 노출의 원칙을 기억하는가? 당신은 당신 생각보다 이 책의 내용을 더 많이 흡수했을 것이다. 또 약속하건대 이 책에서 봤던 어떤 단계나 비유나 이야기나 훈련 또는 방법이 불현듯 머릿속에 떠올라 새로운 상황을 밝혀주어 놀라는 경험을 하게 될 것이다.

길을 잃거나 정체될까 봐 더는 걱정할 필요가 없다. 왜냐하면 그렇게 된다 해도 그리고 그렇게 될 **때**, 당신은 무엇을 해야 할지 알고 있기 때문이다. 말 그대로 매뉴얼이 당신 손안에 있다. 방향을 따른 삶을 찾아가는 이 과정은 이제 당신 삶의 방식이 되었다. 당신의 것이다. 당신은 어디에서 다시 시작해야 할지 안다.

지금까지의 과정을 거듭할수록 더 성장하는 자신을 보게 될 것이다. 만일 당신이 내일이나 1년 후 혹은 5년 후에 이 책에서 소개한 방법을 다시 실시한다면, 완전히 새로운 경험을 하게 될 것이다. 이미 알고 있던 내용이 다르게 들릴 것이다. 새로운 방식으로 배우게 될 것이다. 당신의 상황과 들어야 하는 조언이 무엇이냐에 따라 각 단계에 대한 공감의 정도가 달라질 것이다. 이 책에는 항상 당신을 위한 무언가가 있을 것이다. 지금까지 모든 과정은 급진적인 일이 맞다! 평생 배운 모든 것을 버리고 반대로 하는 일은 심오하다. 진실이라고 믿어온 것 대신 당신에게 진실로 느껴지는 것을 택하는 건 혁명이나 마찬가지다. 통제하는 대신 공동 창작하고, 호기심과 기쁨을 인생의 초석으로 삼고, '진정한 내가 되겠다'고 주장하는 것은 급진적이다. 당신이 원하고 사랑하는 것에 전념하며, 당신만의 고유한 삶을 만들고, 아웃소싱된 인생의 목적 대신 당신 내면의 길안내 시스템에 귀 기울이는 것만큼 급진적인 것은 없다. 목적지향적 세계에 살면서 10년 후의 모습을 묻는 질문에 '모르겠는데'라고 답하는 건 급진적이다. 당신 자신을 택하는 건 급진적이다. 알렉스는 정치인으로서 미래의 염원을 정하길 거부하면서 이렇게 말했다.

"[목적지향적인] 야심이 너무 많으면, 지금 나는 용감해질 수 없습니다."

방향을 따르는 삶은 입욕제와 마스크 팩과 마사지를 뛰어넘는, 진짜 '급진적인 자기 관리'다. 당신에게 딱 맞는 삶에서 당신은 더 이상 도망갈 필요가 없다. 당신이 할 수 있는 가장 좋은 자기 관리는 완전함을 추구하는 것이다.

　방향을 따르는 삶은 근본적으로 희망차며, 이 역시 급진적인 자세다. 방향을 따르는 삶은 개인과 집단의 잠재력을 믿는다. 무엇이 가능한지 상상하고 새로운 미래를 꾸려 나가는 과정에 기꺼이 참여하겠다는 마음가짐이다. 고정된 것이 아닌 성장 지향적인 마음가짐이다. 미래에 집중하는 것을 멈출 때, 진정한 진화와 성장을 누릴 수 있다. 진정한 자아에 맞는 조화 속에 머무는 데 집중할 때, 우리는 주변 사람들을 보살피고, 그들과 함께 성장하고, 그들에게 보탬이 된다. 때문에 이는 가장 진실된 형태의 자기 관리일 뿐만 아니라 공동체 관리이기도 하다.

　아울러 당신이 진정한 자아에게서 나온 보다 창의적인 아이디어와 혁신적인 해법을 주변 사람들과 공유하고, 불안을 덜 느끼고, 성취를 더 하기 시작할 때, 그들도 이를 알아차리고 당신에게 동참하길 원할 것이다. 그들은 당신의 비법이 무엇인지 알고 싶어 할 것이다. 나는 내담자들에게서 보톡스를 맞았는지, 명상 수련회에 갔는지, 몸매가 더 좋아졌는지, 자기 전에 뭔가 새로운 것을 하는지 묻는 질문을 받았다는 말을 들었다. 당신은 더 소중한 직원, 팀원, 협력자가 될 것이며, 당신이 이룬 것보다 더 큰 보상을 얻게 될 것이다. 현재에 더 집중할수록 당신이 사랑하는 사람들에게 더 좋은 배우자와 친구, 부모, 자녀, 인간이 될 것이며, 그 결과 더 깊고 풍부한 관계를 맺게 될 것이다.

방향을 따르는 삶은 당신의 인생을 변하게 하지만, 그 변화는 당신 삶에만 머물지 않는다.

방향을 따르는 삶을 살기 시작하면 연쇄 반응이 시작된다. 두려워하는 자아가 당신의 삶을 주도하도록 방치하는 것을 멈추고 진정한 자아가 모습을 드러낼 때, 다른 사람들도 그렇게 하게 될 것이다. 당신이 결과를 통제하는 일을 멈추고 삶을 소프트 론칭하는 것을 보고 다른 사람들도 영감을 얻을 것이다. 외부의 지시에 의존하기를 멈추고 내면의 길안내 시스템의 안내를 따를 때, 당신의 주변 환경, 즉 가족, 친구 모임, 사무실, 공동체의 움직임을 바꾸어 놓을 것이다. '당위'를 부르짖고 목적지향적 규범을 주변 사람들에게 강요하는 목소리가 줄어들 것이다. 당신은 다른 방식으로 사는 것이 무엇인지 보여주는 영향력 있는 예시가 될 것이다. 그게 중요하다.

진정한 나로 살 때 당신에게 가장 좋은 것이 주변 모든 사람에게도 가장 좋은 것임을 깨닫게 될 것이다. 당신이 속한 공동체에 영향을 미치는 가장 강력한 방법은 당신에게 잘 맞춰진 내면의 길안내 시스템의 안내를 받아 방향을 따르는 삶을 살기로 다짐하는 것이다.

방향을 따르는 삶이라는 파도가 밀려오면 모든 배가 뜬다. 즉 모두에게 이롭다. 개개인에게 맞도록 설계되고 조절된 경로와 따라야 할 길안내가 있음을 모두가 이해하고 따를 때 모두가 다 같이 잘될 수 있다.

방향을 따르는 삶에 녹아 있는 것이 바로 다름과 진정한 다양성이다. 오늘날 우리를 병들게 하는 많은 '주의(-ism)', 이를테면 성차별주의, 인종차별주의, 장애인차별주의, 연령차별주의, 계급차별주의, 이성애자 중심주의, 국수주의, 심지어 후기 자본주의 등에 내재된 과도하거나 부족한 철학은 방향을 따르는 삶이 될 수 없다.

우리 모두가 방향에 따른 삶을 산다면 어떤 모습일까? 그것이 지배적인 문화 패러다임이라면? 모두 완전하고 조화롭고 충만한 삶을 산다면? 아무도 당위의 폭정에 휘둘려 살지 않고 자신을 맘껏 표현하며 진정한 자아가 이끄는 삶을 산다면 어떨까?

목적지향적 방식이 아니라 방향에 따라 자녀를 양육한다면 어떨지 상상해 보라. 완벽한 양육은 없을 것이며, 오직 당신의 자녀와 당신 가족에게만 맞는, 당신의 진정한 자아의 안내에 따라 실시하는 조화로운 양육만이 있을 것이다. 자녀들이 태어날 때부터 방향을 따르는 삶을 물려받는다면 어떨까? 아이들이 자기의 내면의 방향 감각을 신뢰하며 성장해서 '정답'을 찾거나 어디로 가는지 정확히 알아야 할 필요 없이 자신의 호기심을 따르고 즐거움을 소중히 여겨 진정한 모습을 찾는다면 어떨까?

모두가 '해야 한다'고 생각하는 것이 아닌, 자신에게 고유하게 잘 맞는 일을 한다면 세상이 어떤 모습일지 상상할 수 있는가? 예술, 기술, 정부, 기업 등 모든 분야에서 혁신과 창의성이 촉진될 것이다. 문화의 지평이 대단히 풍요롭고 역동적이 될 것이다. 불필요한 고통은 크게 줄어들 것이다. 정신 건강도 대대적으로 좋아질 것이다.

방향을 따르는 세상에 산다는 건 어떤 모습일까? 일터와 교육 시스템과 공공기관들이 방향을 따르고 진정한 필요에 맞춰진 세상은?

　　만약 모든 공허한 과잉성취자가 방향을 따르며 살기 시작하면, 방향 따라 살기 운동이 발생할지도 모른다. 거창한 단체를 구성할 필요가 없다. 개개인이 자기 삶에서 내면의 길안내 시스템을 다시 제대로 맞추고, 진정한 자아의 안내를 따르고, 큰 방향을 따라가며, 방향에 비추어 옳은 방식대로 사는 것이다. 그것이 바로 '세계적으로 생각하고 지역적으로 행동하라'라는 진리의 전형적인 예다. 우리 개개인이 공허한 과잉성취자로서 회복과, 완벽이 아닌 완전함에 주의를 기울이면, 아무리 불완전하다 해도 그 영향력은 널리 확산될 것이다.

　　다시 말하지만, 이 작업은 나에게만 유효한 것이 아니다. '내 것'이 아니다. 당신의 것도 아니다. 우리 모두의 것이다. 공허한 과잉성취자 1인이 다른 사람에게 전하는, 방향 따라 살기 운동에 동참하라는 초대다. 이 운동은 이미 시작되었다. 열심히 하겠다고 다짐하라. 자신의 선택을 따르기란 어렵다. 하지만 매일 진정한 자아를 외면하며 자신의 선택을 따르지 않고 사는 것은 더 어렵고 훨씬 더 고통스럽다. 그러니 동참하라.

　　이 책은 당신이 필요하다. 나의 친애하는 공허한 과잉성취자여. 이 모든 생각을 실천에 옮기고 방향을 따르는 삶을 이 세상에서 실현하는 일은 전적으로 당신에게 달렸다.

그림을 그려보겠다. 컴컴한 새벽 5시, 나는 아기가 깨기 전에 일을 한다. 이 책의 마감은 오늘이며(진짜 진짜 마감이다), 지금 이 마지막 단락을 작성하고 있다. 이 책을 만드는 프로젝트를 시작한 지 4년이 흘렀다. 그동안 적어도 90퍼센트의 시간을 이 책에 투자한 것 같다. 할 말이 없을까 봐 걱정이다. 하지만 어쩐 일인지 이 페이지들을 채울 말들이 마구 쏟아져 나오고, 놀랍게도 눈물까지 쏟아지고 있다.

이 책은 어둠 속에 울고 있는 장면으로 시작했다. 지금 이 책을 마무리하면서 나는 또다시 어둠 속에 울고 있다. 내가 얼마나 먼 길을 왔는지, 지금의 삶과 나의 자아가 10년 전 화장실 바닥에 쓰러져 있던 나와 비교했을 때 얼마나 몰라보게 변했는지 다시금 놀랄 뿐이다. 나는 몹시 겁먹었지만 굉장한 용기를 냈던 스물아홉의 나에게 진심으로 고맙다. 그때의 나에게 모든 게 해볼 만한 가치가 있었다고 말해 주고 싶다. 내가 지금 가진 이 삶은 그때의 내가 상상할 수 있었던 그 무엇보다 훨씬 더 좋다.

내가 얼마나 운이 좋았는지, 이 책과 내 인생이 정말 특별한 지지를 받은 게 얼마나 큰 특권인지 믿기 힘들 정도다.

이 책을 세상에 내놓기까지 세 사람의 조화로운 도움이 있었다. 내 에이전트인 멜 플레시먼Mel Flashman, 편집자 에밀리 분더리히Emily Wunderlich 그리고 또 다른 편집자 빅토리아 루스탈로Victoria Loustalot다. 세 사람 모두 내가 이 프로젝트를 통해 하려는 바를 바로 '이해'했고 내가 자주 길을 잃을 때마다 곁에서 인도해주었다.

멜, 이 책의 가능성에 대한 나의 시야를 확장해주어 고맙다. 당신과 함께했으니 나는 모든 일이 뜻대로 정확히 전개될 거라 확신한다. 그건 드물고 놀라운 재능이다.

에밀리, 당신은 이 책의 집필 과정에서 한결같은 인내심을 보여주었다. 이 책이 뉴스레터의 짧은 글에 불과했던 시절부터 당신은 이 책의 가장 큰 지지자였다. 이 책이 설자리를 마련해줘서 감사하다.

빅토리아, 내가 사람들에게 말했듯이 당신과 일하는 건 마치 이제껏 본 가운데 가장 훌륭한 마술 트릭을 보는 것과 같았다. 어떻게 투박하기 그지없는 두 개의 초고를 생생하고 읽을 만한 책으로 탈바꿈시켰는지 정말 미스터리다. 당신의 능력에 경외감을 느끼며 영원히 감사할 것이다.

바이킹/펭귄 라이프Viking/Penguin Life와 잰클로우 앤 네스빗Janklow & Nesbit 팀 모두에게 감사한다. 뒤에서 많은 일이 벌어졌지만 나는 그걸 알지 못했다는 게 당신들이 맡은 일을 얼마나 잘해냈는지 보여주는 증거다. 이 책을 '현실화'해줘서 감사하다.

내가 그들의 삶에 들어가는 것을 허락하고 내게 공허한 과잉성취자란 누구인지, 우리가 어떻게 회복할 수 있는지 가르쳐준 내 내담자 한 명 한 명에게 고마움을 전한다. 방향을 따르는 과정은 당신들이 없었다면 존재하지 않았을 것이다. 당신들은 나를 변화시켰고, 내 인생을 한없이 풍요롭게 만들었다. 너무 흔한 표현이지만, 그만큼 많이 사용되는 데는 이유가 있다. 내가 어떤 식으로든 당신들에게 도움이 되었다는 건 내 인생의 영광이다.

당신의 이야기를 공유하도록 허락해준 알렉스AOC에게 감사를 전한다. 당신의 이야기를 듣고 많은 공허한 과잉성취자가 이 작업을 찾게 되었고, 그런 이유에서 나는 말로 표현할 수 없이 고맙다. 당신은 당신의 삶에서 방향을 따르는 삶을 아름답게 실천하고 있다.

나보다 먼저 이 세상에 온 내 모든 선생님들과 사상가들에게 훌륭한 생각과 지혜를 주신 것에 대해, 당신들의 저서를 이 세상에 공유해주신 것에 대해 감사드린다. 이분들의 저서를 부록의 참고도서 목록에 포함시켰다. 내 호기심이 인도하는 데로 가다 보니 당신들의 책을 발견하게 되었고, 그 책들 덕분에 나는 다시 태어나고 내가 누구인지 깨닫게 되었다. 내 생각이 방향을 따르는 삶으로 탄생하는 데 필요한 지식과 영향력과 영감을 주신 것에 감사한다.

결과물이 나오기 전부터 내 글을 믿어준 버지니아 헤퍼넌Virginia Heffernan에게 고마움을 전한다. 당신은 첫날부터 지금까지 나와 이 책을 다듬었고, 당신의 뛰어남이 내가 하는 모든 일에 녹아들었다. 확신하는데, 당신이 없었다면 이 책, 이 모든 생각, 내 코칭 모두 존재하지 않았을 것이다. 더 중요하게는, 내가 적어도 온전한 정신에, 조화롭고 알아볼 수 있는 모습으로 존재했을지 의문이다. 당신은 방향을 따르는 삶을 훨씬 더 재미있게 만들어주었다.

내 영혼의 벗(고모)인 수전메리 헬러러Susanmerrie Hellerer에게도 감사한다. 고모는 나를 너무도 온전하게 봐주었고 항상 내가 조절이 필요할 때 찾아갈 수 있는 대상이 되어 주었다. 내 인생에서 무엇이 가능한지 그려준 당신의 상상력이 나를 구했다. 아울러 처음부터 편히 쉴 수 있는 제2의 안식처가 되어준 스티븐 밀그림Stephen Milgrim에게도 고마움을 전한다.

무조건적인 사랑을 주신 내 부모님 크리스Chris와 마크Mark에게도 감사를 전한다. 나는 내가 사랑받고 있음을, 그리고 그 진실 덕분에 내 인생의 다른 모든 게 가능했음을 단 한 번도 의심해본 적이 없다. 물론 어두운 날들도 있었다. 그럴 때 내 곁에서 내게 필요한 지지를 얻을 수 있게 도와주셔서 감사하다. 마지막으로 덧붙이자면, 변호사 부모 밑에서 성장하다 보니 나는 뭔가에 대해 '논리적으로 주장을 펼치는' 일을 꽤 잘하게 되었다. 내가 늘 "왜요?"라고 수십 번 묻고 이해가 되지 않는 제도와 규칙에, 특히 부모님의 제도와 규칙에 항변했던 적이 많다. 하지만 그런 일들이 모두 헛되지는 않았다. 나는 내가 던진 '왜'라는 질문과 내가 내세운 주장과 제도에 대한 항변 모두 이 책을 위한 연습이었다고 생각한다. 내 생각을 늘 소중히 여겨 주셔서, 비판적 사고를 장려해주셔서, 내 호기심을 인정해주셨음에 감사하다.

내 여동생 케이틀린Caitlin, 처음 듣는 말이겠지만 내 코칭 실험 대상이 되어줘서 고맙다. 너는 잘 모르겠지만, 네가 축구하기를 거부하자 내가 영화 〈레이디버그Ladybugs〉를 추천했을 때도(어쨌든 결국 훌륭한 축구 커리어가 되었잖아), 네가 센트럴파크에서 어느 대학교에 갈지 선택할 때 '따뜻해-차가워' 결정법의 최초 알파 버전을 체험했을 때 사실 나는 항상 네게 실험을 하고 있는 거였다. 너는 인생의 중요한 일을 함께 결정하는 파트너가 있다는 게, 나를 위해 '정서적 지지'를 주고 내면의 길안내 시스템을 함께 조절하고 읽는 사람이 있다는 게 얼마나 큰 힘이 되는지 내게 알려줬다. 하지만 내가 네게 가장 크게 감사하는 부분은, 심지어 내 삶의 가장 어두웠던 시기에도 네가 있기 때문에 이 세상에 오롯이 혼자라고 느끼지 않았다는 거다.

내 딸 마라Mara야, 이런 말을 쓰게 되다니 아직도 믿을 수가 없구나. 이 책이 출판될 때 너는 한 살이 되어 있을 거야. 이 책이 세상에 나오기까지 걸린 시간과 네가 이 세상에 도착하기까지 걸린 시간이 거의 같단다. 내가 계획한 것은 아니지만, 지난 몇 년간 가장 흥미로운 일은 나의 (조화로운) 가장 큰 야심 두 가지, 바로 이 책과 네가 동시에 실현되었다는 거야. 너를 갖게 된 과정에서 나는 방향을 따르는 삶의 교훈들을 철저히 살펴보게 되었어. 통제를 놓아버리기, 허락하기, 타이밍을 신뢰하기, 공동 창작하기, 더 이상 버티기 힘든 문제 해결하기, 연잎 건너기, 조화로운 행동, 헤드라이트만 보고 가기. 동시에 나는 이런 교훈들을 다른 사람들과 공유하기 위해 글로 쓰고 있었고, 그 덕분에 이 책은 훨씬 좋아졌어. 나는 네가 너만의 방향에 비추어 옳고 큰 방향에 맞는 조화로운 야심을 발견하도록 곁에서 지지할 날을 간절히 기다리고 있단다.

내 남편 앤디 로미그Andy Romig, 당신보다 더 지지적인 파트너는 상상할 수 없다. 생각해 보니 우리 관계의 절반 이상을 이 책을 집필하며 보냈다. 내가 한두 달 동안 혼자 숲속에 머물며 글을 써야 한다고 말했을 때, 당신은 "그렇게 해"라고 말하고 주말이면 버스를 타고 나를 찾아왔다. 내가 책에 집중하기 위해 돈벌이가 안 되는 일을 해야 한다고 말했을 때 당신은 "어떻게 방법을 찾을 수 있겠지"라고 했다. 더 최근에는 내가 아이가 태어날 시점에 마지막 퇴고를 해야 한다고 말하자 당신은 "글을 써. 아기는 내가 볼게"라고 말해줬다. 당신은 이 책의 판매든, 안 풀리는 문장을 결국 해결한 일이든, 첫 5천 단어를 썼을 때든, 초고를 넘겼을 때든, 마지막 원고를 넘겼을 때든, 그 사이에 벌어진 어떤 일이든 모든 중요한 순간을 함께 축하해주었다. 그러고 나서 가장 훌륭하고 멋진 편집을 해주었지. 너무 훌륭해서 당신이 편집을 끝냈을 때, 나는 내 작업과 다시금 사랑에 빠졌고, 이 책과도 처음으로 사랑에 빠졌다. 당신을 사랑한다.

앤디 그리고 마라, 그리고 고양이 거시Gussy, 모두 내게 있어 방향에 비추어 영원히 옳은 선택이다.

'2단계: 조화로운 선택지 찾기'를 위한 자료

두려워하는 자아 vs. 진정한 자아 비교 기준
(5장의 끝 부분도 참조할 것)

	두려워하는 자아	진정한 자아
일반적 특징		
접근법	목적지향적	방향을 따름
목표	생존	번영
언어	네 가지 조짐, 두려움	조화
느낌	차가움, 어렵고 무거움	따뜻함, 가볍고 옳음, 쉬움
말투	말과 정당화. 논리적	언어를 사용한 논리가 없음
사는 곳	뇌	몸/감각
결과	맹목적 야심, 충만함 결여, 충만통	조화로운 야심, 충만함
개인적 경험		
이름		
참고할 수 있는 경험		
당신이 느끼는 감각		

두려워하는 자아 감지하기

2단계 조화로운 선택지 찾기에서 알레그라가 그랬듯이 만일 의사결정을 내리는 데 가장 조화로운 경로를 구분하기가 어렵다면, 두려워하는 자아를 확실하게 드러내는 단계별 과정을 따라가 보자.

진정한 자아의 선택이라고 강력하게 추정하지만 그 선택을 실천할 수 없다고 믿는 이유는 무엇인가? 모든 이유를 적어라. 또는 당신은 왜 다른 선택지를 '택해야만 하는가'?

선택지 A

:＿＿＿＿＿＿＿＿＿＿＿＿＿＿＿＿＿＿＿＿＿＿＿＿

＿＿＿＿＿＿＿＿＿＿＿＿＿＿＿＿＿＿＿＿＿＿＿＿＿

선택지 B

:＿＿＿＿＿＿＿＿＿＿＿＿＿＿＿＿＿＿＿＿＿＿＿＿

＿＿＿＿＿＿＿＿＿＿＿＿＿＿＿＿＿＿＿＿＿＿＿＿＿

1.사고하는 마음(뇌)인가 느끼는 마음(몸)인가?

강력한 언어적 설명이나 정당화가 있는가? (위에 '택해야만 하는 것'을 많이 적었는가?)

두려워하는 자아 = 예

진정한 자아 = 아니오

2. '따뜻해-차가워'를 이용한 내면의 길안내 시스템의 평가

1) 위의 설명들 가운데 중심이 되는 문장을 하나 골라라.

_____

2) 이 문장을 다음과 같은 방법으로 내면의 길안내 시스템을 통
   해 처리한다.

마음속으로 이 문장을 '입어보고' 그것이 몸에서 어떻게 느껴지
는지 알아차릴 수 있을 때까지 그 상태를 유지한다. 필요하다면
159페이지에 있는 표로 돌아가 참조하고, 따뜻함과 차가움 사
이를 여러 차례 오간다.

이 문장은 당신의 몸에서 어떻게 느껴지는가? 어떤 감각들을 알아
차렸는가? (설명이 아닌 오직 감각으로 판단한다.)

_____

따뜻한가 차가운가? 가볍고 옳은가 아니면 어렵고 무거운가?

진정한 자아 = 따뜻함/가볍고 옳음.
두려워하는 자아 = 차가움/어렵고 무거움.

원한다면, 확인을 위해 위에 적은 다른 문장들에 같은 과정을
적용해본다.

3. 충만함 테스트와 네 가지 조짐

당신이 적은 위의 주장에서 네 가지 조짐을 하나씩 찾아본다(형광펜을 사용해도 좋다). 발견할 때마다 아래에 적으며 분류한다.

1. 의무('당위')

핵심 질문: [다른 사람들에 따르면] 나는 여기서 무엇을 '해야 하는가?' 다른 사람들의 조언은 무엇인가?

핵심 신호: 해야 한다, 하지 말아야 한다

_____

문제 제기: 누가 말하고 있는가?

_____

2. 객관성('객관적인' 논리와 전략)

핵심 질문: 무엇이 객관적으로 '옳고' 가장 현명하고 가장 전략적인 결정인가?

핵심 단어, 문구, 특징: 논리적, 내 생각엔, 옳은, 가장 현명한, 최선의, 가장 전략적인, 가장 타당한

_____

_____

문제 제기: 누가 말하고 있는가? 누구의 의견인가?

_____

누구를 위해 더 현명하고 더 좋거나 가장 전략적인가? 어떤 기

준에 따른 것인가?

_____

3. 외적 이미지

핵심 질문: 이것은 어떻게 보일까? 어떻게 인식될까? 이것은 나에 대해 무엇을 말해줄까?

핵심 문구: 사람들이 생각하기에, 그것은 …처럼 보일 거야.

_____

_____

문제 제기: 정확히 누가 이렇게 생각할까? 그 사람이 당신에게 중요한가?

_____

_____

이 '사람들'에 대해 당신은 이렇게 물을 수도 있다: 이것이 '그들'의 생각임을 나는 확실하게 아는가?

_____

사람들이 다른 방식으로 내 선택을 해석할 수 있을까?

_____

진실에 더 가까운 다른 가능한 해석은 무엇일까?

_____

4. 결과(목적지향성)

핵심 질문: 이것은 나에게 무엇을 가져다줄까? 이것은 나를 어떻게 발전시킬까?

핵심 신호: 만일-그렇다면, 미래 시제

_____

_____

문제 제기: 이 결과가 발생하리라고 나는 확실하게 알 수 있는가?

_____

이것이 다른 방식으로 어떻게 전개될 수 있을까?

_____

_____

그 사이 무슨 일이 발생할까? 그 과정은 어떤 모습일까?

_____

_____

5. 마지막 결론(위에 제시된 결과를 바탕으로 동그라미를 친다)

1) 사고하는가(뇌) 아니면 느끼는가(몸)?

두려워하는 자아 / 진정한 자아

2) 내면의 길안내 시스템의 '따뜻해-차가워' 평가

두려워하는 자아 / 진정한 자아

3) 네 가지 조짐:

• 의무: (무엇을 해야 했는지)

두려워하는 자아 / 진정한 자아

- **객관성**: (객관적으로 판단하는 것은 누구인가?)

두려워하는 자아 / 진정한 자아

- **외적 이미지**: (누구의 시선을 신경 쓰는가?)

두려워하는 자아 / 진정한 자아

- **결과**: (결정에 영향을 미치는 것은 누구인가?)

두려워하는 자아 / 진정한 자아

결과:

'두려워하는 자아'가 1개일 때: 지금 당신의 길안내 시스템을 두려워하는 자아가 주도할 가능성이 높으며, 당신은 의사결정에서 그것을 제외하길 원할 것이다.

'두려워하는 자아'가 3개 이상일 때: 지금 당신의 길안내 시스템을 두려워하는 자아가 주도할 가능성이 매우 높으며, 당신은 의사결정에서 그것을 제외하길 원할 것이다.

'두려워하는 자아'가 5개 이상일 때: 지금 당신의 길안내 시스템을 두려워하는 자아가 주도할 가능성이 극도로 높으며, 당신은 의사결정에서 그것을 제외하길 원할 것이다.

'두려워하는 자아'가 전혀 없을 때: 축하한다. 당신은 문제에서 벗어났고, 이는 의사결정을 위한 건전하고 조화로운 초석이 될 것이다.

두려워하는 자아 파악하기

네 가지 조짐에 더하여 두려워하는 자아가 자주 사용하는 소통 전술과 키워드가 있다.

1. "과함"

어떤 생각이 지나치게 …하거나 어떤 면에서 너무 과하다고 생각되면, 두려워하는 자아가 말하고 있는 것이다. 무언가가 당신의 방향에 비추어 옳다면, '너무'한 면이 전혀 없다. '너무'는 진정한 자아가 사용하지 않는 언어다.

> "그건 너무 어려워/쉬어."
> "나는 너무 늙었어/어려."
> "그건 너무 비싸."
> "그건 시간이 너무 많이 걸려."
> "나는 너무 여성스러워."
> "그건 너무 위험 회피적이야."

2. 부족함과 충분하지 않음

부족함은 '너무'의 반대말이며, 부족함이나 충분하지 않음을 토대로 한 주장은 제아무리 논리적이고 책임감 있게 들려도 두려워하는 자아가 두려워하는 말이다. 당신에게 특정 무언가를 할 충분한 경험이나 돈이 없거나 아직은 없을 수 있지만, 그렇다고 해서 그것이 그 방향으로 디딜 수 없는 걸음이라는 뜻은 아니다. 만일 두려워하는 자아가 아이디어를 아예 지워버리게 놔두면 당신은 저축이나 장학금과 같은 경로는 탐색하지 않게 될 것이다. 두려워하는 자아는 부족함을 이용해서 모든 가능성을 차단하는 것을 정당화한다.

> "내가 상담소를 직접 차리면 유지할 수 있을 만큼 충분히 많은 내담자를 찾지 못할 거야."
> "나는 갤러리를 열 수 있을 만큼 충분한 경험이 없어."
> "나는 코딩 캠프에 갈 만큼 충분한 돈이 없어."
> "나는 이 회사에 충분히 오래 다니지 않아서 그 새 프로젝트(내가 너무 하고 싶고 자격이 되는 프로젝트)에 넣어달라고 요청할 수가 없어."
> "나는 훌륭한 교사가 될 만큼 충분히 똑똑하지도 않고, 훌륭한 리더가 될 만큼 카리스마가 많지도 않아. 또 좋은 엄마가 될 만큼 아이를 충분히 보살피지도 않고, 멋진 관계를 맺을 만큼 충분히 예쁘지도 않아."

3. 예외주의와 '비교 후 절망하기'

타인과 당신을 비교하고 스스로가 형편없다고 느낄 때, 위에서 언급한 '부족함'이라는 목소리가 비교의 형태로 표현된 것이다. 예외주의는 당신이 '유일한 사람'이며 가능성에서 벗어난 예외라고 말하는 목소리다. 만일 당신이 규칙에서 예외라거나 당신이 내린 의사결정의 근거가 타인과의 비교라면, 진정한 자아의 생각이 아닐 가능성이 매우 높다.

"다른 모든 사람은 '인생의 목적'과 '열정'이 있는데 나만 없어."

"나를 제외한 모두가 만 명의 팔로워를 가지고 있어. 난 차라리
소셜 미디어 계정을 그만둘까 봐."

"나는 오프라처럼 성공하지 못할 거야. 그러니 애초에 노력할
이유조차 없어."

"그는 나보다 오래 이 일을 해왔어. 그러니 나는 그만큼 성공하
지 못할 거야."

4. 조급함

인생의 데드라인을 둘러싸고 급하게 느껴지고, 인생에서 뒤처진 것처럼
느끼고, 기다리지 못하는 조급한 문화에 빠지고, 허슬 컬처의 노예가 되
는 게 모두 두려워하는 자아의 전술이다. 무언가가 조급하게 느껴진다면,
그건 진정한 자아에서 비롯된 게 아니다.

"나는 서른 전에 결혼해야 해. 아니면 절대 결혼하지 못할 거야.
좋은 사람은 모두 결혼을 할 테니."

"나는 이번 분기에 승진해야 해. 아니면 절대 승진하지 못할 거야."

"나는 2년 안에 부사장이 되어야 해. 아니면 커리어를 바꿔야
할 거야."

"나는 포브스가 선정한 30세 이하 리더 30인에 들어야 해. 그렇

지 않으면 내 커리어는 망한 거야."

"만일 올해 논문을 끝내지 못하면 중퇴하는 게 나아."

"나는 인생에서 뒤처져 있고 결코 따라잡지 못할 거야."

나는 이런 조급함을 타파하는 방법으로 아이젠하워 매트릭스의 바탕이 된 아래와 같은 생각을 좋아한다(진짜 응급상황이 아닌 이상).

시급한 일은 중요하지 않으며, 중요한 일은 결코 시급하지 않다.

두려워하는 자아를 퇴치하는 쉽고 빠른 기법

우리가 가장 조화로운 결정에 가까워질수록 간혹 두려워하는 자아는 정말 큰 소리로, 특히 반직관적으로 외친다. 이때 두려워하는 자아의 왜곡 때문에 진정한 자아의 말을 듣는 게 불가능한 것처럼 느낄 수 있다. 이럴 때 우리가 진정한 자아에게 제대로 맞추고 조화를 이루는 데 도움이 되는 추가의 도구와 지지 방법이 있다.

다음은 두려워하는 자아의 공격을 받을 때 혹은 진정한 자아의 목소리를 좀 더 키워야 할 때마다 꺼내 쓸 수 있는 방법이다. 이렇게 하면 두려워하는 자아를 간단하고 신속하게 퇴치할 수 있다. 달리 말해 불안 퇴치를 위한 새로운 처방이다.

• 역 자세: 요가에서 '역 자세'라고 하는 이 자세는 두려워하는

자아의 반응을 잠재우는 효과가 있다. 왜냐하면 정말 심각한 신체적 위험에 처한 사람은 역 자세를 취할 수 없기 때문에 이 자세를 취하면 두려워하는 자아가 모든 게 괜찮고, 당신은 안전하며, 곧 안심할 수 있다고 생각하게 만들 수 있다. 그러면 진정한 자아의 목소리를 듣는 게 더 수월해진다.

- 벽에 다리 올리기: 등을 바닥에 대고 누워 두 다리를 벽에 올린 채 5~10분간 버틴다(더 오래 할 수도 있다. 원하는 만큼 하라). 매일 하라. 기분이 정말 좋아질 것이다!

- 앞으로 굽히기: 서거나 앉아서 상체를 다리 쪽으로 굽힌 채 머리와 두 팔을 몇 분간 늘어뜨린다.

• 양측 자극 운동: 간단한 EMDR* 운동 기법
  - 물건(펜, 머리끈, 스마트폰 등)을 잡고 몸의 중심선을 가로질러 양손으로 물건을 던지고 받는다.

• 신체 움직임: '근육을 움직이면 생각이 바뀐다'
  - 몸을 어떤 식으로든 어떤 형태로든 움직인다. 이렇게 하면 두려워하는 자아의 스트레스 반응 '주기가 완성된다.' 산책을 하고, 재빨리 심부름을 다녀오고, 부드럽게 스트레칭을

---

* Eye Movement Desensitization and Reprocessing. 안구운동 민감소실 및 재처리요법. 트라우마나 심각한 외상후 스트레스 장애 환자, 불안 장애 환자의 부정적인 경험을 긍정적인 경험으로 전환시켜 고통을 줄이는 치료법. —편집자

하고, 화장실을 가고, 거실에서 혼자 춤을 추는 등 무엇이든 한다! 피트니스 운동을 할 수도 있지만 반드시 그럴 필요는 없다. 그보다 훨씬 쉽고 빠르게 할 수 있다.

• 두려워하는 자아를 방지하는 글쓰기 연습(매일하거나 필요할 때마다)
  – 현재에 오롯이 집중하는 훈련: 두려워하면서 감사하거나 현재에 오롯이 집중하는 일은 뇌에서 동시에 일어날 수 없기 때문에 이것은 두려워하는 자아 퇴치에 대단히 효과적인 방법이다. 현재에 오롯이 집중하는 훈련은 내 감사 목록에 있지만 그 이상이다(만일 '감사 목록'이라는 말이 이상하다 해도 이해한다. 나 역시 처음에는 그랬다. 하지만 내 말을 들어보라. 한 번 시도해보고 불안이 얼마나 많이 줄어드는지 지켜보라). 지난 24시간 동안 벌어진 일 가운데 깊은 감사를 느끼게 한 열 가지—작을수록 좋다—를 적는다. 당신이 그날 모든 삶에 대한 감사를 유난히 강하게 느낀 게 아니라면, '살아 있음에 감사해요'와 같은 '당위'에 의한 막연한 감사는 제외한다. 차라리 맛있는 커피 한 잔을 마신 일, 좋아하는 신발을 신은 것, 혹은 여동생에게 뭔가 재미있는 문자를 보낸 일 등을 적는다. 당신이 실제로 감사하거나 기쁨을 느낀 것들을 열거하길 바란다. 당신이 감사'해야 하는' 것들을 설득시키려는 시도가 아니다. 우리 공허한 과잉성취자들은 실제 경험을 알아채고 수집하는 대신, 우리가 '느껴야 한다'고 믿는 것들(그렇다. 네

가지 조짐들은 어디에나 있다!)을 느끼려고 노력하느라 그런 것들을 감사 목록에 갖고 있다. 아마도 처음에는 두 가지만 생각날 수 있다. 그리고 아마 매일 그 똑같은 두 가지가 떠오를 것이다. 하지만 연습을 할수록 이렇게 현재에 오롯이 집중하는 순간들이 더 늘어가며, 진정한 자아와의 관계가 강화될 것이다.

현재에 오롯이 집중하는 연습에서 지켜야 할 규칙은 다음과 같다.

1. 열 번 오롯이 집중해야 한다(그날 현재에 집중하는 연습을 열 번 해야 한다). 더도 덜도 말고 딱 10회다.
2. 지난 24시간 동안 경험한 것들만 적는다.
3. 하찮은 것은 없다. 사실 소소할수록 더 좋다!

- 가능성 탐색 연습: 두려워하는 자아 퇴치 기법으로 이 역시 놀라울 정도로 효과적이다. 가능성과 풍부함은 예외주의와 부족함에 대한 두려운 감정을 이기기 때문이다. 이번에는 오늘 아주아주 잘될 수 있는 열 가지를 생각한다. 소소하면 아주 좋다. 미치고 '기발'할수록 더 좋다! 당신의 하루를 살펴보고 각각의 일이 낳을 가장 특별한 결과를 상상하는 것으로 시작하면 좋다.
  - 이 방법은 부정적이고, 부족함에 초점을 맞추고, 두려움을

극대화하는 생각 대부분을 반박하는 데 효과적이다. 이 연습에서 우리는 '관심을 쏟는 부분이 성장한다'는 말을 적용하여 실제로 유용하고 진실되고 미래지향적인 생각들을 강화하는 일에 관심을 쏟는다.

· **어떤 행동이든 실시한다**: 행동은 두려움을 이기는 약이다.

– 이것은 5단계에 나오는 조화로운 행동 찾기 공식의 마지막 단계다. 아무리 소소해도 좋으니 조화롭고 '따뜻한' 행동을 찾아 두려워하는 자아에 의한 마비를 깨뜨린다. 여기에는 조화로운 행동 찾기 공식 체크리스트에 나온 행동들도 포함된다.

· **느낌 vs. 사실**: 두 칸으로 된 간단한 훈련이다.

– 찬반 목록처럼 종이의 중간에 선을 세로로 그린다.

– 한쪽에 아무리 사소하거나 오글거리는 것이라도 괜찮으니 당신이 느끼는 모든 느낌을 적는다.

– 반대편에 사실들을 최대한 가장 객관적이고 간단하게 적는다.

느낌	사실
– 해고될까 봐 두렵다. – 내가 뭔가 잘못했을까 봐 걱정이다. – 내게 문제가 있을까 걱정이다.	– 오늘 오후 누군가 나와의 미팅을 잡아놨는데 나는 무엇에 관한 미팅인지 아직 모른다.

심화 훈련: 두려워하는 자아와 진정한 자아

불교의 가르침 중에는 '두려움을 차 한 잔에 초대하라'라는 말이 있다. 두려워하는 자아를 다스리는 가장 좋은 방법은 그것과 친구가 되는 것이라는 뜻이다. '친구는 가까이에 두고 적은 더 가까이에 둬라'와 같은 접근법이다. 당신에게는 이미 두려워하는 자아와 그것을 파악하는 법에 대한 정보가 많이 있다. 그것이 어떤 말을 하는지, 어디에 위치하는지, 그것의 소통 전략(네 가지 조짐)이 무엇인지, 그것이 몸에서 진정한 자아와 어떻게 다르게 나타나는지 알고 있다. 이것만으로도 방향을 따르는 삶으로 전환을 시작하기에 충분하고도 남는다. 하지만 두려워하는 자아의 성격과 프로파일을 더 심오하게 파악하면 도움이 될 수 있다. 모든 개인의 두려워하는 자아는 각자 일관되고 식별할 수 있는 패턴을 갖고 있기 때문이다.

그러니 이제 당신의 두려워하는 자아를 차 한 잔에 초대하라. 그것과 가까워지는 데 시간을 투자하라. 우선, 이름을 붙여라.

1. 두려워하는 자아를 시각화하고 이름을 붙여라

당신의 두려워하는 자아에게 정체성을 부여한다. 두려워하는 자아에 대한 명확한 그림을 그린다. 의인화하고, 이름을 붙이고, 어떤 모습일지 상상한다. 그림을 그려볼 수도 있다. 검색을 통해 그것에 맞는 그림을 찾을 수도 있다. 재미있게 만들면 된다.

두려워하는 자아를 의인화하는 이유는 의인화, 이름 붙이기, 시각화가 우리 마음이 무언가를 파악하고 인식하는 최선의 방법이며 따라서 두려워하는 자아를 진정한 자아와 구별하는 최고의 방법이기 때문이다. 저명한 명상 지도자인 샤론 잘츠버그Sharon Salzberg는 자신의 머릿속의 목소리를 만화 〈피너츠〉에 등장하는 징징대고 심술궂은 루시로 상상하는 방법을 설명한다. 머릿속에서 어떤 음성이 들릴 때마다 그녀는 루시를 떠올리며 이 만화 캐릭터 특유의 하이톤 목소리를 떠올린다고 한다. 잘츠버그는 그럴 때마다 웃음이 난다고 한다. 두려워하는 자아의 목소리가 루시가 찰리 브라운에게 퍼붓는 잔소리처럼 들리니 그 목소리를 심각하게 받아들이기 어렵다.

두려워하는 자아의 목소리를 래퍼 카디비의 목소리로 상상하는 내담자도 있었다. 특히 그 유명한 지미 팰런과의 인터뷰에서 그녀가 보여준 의상, '부르르' 소리 등 모든 것을 떠올린다(궁금하다면 검색해보라). 두려워하는 자아를 공포영화 주인공 처키, 다양한 장난꾸러기 괴물들, 심지어 특정 정치인으로 상상하는 내담자들도 있다. 두려워하는 자아를 진지하지 못한 존재로 만드는 것이다. 그러면서도 당신의 삶을 파괴하려는 존재로 의인화하길 바란다. 창의적으로 생각하라. 이 과정은 재미있어야 하지만, '잘'하려고 지나치게 매달리지 마라. 이것이 바로 초안의 철학이다. 다른 모든 것과 마찬가지로 두려워하는 자아는 성장하고 진화할 수 있다. 당신은 마음을 바꿀 수 있다.

다음으로, 이 사랑스런 캐릭터를 '차 한 잔'에 초대해서 그것이 자신에 대해 아는 것 이상으로 알아내기 위해 질문 세례를 퍼붓는다.

- 만일 당신의 두려워하는 자아가 사람 혹은 캐릭터라면, 어떤 모습인가?

_____

_____

- 말할 때 무엇 혹은 누구처럼 들리는가?

_____

_____

- 이제 당신의 두려워하는 자아의 그림을 찾거나 그린다. 그것을 마음속에 새기거나 눈에 띄는 곳에 보관한다.

_____

_____

- 마지막으로, 두려워하는 자아에게 이름을 붙여준다! 당신의 두려워하는 자아를 무엇이라고 부를 것인가?

_____

_____

앞으로 두려워하는 자아가 끼어드는 것을 알아챌 때마다 마음의 눈으로 본다. 그것의 말을 듣는다. 그리고 이름을 부르며 인사한다.

2. 두려워하는 자아와 인터뷰를 실시하라

- 두려워하는 자아가 하는 생각을 적어도 다섯 가지 정도 적는다. (영감이 필요하다면, 현재 당신이 삶이 정체되고 바뀔 수 없다고 생각하는 이유부터 시작한다. 그 이유들이 바로 당신의 두려워하는 자아가 하는 생

각이다. 또한 네 가지 조짐이나 이 부록의 350페이지에 나온 두려워하는 자아의 다른 키워드를 참조할 수도 있다.)

- 당신의 두려워하는 자아가 가장 좋아하는 '이야기'는 무엇인가? 그것이 가장 많이 의존하는 조짐, 키워드 혹은 당신에 대한 믿음은 무엇인가?

- 구체적으로, 당신의 두려워하는 자아가 사용하는 '대표적인 문구'와 협박 전술은 무엇인가? 당신이 가장 자주 느끼는 두려움은 무엇인가?

- 당신의 두려워하는 자아의 목소리가 가장 크게 들릴 때는 언제인가? 어떤 상태일 때 그것이 나타날 가능성이 가장 큰가?

- 두려워하는 자아가 나타날 때 당신은 무엇을 알아차리는가? 두려워하는 자아가 머무를 때 어떤 느낌인가? 당신의 몸에서 무엇이 느껴지는가? 그럴 때 온전히 생각할 수 있는가 아니면 제대로 생각할 수 없는가? 두려워하는 자아가 나타났을 때 당신

은 어떻게 행동하고 어떻게 의사결정을 내리는가?

_____

_____

3. 진정한 자아를 시각화하고 이름을 붙여라

앞서 말한 시각화 및 이름 붙이기와 같은 논리가 진정한 자아에도 적용
된다. 판단에 도움이 되는 가장 쉽고 효과적인 도구 가운데 하나는 시
각화 훈련으로, 당신의 진정한 자아를 시각화하고 이름을 붙이는 것이
다. 안내를 잘 따라 실천하면 상상 속에서 진정한 자아를 '만나' 소통하
며 당신의 진정한 자아를 알아가는 경험을 할 수 있을 것이다. 처음 할
때는 다소 이상하고 터무니없이 느껴질 수 있다. 하지만 이렇게 하는 이
유는 시각화가 잠재의식에 접근하는 가장 빠르고 쉬운 방법이기 때문이
다. 잠재의식에 접근하는 것은 두려워하는 자아를 피한다는 뜻이다. 우
리는 점점 더 시끄럽게 미쳐 날뛸 두려워하는 자아의 목소리를 넘어서
그 끊임없는 소음 아래 존재하는 보다 진정한 나 자신에 도달하길 원한
다. 마치 꿈속의 무의식에 도달하는 듯한 경험이다.

　진정한 자아의 말소리를 들으면서 시작한다. 듣는 동안 혹은 후에,
아래 제시한 질문들을 사용해서 경험을 노트에 적는다. 질문 전부에 대
한 답을 얻지 못할 수 있지만, 그래도 괜찮다. 만일 그렇다면, 그냥 빈칸
으로 남겨둔다.

　이 훈련을 하는 올바른 방법 같은 건 없다. 아무것도 떠오르지 않

아도 괜찮다. 언제든지 다시 할 수 있다. 이 시간 동안 떠오르는 것은 무엇이든 다 이유가 있어서 떠오른 것이다(떠오르지 않은 것도 다 이유가 있어서 떠오르지 않은 것이다). 그러니 이 활동을 억지로 하지 마라.

장소: 당신은 어디에 있었는가? 당신에게 특별히 중요한 장소인가? 이곳에 있는 게 어떤 느낌이었나? 두드러진 디테일을 기억할 수 있는 한 최대한 많이 적는다.

함께한 존재: 누구를 만났는가? 그/그녀/그들/그것은 어떤 모습이었나? 무엇을 입고 있었나? 함께 있을 때 어떤 느낌이었나? 두드러진 디테일을 기억할 수 있는 한 최대한 많이 적는다.

진정한 자아와 함께한 존재에 관한 질문: 기억하거나 느낄 수 있는 것은 무엇이든 적는다.

- 당신은 나를 위해 무엇을 원하는가?

  _____

- 당신은 나의 '삶의 목적'과 나의 일에 대해 무엇을 아는가?

  _____

- 나는 지금 무엇을 알아야 하는가?

  _____

- 나는 지금 무엇을 해야 하는가?

_____

- 나는 무엇을 해봐야 하는가?

_____

- 나는 무엇을 받아들이거나 놓아버려야 하는가?

_____

진정한 자아와 함께한 존재와의 관계에 관한 질문:

- 내가 당신에 대해 무엇을 아는 게 중요한가?

_____

- 어떻게 하면 내가 일상에서 당신과 쉽게 교감할 수 있는가?

_____

- 당신의 이름은 무엇인가?

_____

선물: 선물은 무엇이었나? 당신은 그것에 대해 무엇을 알아챘는가? 선물에 대해 당신은 무엇을 알고자 했는가?

_____

_____

행동: 진정한 자아가 권하는 선물을 자신에게 사준다.

진정한 자아가 권하는 이 선물을 어떻게 현실로 가져올 수 있는가? 실제 물건을 구매하는 게(그게 무엇인지에 따라 불가능할 수도 있다) 아니라면, 아마도 당신이 받은 것을 상징하거나 대표하는 무언가를 손에 넣을 수 있다. 가령 그림이나 상징물, 보석이 될 수도 있다. 온라인 마켓을 검색해서 적절하게 느껴지는 것을 찾아 당신 자신에게 선물한다. 혹은 그 선물의 **본질적인 의미**를 당신에게 선물한다. 이것은 당신의 진정한 자아를 떠오르게 하는 아주 실감나는 방법이 될 것이다. 창의적으로 생각해 보라.

핵심 교훈: 이 훈련에서 자연스럽게 기억에 남는 것은 무엇인가? 이 훈련에서 반드시 얻어 가고 싶은 교훈은 무엇인가?

3. 진정한 자아 만나기: 시각화 훈련

앞서 말한 시각화 및 이름 붙이기와 같은 논리가 진정한 자아에도 적용된다. 하지만 공허한 과잉성취자가 진정한 자아를 알아차리기란 다소 어려울 수 있기 때문에, 두려워하는 자아를 우회하는 데 도움이 되는 조금 더 복잡한 시각화 훈련을 제안한다.

당신이 던진 모든 질문에 대한 답을 얻지 못할 수도 있지만, 그래도 괜찮다. 만일 그렇다면 그냥 빈칸으로 남겨둔다. 이 훈련을 하는 올바른 방법은 없다. 부담 갖지 마라.

첫째, 마음을 편히 갖는다. 원한다면, 진정한 자아가 당신을 (현재 당신이 처한 환경으로) 찾아오게 만들 방법을 상상해서 실행한다. 만일 당신의 진정한 자아가 무엇을 좋아할지 모른다면, 누군가의 진정한 자아가 무엇을 좋아할지 상상하고 그 시나리오를 채택한다. 가령 아이스커피가 놓인 당신이 좋아하는 의자일 수도 있고, 담요가 잔뜩 덮여 있는 침대일 수도 있고, 아니면 당신이 좋아하는 공원 벤치일 수도 있다.

물론 눈을 감은 채 읽을 수는 없지만, 한두 문장을 읽은 후 잠시 멈춰 눈을 감고 마음의 눈에 무엇이 떠오르는지 볼 수 있다. 대체로 이 훈련은 경험을 심화시킨다.

이제, 당신의 마음을 따라 실제든 상상이든 당신이 좋아하는 장소로 간다. 그곳은 당신이 완전히 안전하고 편안하고 즐겁게 느끼는 장소로, 이곳에서 당신은 특별한 사람이 될 필요가 없다. 마음속으로 최대한 자세히 그곳을 현실감 있게 만들어본다. 어떤 느낌인가? 어떤 냄새와 소리가 나는가?

장소: 당신은 어디에 있었는가? 당신에게 특별히 중요한 장소인가? 이 장소에 있는 게 어떤 느낌이었나? 두드러진 디테일을 기억할 수 있는 한 최대한 많이 적는다.

_____

_____

당신이 돌아다니며 그 안전한 장소를 파악하는 동안 당신 내면의 안내자인 진정한 자아가 당신에게 다가오는 것을 알게 되고 공기 중에 흥분이 감지된다. 이제 당신을 속속들이 알고 모든 지혜와 우주의 전능에 닿을 수 있는 당신의 일부와 만나게 된다. 바로 당신의 가장 큰 지지자인 당신의 동반자다.

함께한 존재: 누구를 만났는가? 그/그녀/그들/그것은 어떤 모습이었나? 무엇을 입고 있었나? 함께 있을 때 어떤 느낌이었나? 두드러진 디테일을 기억할 수 있는 한 최대한 많이 적는다.

_____

_____

당신의 진정한 자아는 당신이 얻고자 하는 모든 답을 갖고 있다. 이제 당신은 진정한 자아에게 알고 싶은 것은 무엇이든 물을 기회가 있다. 나는 당신이 아래의 질문들을 던지고, 더불어 떠오르는 다른 질문들도 묻고서 답을 듣길 제안한다.

진정한 자아에게 던지는 질문:

당신의 이름은 무엇인가?

_____

내 '삶의 목적'/큰 방향에 대해 무엇을 아는가?

_____

나는 지금 무엇을 알아야 하는가?

_____

나는 지금 무엇을 해야 하는가?

_____

나는 무엇을 해봐야 하는가?

_____

나는 무엇을 받아들이거나 놓아버려야 하는가?

_____

(당신이 묻고 싶은 다른 질문들)

_____

진정한 자아에게 작별 인사를 할 준비가 되면 인사를 한다. 원할 때 언제든지 이 훈련과 진정한 자기에게 돌아올 수 있다는 것을 명심한다.

심화 훈련: 인생 검사

당신은 인생의 전체적인 부분을 보고 '더 이상 버티기 힘든 문제들'을 찾아내는 데 능숙하므로, 인생의 각 주제 부문에서도 '더 이상 버티기 힘든 문제들'을 찾을 수 있다.

아래 각각의 범주를 살펴보고 뚜렷하게 '차가운' 느낌이 드는 것을 찾아 그 범주에서 내면의 전경을 탐색한다. 거슬리거나 마음의 갈등을 느끼게 하거나 딱히 아니라는 느낌이 들거나 전적으로 잘못되었다고 느끼는 것은 무엇이든 적는다. 이러한 것들은 '더 이상 버티기 힘든 문제' 목록에 추가될 것이다.

일단 '더 이상 버티기 힘든 문제들'을 발견하고 나면, 그것들을 분류하고 문제를 해결하여 봄맞이 대청소를 계속한다.

명심하라. '더 이상 버티기 힘든 문제들'은 클 수도 작을 수도 있다. 옳고 그른 답은 없으며, 전적으로 주관적이다.

커리어/현재 역할/동료들/과업/근무 환경

: _____

돈/재정

: _____

건강과 웰니스

: _____

친구들/공동체

: _____

가족(어떤 의미의 가족이든 괜찮다)

: _____

중요한 타자/배우자/연인

: _____

개인적인 성장/정신적·정서적 건강

: _____

재미/여가 생활/모험

: _____

주변 환경/집/이웃/도시

: _____

'더 이상 버티기 힘든 문제' 해결 전략

일단 '더 이상 버티기 힘든 문제'를 정확하게 파악하고 나면, 그것을 해결할 수 있는 세 가지 주요 방법이 있다. 취소Cancel하고, 개선Improve하고, 대안Alternative을 만드는 것이다. 줄여서 CIA라고 한다.

   1. 취소하기: 그냥 바로 취소하라. 이 문제는 이걸로 끝났다. 스키 여행을 거절하고, 퇴사하고, 특정 사람들과 어울리기를 그

만하고, 이혼을 하고, 이사를 가고, 술을 그만 마셔라. 골치 아픈 문제를 그냥 없애버려라. 명쾌하다. 물론 명쾌한 게 곧 쉬운 것은 아니다.

2. 개선하기: 때로는 문제를 통째로 없애는 게 조화로운 행동은 아니지만, 그렇다고 해서 있는 그대로 문제를 받아들일 필요는 없다. "상황을 개선할 방법이 있을까?" 하고 물을 수 있다. 가령 스키 여행을 가지만 스키를 타는 대신 숙소에서 기다렸다가 친구들이 스키를 탄 후에 같이 놀 수 있다. 아마 당신은 회사와 당신의 역할을 사랑하지만 상사를 싫어하는 것일 수 있다. 그렇다면 관리자가 다른 팀으로 옮김으로써 상황을 개선할 수 있지 않을까? 이것은 경계를 설정한다는 뜻이기도 하다. 20대인 나의 내담자는 부모님이 이혼하셨다. 어머니는 나와 만날 때마다 대부분의 시간을 아버지의 소식을 캐묻고, 아버지를 욕하고, 이혼에 대한 이야기를 하는 데 보냈다. 이것은 내 내담자에게 주요한 '더 이상 버티기 힘든 문제'였다. 그래서 몹시 화가 나서 어머니를 아예 차단해버렸다. 바로 '취소하기' 방법이다. 하지만 어머니와의 접촉을 중단한 것 자체가 또 다른 '더 이상 버티기 힘든 문제'가 되어버렸다. 이럴 때는 '개선하기' 접근법이 적절하다. 그녀는 경계를 설정하고 어머니에게 그녀가 해줄 수 있는 역할과 해줄 수 없는 역할을 설명하여 상황을 개선할 수 있었다. "보고 싶어요. 저도 어머니를 만나고 싶지만 아버지나 이혼에 관한

대화라면 응하지 않겠어요. 다른 건 다 괜찮아요. 다른 이야기를 듣고 싶어요" 하고 말할 수 있다. 이렇게 '더 이상 버티기 힘든 문제'를 해결할 수 있다.

3. 대안 만들기: 상황 전체를 없애는 게 조화롭다고 느껴지지 않을 수 있다. '더 이상 버티기 힘든 문제'를 해결할 수 있는, 대안이 되는 더 나은 느낌의 방법이 있을까? 똑같은 버티기 힘든 문제지만 더 조화로운 다른 무언가로 바꿀 수 없을까? 가령 파티가 당신의 취향이 아니라면, 친구의 생일 파티에 가는 대신 만나서 점심을 사주는 것이 방법이 될 수 있다. 12월 휴가 시즌 때 여행을 하고 싶지 않지만 새해에는 가족을 만나고 싶을 수도 있다. 스키 여행에서 빠지고 대신 해변에서 보내는 다음 휴가를 계획하자고, 그땐 커플별로 각자의 호텔 방에 머물자고 제안할 수 있다. 때로는 '더 이상 버티기 힘든 문제'를 해결하려면 약간의 창의성과 재치가 필요하다.

미래의 자기를 그려 보는 시각화 경험

큰 방향을 파악하고 가장 조화롭고 방향에 비추어 옳은 미래의 자기를 또 다른 방식으로 시각화하려면, 안내에 따른 시각화가 가장 효과적일 수 있다.

우선 미래의 당신에 대해 묻는 다음의 질문들에 대하나 답을 떠올리고 그것을 글로 적는다. 모든 질문에 답을 다 하지 못해도 괜찮다. 그럴 경우 그냥 빈칸으로 남겨둔다.

집: 어디가 당신이 머물 '집'인가? 그 공간에 대해 무엇을 알아차렸는가?

라이프스타일: 당신의 공간을 누군가/무언가와 공유했는가? 가족 구성은 어떠한가? 당신의 아침 루틴은 무엇인가?

자기 자신: 당신 자신에 대해 무엇을 알아차렸는가? 당신은 무엇을 입었는가? 당신의 에너지는 어떠한가? 그 당시 당신과 무엇이 다른가? 또 무엇이 같은가?

일: 일터는 어디인가? 그 공간에 대해 무엇을 알아차렸는가? 팀은 어떠한가? 그곳에서 당신이 한 일의 종류에 대해 무엇을

알 수 있는가? 구체적으로 당신의 역할은 무엇인가? 다른 사람들이 당신을 어떻게 대하는가?

일정: 당신의 일정은 어떠한가? 오늘의 일정과 어떻게 다른가? 아니면 같은가? 집중을 많이 하는 '창작'의 시간인가? 대부분 회의인가? 만일 그렇다면 누구와 회의를 하는가? 회의의 간격은 어떠하며 당신의 하루에서 어떤 식으로 배치되어 있는가? 출근과 퇴근 시간은?

인정: 당신은 무엇에 대해 인정받았나? 누가 인정했나? 어떤 특성, 재능, 기술을 파악했나?

감정: 시각화에서 묘사한 감정에 접근할 수 있었나? 어땠는가? 어떻게 그 감정들을 포착해서 오늘 실제의 생활에서 실현할 수 있는가?

핵심 교훈: 만일 당신이 이 시각화의 한 부분을 실현하기 위해 행동을 취한다면, 오늘 무엇부터 시작할 수 있을까? 혹은 오늘 무엇을 바꾸기 시작할 수 있을까?

조화로운 행동 찾기 공식 체크리스트

1. 당신 마음의 스크린샷을 찍는다.

- 아이디어

: _____

_____

_____

- (선택지: 지난 단계에서 나온 큰 방향 가설을 적는다)

2. 바람을 구체적으로 설명한다(큰 소리로 말한다).

- 누구에게

: _____

_____

_____

3. 바람에 대해 조사한다(검색한다).

- 파악된 핵심 정보

: _____

_____

_____

4. 대화를 나눈다.

- 대화 상대

: _____

_____

_____

5. 어떤 행동이든 한다.

- 다음에 할 조화로운 행동

: _____

_____

_____

- 곤도 마리에

  《The Life-Changing Magic of Tidying Up: The Japanese Art of Decluttering and Organizing》(Ten Speed Press, 2014). 한국어판은 홍성민 옮김, 《곤도 마리에 정리의 힘》(웅진지식하우스, 2020).
- 글레넌 도일

  《Untamed》(Dial Press, 2020). 한국어판은 이진경 옮김, 《언테임드》(뒤란, 2021).

팟캐스트 〈We Can Do Hard Things〉

- 마사 벡

  《Finding Your Own North Star: Claiming the Life You Were Meant to Live》(Three Rivers Press, 2001).

  《The Way of Integrity: Finding the Path to Your True Self》(Open Field, 2021). 한국어판은 박여진 옮김, 《어두운 숲길을 단테와 함께 걸었다》(더퀘스트, 2022).
- 마크 맨슨

  《The Subtle Art of Not Giving a F*ck: A Counterintuitive Approach to Living a Good Life》(HarperOne, 2016). 한국어판은 한재호 옮김, 《신경 끄기의 기술》(갤리온, 2017).
- 대니얼 카너먼

  《Thinking, Fast and Slow》(Farrar, Straus and Giroux, 2011). 한국어판은 이창신 옮김, 《생각에 관한 생각》(김영사, 2018).
- 데이브 에번스, 빌 버넷

  《Designing Your Life: How to Build a Well-Lived, Joyful Life》(Knopf, 2016)
- 돈 미겔 루이스

  《The Four Agreements: A Practical Guide to Personal Freedom》(Amber-Allen Publishing, 1997). 한국어판은 노윤기 옮김, 《이 진리가 당신에게 닿기를》(페이지2북스, 2022).

- 루미 (as translated by Coleman Barks)
  《The Essential Rumi》(HarperOne, 1995)
- 리처드 슈워츠
  《No Bad Parts: Healing Trauma & Restoring Wholeness with the Internal Family Systems Model》(Sounds True, 2021). 한국어판은 신인수, 박기영 옮김, 《나쁜 마음은 없다》(온마음, 2023).
- 바이런 케이티
  《Loving What Is: Four Questions That Can Change Your Life》(Harmony, 2002). 한국어판은 김윤 옮김, 《네 가지 질문》(침묵의 향기, 2024).
- 브레네 브라운
  《The Gifts of Imperfection: Let Go of Who You Think You're Supposed to Be and Embrace Who You Are》(Hazelden Publishing, 2010). 한국어판은 서현정 옮김, 《나는 불완전한 나를 사랑한다》(가나출판사, 2019).
  《Daring Greatly: How the Courage to Be Vulnerable Transforms the Way We Live, Love, Parent, and Lead》(Avery, 2015). 한국어판은 《마음 가면》(웅진지식하우스, 2023).
- 빅터 프랭클
  《Man's Search for Meaning》(Beacon Press, 2006). 한국어판은 이시형 옮김, 《빅터 프랭클의 죽음의 수용소에서》(청아출판사, 2025).
- 앤 라모트
  《Bird by Bird: Some Instructions on Writing and Life》(Anchor Books, 1995). 한국어판은 최재경 옮김, 《쓰기의 감각》(웅진지식하우스, 2018).
- 앤 헬렌 피터슨
  《Can't Even: How Millennials Became the Burnout Generation》(Houghton Mifflin Harcourt, 2020). 한국어판은 박다솜 옮김, 《요즘 애들》(알에이치코리아, 2021).
- 앨리스 밀러
  《The Drama of the Gifted Child: The Search for the True Self》(Basic Books, 1997). 한국어판은 노선정 옮김, 《천재가 될 수밖에 없었던 아이들의 드라마》(양철북, 2019).
- 에밀리 나고스키, 어밀리아 나고스키 피터슨
  《Burnout: The Secret to Unlocking the Stress Cycle》(Ballantine Books, 2019). 한국어판은 박아람 옮김, 《재가 된 여자들》(책읽는 수요일, 2023).
- 엘리자베스 길버트
  《Big Magic: Creative Living Beyond Fear》(Riverhead Books, 2015). 한국어판은 박소현 옮김, 《빅매직》(민음사, 2017).

- 오드리 로드

  《Sister Outsider: Essays and Speeches》(Crossing Press, 2007). 한국어판은 주해연, 박미선 옮김, 《시스터 아웃사이더》(후마니타스, 2018).

  《The Selected Works of Audre Lorde》(W. W. Norton & Company, 2020)

- 올리버 버크먼

  《Four Thousand Weeks: Time Management for Mortals》(Farrar, Straus and Giroux, 2021). 한국어판은 이윤진 옮김, 《4000주》(21세기북스, 2022).

- 제니 오델

  《How to Do Nothing: Resisting the Attention Economy》(Melville House, 2019). 한국어판은 김하현 옮김, 《아무것도 하지 않는 법》(필로우, 2023).

- 제임스 클리어

  《Atomic Habits: An Easy & Proven Way to Build Good Habits & Break Bad Ones》(Avery, 2018). 한국어판은 이한이 옮김, 《아주 작은 습관의 힘》(비즈니스북스, 2019).

- 줄리아 캐머런

  《The Artist's Way: A Spiritual Path to Higher Creativity》(TarcherPerigee, 2002). 한국어판은 박미경 옮김, 《아티스트 웨이》(위즈덤하우스, 2025).

- 카렌 호나이

  《Feminine Psychology》(W. W. Norton & Company, 1967).

- 칼 뉴포트

  《Deep Work: Rules for Focused Success in a Distracted World》(Grand Central Publishing, 2016). 한국어판은 김태훈 옮김, 《딥 워크》(민음사, 2017).

- 캐롤 드웩

  《Mindset: The New Psychology of Success》(Ballantine Books, 2006). 한국어판은 김준수 옮김, 《마인드셋》(스몰빅라이프, 2017).

- 탈 벤샤하르

  《Happier: Learn the Secrets to Daily Joy and Lasting Fulfillment》(McGraw Hill, 2007). 한국어판은 노혜숙 옮김, 《하버드는 학생들에게 행복을 가르친다》(위즈덤하우스, 2022).

- 트리샤 허시

  《Rest Is Resistance: A Manifesto》(Little, Brown Spark, 2022). 한국어판은 장상미 옮김, 《휴식은 저항이다》(갈라파고스, 2024).

- 틱낫한

  《The Art of Living: Peace and Freedom in the Here and Now》(HarperOne, 2017). 한국어판은 정윤희 옮김, 《삶의 지혜》(성안당, 2018).

- 파울로 코엘료

  《The Alchemist》(HarperOne, 1993). 한국어판은 최정수 옮김, 《연금술사》(문학동네, 2001).

- 페마 쵸드론

  《When Things Fall Apart: Heart Advice for Difficult Times》(Shambhala Publications, 1997). 한국어판은 구승준 옮김, 《모든 것이 산산이 무너질 때》(한문화, 2017).

- 프란체스크 미라예스, 헥토르 가르시아

  《Ikigai: The Japanese Secret to a Long and Happy Life》(Penguin Books, 2017). 한국어판은 이주영 옮김, 《나이 들어가는 내가 좋습니다》(세종서적, 2020).

- Cooper, Brittney

  《Eloquent Rage: A Black Feminist Discovers Her Superpower》(St. Martin's Press, 2018)

- Kimsey-House, Henry, Karen Kimsey-House, Phillip Sandahl, and Laura Whitworth

  《Co-active Coaching: The Proven Framework for Transformative Conversations at Work and in Life》(Nicholas Brealey Publishing, 2018).

- LaPorte, Danielle

  《The Desire Map: A Guide to Creating Goals with Soul》(Sounds True, 2014)

- McBride, Hillary

  《The Wisdom of Your Body: Finding Healing, Wholeness, and Connection through Embodied Living》(Central Recovery Press, 2020)

- Nichtern, Ethan

  《The Road Home: A Contemporary Exploration of the Buddhist Path》(North Point Press, 2015)

- Tulshyan, Ruchika, and Jodi-Ann Burey

  〈Stop Telling Women They Have Imposter Syndrome〉(Harvard Business Review, February 11, 2021)

- Tippett, Krista

  팟캐스트 〈On Being〉

- Truitt, Anne

  《Daybook: The Journal of an Artist》(Pantheon Books, 1982)

- Whitaker, Holly

  《Quit Like a Woman: The Radical Choice to Not Drink in a Culture Obsessed with Alcohol》(Dial Press, 2019)

이 책에서 소개하는 사연 중 이름을 정확히 밝히지 않은 내담자의 이야기는 여러 이야기를 조합하여 만들어진 것으로, 내가 실제로 겪은 경험과 상담을 토대로 했으며, 과장하지 않았지만 내담자의 사생활을 보호하기 위해 디테일을 변경했다. 개인의 사연과 상담을 통해 겪은 변화를 소개하고 각 사연에서 인간의 정신, 일, 관계를 충실하게 그리려고 했을 뿐, 다른 의도는 없었음을 알린다.

DIRECTIONAL
LIVING

방향을 따라야 인생이 달라진다

초판 1쇄 인쇄 2026년 1월 28일
초판 1쇄 발행 2026년 2월 4일

지은이 메건 헬러러
옮긴이 이현
펴낸이 유정연

이사 김귀분
책임편집 황서연 **기획편집** 신성식 조현주 이지은 유리슬아 유자영 정유진 **디자인** 안수진 기경란
마케팅 반지영 박중혁 하유정 **제작** 임정호 **경영지원** 박소영

펴낸곳 흐름출판(주) **출판등록** 제313-2003-199호(2003년 5월 28일)
주소 서울시 마포구 월드컵북로5길 48-9(서교동)
전화 (02)325-4944 **팩스** (02)325-4945 **이메일** book@hbooks.co.kr
홈페이지 hbooks.co.kr **인스타그램** instagram.com/nextwave_pub
출력·인쇄·제본 삼광프린팅(주) **용지** 월드페이퍼(주) **후가공** (주)이지앤비(특허 제10-1081185호)

ISBN 978-89-6596-800-9 03190